KB220628

기독교 세계관 렌즈로
인문학 읽기

기독교 세계관 렌즈로
인문학 읽기

지은이 | 이상욱
펴낸이 | 원성삼
책임편집 | 김지혜
본문 및 표지디자인 | 김경석
펴낸곳 | 예영커뮤니케이션
초판 1쇄 발행 | 2017년 11월 21일
초판 2쇄 발행 | 2018년 4월 3일
등록일 | 1992년 3월 1일 제2-1349호
주소 | 04018 서울시 마포구 동교로 55 2층(망원동, 남양빌딩)
전화 | (02)766-8931
팩스 | (02)766-8934
홈페이지 | www.jeyoung.com
ISBN 978-89-8350-977-2 (03230)

본 저작물은 저작권법에 의하여 한국 내에서 보호를 받는 저작물이므로
무단 전재와 무단 복제를 금합니다.

값 16,500원

이 도서의 국립중앙도서관 출판예정도서목록(CIP)은 서지정보유통지원시스템 홈페이지
(http://seoji.nl.go.kr)와 국가자료공동목록시스템(http://www.nl.go.kr/kolis-
net)에서 이용하실 수 있습니다.(CIP제어번호: CIP2017028730)

모든 인간은 하나님의 형상을 닮은 존귀한 존재입니다. 사람은 인종, 민족, 피
부색, 문화, 언어에 관계없이 모두 다 존귀합니다. 예영커뮤니케이션은 이러한
정신에 근거해 모든 인간이 존귀한 삶을 사는 데 필요한 지식과 문화를 예수 그리스도의
사랑으로 보급함으로써 우리가 속한 사회에 기여하고자 합니다.

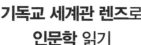

**기독교 세계관 렌즈로
인문학** 읽기

추천사

이상욱 박사는 수십 년간 인문학 독서를 통해서 기독 지성을 추구하는 전문 사역자입니다. 그는 목수가 좋은 집을 짓기 위해서는 먼저 나무 속성을 잘 알아야 하듯이 훌륭한 사람, 탁월한 사람을 세우기 위해서는 인간 이해가 가장 먼저임을 강조합니다. 본서는 훌륭함, 탁월함을 PLANTING 하는 독서 전략으로 관점(觀點) 독서, 수기치인(修己治人) 독서, 실학(實學) 독서를 제시하여 다음 세대를 문화 창조자(culture-making)로 세워 가는 것을 목적으로 하고 있습니다. 하나님의 뜻이 이 땅에 실현되기를 추구하는 기독 지성인들에게 길잡이가 되기에 탁월한 책으로 추천합니다.

서용원, 호서대학교 전 부총장

"사람은 읽는 대로 만들어진다."는 말이 있듯이, 사람이 성숙해지고, 사람답게 살기 위한 독서의 중요성은 나이와 상관없이 아무리 강조해도 지나치지 않습니다. 그러나 다독이 중요한 것이 아니라 인쇄물의 홍수 속에서 기독교인들이 읽을거리를 선택하고 이해하는 바른 관점을 갖는 것은 더 신중한 일입니다. 오랫동안 독서교육 및 독서치료 운동과 저술활동을 해 온 이상욱 박사님의 『기독교 세계관 렌즈로 인문학 읽기』는 이에 대한 유용한 안내서로 추천합니다.

구제홍, 명지대학교 인문교양학부 교수, 교목실장

인문학은 스투디아 후마니타티스(*Studia humanitatis*), 즉 '인간에 대한 학문'입니다. 처음 이 단어가 사용되었을 때 이 '인간에 대한 학문'의 개념은 '하느님(하나님), 즉 신에 대한 학문'과 함께 병렬적으로 사용되었습니다. 이를 스투디아 디비니타티스(*Studia Divinitatis*)라 합니다. 피렌체 지식인들은 '스투디아 후마니타티스'와 '스투디아 디비니타티스'가 충돌하는 것이 아니라, 상호 보완적이라 보았습니다. 이상욱 박사님의 책 『기독교 세계관 렌즈로 인문학 읽기』는 신학과 인문학, 신앙과 지성이 어떻게 조화를 이루고 상호보완의 기능을 수행할 수 있을지, 그 혜안을 담고 있는 책입니다. 신앙과 지성의 조화를 위해 일독을 권합니다.

김상근, 연세대학교 교수, 플라톤 아카데미 본부장

이상욱 박사는 "인문학 전도사"로 이미 널리 알려져 있는 분인데, 이 책은 그런 저자가 벌이고 있는 인문학 운동의 절정판(絕頂版)이라고 할 수 있습니다. 먼저 교육의 정책을 수립하는 이들과 행정을 담당하고 있는 이들이 이 책을 읽을 것을 강권하고 싶습니다. 아니 꼭 읽어야 할 것입니다. 교육이 더 이상 수단화되고, 도구화되는 것을 막기 위해서 말입니다. 믿음이 지성을 희생시키는 반지성주의 풍조를 극복하기 위해서 기독 지성이 필요합니다. 저자의 오랜 연륜과 내공에서 우러나오는 글이기에 손에서 놓지 못하고 두 번, 세 번 거듭해서 읽지 않을 수 없었습니다.

유관지, 전 극동방송 이사, 기독교출판문화상 심사위원

이상욱 목사님은 오랫동안 일관성 있게 독서를 통한 사역을 감당하신 분입니다. 그는 독서를 통해 교육과 목회 그리고 상담과 치유 사역을 해 왔습니다. 그는 독서의 지평이 성경이나 기독교 서적에 머무르지 않고 인문학 모든 분야로 확장되어야 하는 필요성을 절감하고 있는 분입니다. 다만 어떻게 고전이나 인문학 서적들을 기독교적 세계관으로 읽게 할 것인가 하는 고민을 이렇게 풀어내고 있습니다. 『기독교 세계관 렌즈로 인문학 읽기』는 다년간에 걸친 그의 독서 노하우를 전수해 주는 보석 같은 책입니다. 이 책을 길잡이 삼으면 인문학적 유산을 신앙적으로 활용할 수 있는 지혜를 터득할 수 있습니다. 이 책을 통하여 새로운 세계가 열리는 경험을 하실 것입니다.

한기채, 중앙성결교회 담임 목사

차례

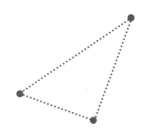

군자는 학업을 닦는다

사람은 책을 만들고 책은 사람을 만든다. 인류의 스승들로 알려진 사람들은 모두 책의 사람들이었다. 그러나 책을 읽는다고 모두 훌륭한 사람이 되는 것은 아니지만 훌륭한 사람들은 모두 책 읽는 사람들 가운데서 나왔다는 말이다. 이 말을 깊이 음미해 보면 좋은 책을 읽는데 훌륭한 사람이 되지 못한 사람들은 책을 바르게 읽지 않았다는 말이 되고, 책을 읽는 사람들 가운데서 훌륭한 사람들이 된 것은 책을 바르게 읽었다는 말이 된다.

미국철학협회의 창립과 피뢰침의 발명, 미국 독립선언서의 초안을 잡은 벤자민 프랭클린(Benjamin Franklin, 1706~1790)은 이렇게 말했다.

> 만약 나에게 이 나라의 가정 서고를 담당할 수 있는 권한만 준다면 이 나라와 교회를 행복하게 할 수 있다.

프랭클린은 좋은 책을 바르게 읽기만 하면 훌륭한 사람으로 태어날 수 있다는 사실을 확신하고 있었다.

독서하는 행위, 학문이란 무엇인가? 이 문제를 이해하기 위해, 우선 '학문'에 대한 개념 정리가 필요하다. 학문은 '보편타당성을 갖춘 지식체계 혹은 그 탐구'로 개념화할 수 있을 것이다.

또한 학문은 진리를 탐구하는 것을 그 사명으로 한다. 독서를 한다는 것은 어떤 대상에 대한 지적 탐구 활동을 한 결과로 얻은 지식을 체계화하는 과정이다. 학문은 무엇을 이해하느냐, 어떤 가치를 부여하느냐, 어떻게 판단하느냐 등의 문제를 진지한 탐구의 대상으로 삼는다. 학문은 진리 탐구라는 그 사명을 충실하게 이행함으로써 개인이나 사회를 밝히는 등불이 될 수도 있고 반대로 그 사명을 저버림으로써 개인이나 사회를 암흑세계로 떨어지게도 한다.

그러면 진리 탐구의 대상은 무엇일까? 이에 대해서 칼뱅(John Calvin)은 이렇게 말했다.

참되고 건전한 지혜는 두 가지 부분으로 되어 있는데 하나는 '하나님을 아는 지식'이고 다른 하나는 '자신을 아는 지식'이다.

그는 『기독교 강요』 1권 1장에서 "'참된 지혜'를 구하는 측면에서 이 두 지식은 여러 가지 끈으로 서로 연결되어 있어서 그중 어느 것이 먼저 오며, 또 어느 것이 결과로 따라오는 것인지를 분간하기가 쉽지 않다."고 말한다. 칼뱅은 진리 탐구의 대상을 하나님과 자신을 진리의 대상으로 구분하고 이를 아는 것이 참된 지혜라고 한다.

여기에서 하나님을 안다는 것은 하나님의 속성을 이해하는 것뿐만 아니라 자연물과 같은 유형과 어떤 수학적 원리와 윤리와 같은 무형의 피조세계와 그의 섭리사관을 포함한다. 또한 인간을 아는 지식은 인간에게 직면한 악의 문제와 같은 인간 근본의 문제를 파악하는 것을 의미한다. 이러한 질문에 대한 지식은 우리를 이끌어 결국은 하나님을 발견하도록 만들어 준다는 것이다. 칼뱅은 우리 자신을 아는 지식이 하나님을 아는 지식으로 향하게 된다는 측면에서 지식의 방향을 제시한다. 이런 측면에서 보면 인간은 세상이 존재하는 방식과 이유 그리고 "나는 누구인가?"를 탐구하며 살아가는 존재이다. 그래서 '인생은 아는 만큼 사는 것'이다.

유교에서는 학문의 대상을 인간으로 국한한다. 유교에서 학문의 목적은 명명덕(明明德), 마음속에 본래 간직하고 있던 밝은 덕을 밝히는 것이다. 즉 '양심을 계발'하는 것이 학문하는 이유다. 오직 양심을 계발해서 천하의 중심을 잡는 것이 학문이라는 것이다. 공자의 학문에 대한 가르침은 '서(恕)'에 충실한 것(忠恕)라고 정리할 수 있다. '서(恕)'는 '같을 여(如)'와 '마음 심(心)'이 합해진 글자이다. 즉 '남을 나와 똑같이 여기고 사랑하는 마음'을 가지는 것이 학문의 목적이다. '내가 당하기 싫은 일을 남에게 강요하지 않는 것'으로 "누구든지 대접 받고자 하는 대로 남을 대접하라."는 황금률을 학문의 목적으로 정의하고 있는 의미로 보아 현대 교육에 던저 주는 울림은 크다 하겠다.

양심을 밝히는 학문은 동방 고대 문화이다. 인간이 가지고 있는 양심에는 인의예지(仁義禮智) 속성을 가진 선함이 있다는 것이다. ① 인(仁)-나와 남을 둘로 보지 않는 마음인 측은지심(惻隱之心)을 배양하고, ② 의(義)-양심에 걸리는 일을 혐오하는 수오지심(羞惡之心)을 배양하며, ③ 예(禮)-나와 남의 조화를 추구하는 사양지심(辭讓之心)을 배양하고, ④ 지(智)-옳고 그름을 명확히 분별하는 시비지심(是非之心)을 배양하며, ⑤ '성실(信)'은 위의 네 가지 덕목을 늘 성실하게 실천하는 것이니 '중앙'에 해당된다. 선조들은 이 다섯 가지 덕목을 조선시대의 수도인 한양의 '4문'과 중앙의 '보신각'에 새겨 놓았다.

또한 신영복 선생은 『담론』에서 공부(工夫)의 대상에 대해서 한문으로 설명한다. 工(공)은 위에 한 일(一), 아래의 한 일(一), 즉 하늘(天)과 땅(地)을 연결하는 뜻이 담겨 있다고 설명한다. 그리고 夫(부)는 하늘과 땅을 연결하는 주체가 사람이라는 뜻으로 하늘과 땅을 그 학문의 대상으로 하고 있다. 이를 성경적인 관점에서 보면 공부는 하나님의 뜻을 이 땅에 실현시키는 것이다.

세상에는 두 종류의 사람이 있다. 지혜로운 사람과 어리석은 사람이 그것이다. 지혜로운 사람은 세상에 자기를 잘 맞추는 사람이고, 어리석은 사람은 어리석게도 세상을 사람에게 맞추려고 하는 사람이다. 역설적인 것은 어리석은 사람들의 우직함으로 세상이 조금씩 변화해 왔다는 사실이다. 옛날에는 공부를 구도(求道)라고 했다. 구도에는 반드시 고행이 따른다. 그래서 환난 중에 기뻐할 수 있다. 그 고행의 총화가 공부로 설명한 것이다. 즉 고난이 공부라는 것이다. 모름지기 진정한 공부는 세상

기독교 세계관 렌즈로
인문학 읽기

의 변화와 창조로 이어져야 한다는 것이다.

학문을 한다는 것은 인간다움을 회복하는 것이자, 세상을 변화시키기 위함이다. 유교는 그것을 수기치인(修己治人)으로 요약했다. 수기(修己)란 나의 지덕(智德)을 닦는 일이고, 치인(治人)이란 백성을 다스리는 일이다. 대학(大學)의 근본사상은 먼저 스스로의 의무와 수양을 다하고, 나아가서 이것을 기초로 하여 천하 국가 사(史)에 영향을 미치고자 하는 것이다.

기독 지성인의 사명은 모든 생각을 사로잡아 그리스도께 복종시키는 것이다(고후 10:4-6). 왜냐하면 학문이 세속화되면 반드시 삶도 세속화되기 때문이다. 잘못된 생각의 결과가 재앙을 불러오기도 하지만 올바른 생각의 변화가 세상을 변화시킨다. 그런 면에서 보면 독서의 능력 중에 가장 큰 능력은 왜곡된 생각을 사로잡아 바른 사고로 전환하는 것이다. 그리스도인이 된다는 것은 그리스도의 생각으로 전 인격적인 변화를 포함하는 것이다. 신앙인이 되는 것은 타락한 하나님의 형상을 회복하여 참 인간 됨을 이루기 위함이다. 더 나아가서 그리스도인 됨은 특정 영역에서만 나타나는 게 아니라 생활의 모든 영역에서 나타나야 한다.

기독 지성인들은 기독교 세계관에 근거해서 학문들을 볼 수 있어야 한다. 수기(修己)는 물론 역사, 문학, 심리학, 교육학, 경제학, 과학 등의 학문들을 하나님의 문화 명령(창 1:28)에 입각해서 볼 수 있어야 한다. 학문의 세계에서 기독 학자들이 입지가 점점 좁아지고 있는 요즘, 그리스도의 주권을 회복해야 한다.

믿는 것과 아는 것의 합일

오늘날 그리스도인들이 당면한 문제, 즉 믿음과 행함의 괴리 현상의 원인은 무엇인가? 그것은 그리스적인 앎, 즉 사변적인 지식인 이원론적 세계관 때문이다.

하나님을 아는 것이 지식의 근본이라는 가치를 두고 있는 교회 내에서 좋은 신앙은 반지성적이라고 생각하는 경향이 상존한다. 스콜라 철학의 창시자 안셀무스는 "나는 알기 위해서 믿는다."라고 말했다. 믿는다는 것은 지성과 상관없는 것이 아니다. 사실 믿음은 앎을 기반으로 하는 것이고, 알고 있는 바에 대하여 고백하는 모습이 바로 확신을 가지고 고백하는 것이, 행함으로 연결된다는 점에서 참된 믿음의 모습이다.

그러나 성경적인 교리도 주님에 대해서 피상적 지식으로 머물러 있다면 그것은 진정한 기독 지성은 아니다. 성경에 대한 객관적 지식은 우리의 주관적 삶과 믿음에 영향을 주어야 하는 것이고, 이런 주관적인 앎, 즉 인격적으로 주님을 만나는 체험은 성령의 도움으로 가능한 것이다.

기독 지성이란 예수님의 부활, 동정녀 탄생, 성령의 강림과 같은 초월적인 그리스도를 인간의 이성 안에서만 이해하려는 것을 의미하지 않는다. 이러한 이성 중심적 사고는 그리스도를 이성의 틀에 예속시킨다는 점에서 그리스도를 대적하는 결과를 초래하게 된다. 이성적이라는 말은 어떤 내용을 인식하고 이해하는 데 합리성을 요구했다는 것에서 그쳐야 한다. 기독 지성은 이성을 절대화시키는 지성이 아니다. 기독 지성은 계시적 지성이다. 그리스도를 믿고 그분과의 인격적인 관계를 가짐으로 우러나오는 믿음의 지성, 거듭나고 회복된 이성으로서의 지성이다.

하나님의 아들을 믿는 것과 아는 일에 하나가 되어 온전한 사람을 이루어 그리스도의 장성한 분량에 이르는 것이 기독 지성의 궁극적인 목표이다.* 그래서 기독 지성인들은 영성과 지성을 통합하여 온전함에 이르는 것을 목적으로 한다. '믿다(信)'는 '설득되다'라는 어원적인 뜻을 갖고 있다는 점에서 참된 믿는 행위는 참된 앎을 전제로 한다.

믿는 것은 '터'와 같고 아는 일은 '건물'과 같다. 우리가 그리스도를 믿는 것에 더하여 아는 일이 없으면 터만 닦고 건물이 없는 빈 터와 같다. 이런 면에서 믿음과 지식은 서로 밀접한 관계가 있다. 만약 믿는 것과 아는 것에 하나가 되지 못하거나 배움에 게을러서 앎으로 나아가지 않으면 만년 어린아이 신앙으로 남아 있게 되며 극단적인 구복신앙으로 치우칠 수밖에 없다.

지식을 사랑하는 기독 지성인들은 관념 혹은 생각(Ideas)을 사랑하는 사람으로서 그것을 헌신적으로 규명하며, 발전시키며, 비판하며, 이리저리 숙고해 보고, 그 함의(implication)를 알고 차례대로 쌓아 올리며, 배열하며, 새로운 관념이 떠오르고, 옛 것이 스스로 재배열 될 때에 조용히 지켜볼 줄 알며, 그 관념을 가지고 놀며, 언어유희를 하며, 그것들이 서로 충돌하는 것을 보고 그 조각을 건져 올리고, 다시 시작하고, 그것을 판단하며, 판단을 보류하기도 하고, 변화를 주며 다른 세계 안에서 그 대

---

* (엡 4:13) 우리가 다 하나님의 아들을 믿는 것과 아는 일에 하나가 되어 온전한 사람을 이루어 그리스도의 장성한 분량이 충만한 데까지 이르리니.

응물을 견주어 보기도 하며, 정찬에 초대해서 즐거운 시간을 보내기도 하며, 이 평범한 삶에 유익한 것들이 되도록 적절하게 매만지는 사람들이다.

인문학의 힘

필자는 수십 년간 인문학 활동을 하면서 '인문학은 힘이 강하다.'는 확신을 가지게 되었다. 하지만 인문학을 한다고 해서 누구나 인문학의 힘을 경험하는 것은 아니다. 무신론자 버트런드 러셀(Bertrand Russell)이 성경을 수없이 읽었어도 예수님을 발견하지 못했다고 고백했던 것처럼 인문학도 눈이 열려야 인문학의 힘을 체험할 수 있다.

그렇다면 인문학은 무엇인가? 인문학(人文學, humanities)이란 자연과학의 상대적인 개념으로 주로 인간과 관련된 근원적인 문제나 사상, 문화 등을 대상으로 연구하는 학문 영역을 지칭한다. 서양 학자들은 인문학이 고대 그리스의 교양 있는 시민들을 양성하기 위한 교육 혹은 학습을 의미하는 파이데이아(paideia)에 그 기원이 있다고 이야기한다.

그런데 파이데이아는 가만히 앉아서 철학책이나 읽는 그런 교육은 아니었다. 고대 그리스의 조각처럼 레슬링이나 권투, 음악, 수학, 지리학, 오늘날의 자연과학까지 포함하는 포괄적인 것이었다. 인문학은 키케로가 쓴 『웅변가에 관하여』(Oratore)라는 책에서 인간의 본성을 뜻하는 후마니타스(humanitas)라는 단어가 나타내는 의미처럼 인간적인 것, 인간다움을 찾는 학문으로 정의한다는 점에서 동양적 정의와 다르지 않다.

인문학은 한 마디로 인간에 대한 학문이다. 인문학을 영어로 휴머니티(humanity)라고 하는 것도 인간성, 인간적인 것을 탐구하는 학문이라는 뜻이다. 또한 인문학은 주로 인간의 정신적인 측면을 탐구하는 학문이다. 인간의 정신과 관련된 모든 문제에 대해서 가장 올바른 것이 무엇인가를 탐색하는 분야이다. 이렇게 해서 얻어진 지식을 일상적인 관념과 습관 위에 쏟아부음으로써 인간 내면의 영혼의 성숙을 꾀하고 참다운 인간성을 발현하고, 그 실천적 삶까지 추구하는 학문이다.

그러면 성경적 근거에서 인문학을 어떻게 정의할 수 있을까? 태초부터 인간들이 가지고 있는 질문, 나는 누구인가? 악은 왜 존재하는가? 악의 문제는 어떻게 극복할 수 있는가? 그러면 우리는 어떻게 살아가야 하는가? 인간다움의 삶은 어떤 것인가? 성경에서 제시하는 답들은 규범적, 윤리적 성격을 지닐 수밖에 없다. 그래서 성경적인 측면에서 인문학을 한다는 것은 인문학과 다른 경험적 사실이나 현상에 기초하여 자연현상 및 사회현상을 연구하는 대상까지도 하나님의 창조질서를 다루는 분야로 이해하는 것을 목적으로 해야 한다.

이런 면에서 보면 인문학을 하는 사람들은 사회나 자연현상에 대해서 해답을 찾기 이전에 끊임없이 질문을 던지는 사람들이라고 말할 수 있다. 하지만 현대인은 물음도 없이 명확하게 정해져 있는 대답이 도래하길 원한다. 다가온 사건 자체에 대해 질문을 던지고 스스로 고민하는 것이 아니라 누군가가 어떤 대답을 제시한 판례를 뒤적여 보기에 바쁘다. 하지만 그 대답이라고 쓰인 것들도 따지고 보면 글쓴이가 직접 겪은 체험도 아닌 것임을 알아야 한다. 그래서 우리는 스티브 잡스가 그랬고, 빌 게이츠가 그랬으니 나도 그렇다는 신화를 가지고 살아가는 오류에 빠져 있다.

니체(F. W. Nietzsche, 1844~1900)는 그것을 누가, 왜, 묻고 있는지에 대해서조차 묻는다. 질문의 근원은 질문을 유발하는 대상 이전에 질문자 자신이기 때문이다. 즉 질문은 이미 대답의 성격을 내포하고 있다. 묻는 일조차 무엇을 묻고 있는가를 자문해야 할 판에, 현대인은 질문을 잘 던지지 않는다. '학문'이란 단어는 學文이 아니라 學問이다. '배우고 물음'으로써 진정한 앎에 접근해 간다는 의미이다.

왜냐하면 지성이란, 스스로 질문을 하고 그 답을 찾는 과정에서 자기 자신과 타자를 인식하는 능력이기 때문이다. "부자들은 인문학을 배운다."라는 말이 있다. 인문학과 부자의 상관관계는 있는 것일까? 인문 고전 독서 교육의 진정한 목표는 자주적이고, 행복하고, 능동적인 인간을 창조하는 것이다. 인문 고전 독서를 통해 '천재'도 되고, 개인과 가문을 다시 일으켜 세울 수 있는 자본가가 될 수도 있고, 나라를 바꿀 수 있을지도 모른다. 하지만 모든 건 각자가 자주적이고 행복하고 능동적인 인간이 된 다음이다.

미래를 만드는 사람에게는 특별한 것, 두 가지가 있다. 자신이 원하는 미래가 있고 그리고 그것을 실현시킬 수 있는 능력이다. 인문학적 성찰은 이런 능력을 키워 준다. 이것을 문화적 자본, 사회적 자본이라고도 말할 수 있다. 인문학은 특히 가난한 사람들에게 진짜 필요한 부(富)이다.

미국의 언론인, 사회비평가이자 빈익빈 부익부의 악순환을 끊기 위해서는 가난한 사람들에게 인문학을 가르쳐야 한다고 주장했던 '인문학 전도사' 얼 쇼리스(Earl Shorris, 1936-2012)는 『희망의 인문학』에서 빈자들에게 이렇게 말한다.

> 여러분은 이제껏 속아 왔어요. 부자들은 인문학을 배웁니다. 인문학은 세상과 잘 지내기 위해서, 제대로 생각할 수 있기 위해서 그리고 외부의 어떤 '무력적인 힘'이 여러분에게 영향을 끼칠 때 무조건 반응하기보다는 심사숙고해서 잘 대처해 나갈 수 있는 방법을 배우기 위해서 반드시 해야 할 공부입니다.

그는 빈곤 문제를 해결할 수 있는 방법을 모색하던 중에 중범죄자 교도소에서 한 여성 재소자를 만났다. 그 만남으로 부자와 빈자의 차이는 인문학을 배웠느냐 배우지 못했느냐에 있다는 사실을 발견하게 됐다. 이 만남을 계기로 쇼리스는 1995년 뉴욕 남부동에 노숙인, 마약중독자, 재소자, 전과자 등을 대상으로 한 인문학 교육과정인 "클레멘트 코스"를 만들었다. 교육의 기회에서 소외된 채 살아왔던 사람들은 일반 대학 교육 수준으로 철학, 문학, 예술 등을 배웠고, 그들의 삶을 송두리째 바꿔 놓았다.

'잘 먹고 잘 사는 데에 필요한 방법', 이것이야말로 가난한 사람들이 알아야 하는 부의 원천이다. 우리는 인문학적 성찰을 통해 나를 읽고, 남을 이해하는 법을 터득한다. 이것은 삶에 대한 훈련이고, 이것이 우리를 잘 살게 해 준다. 자본주의는 인문학 전통에서 만들어졌다는 사실을 아는 사람은 그다지 많지 않다. 18세기 후반 영국에서 아담 스미스(Adam Smith)를 필두로 현대 경제학의 근원이 된 고전 경제학파가 탄생했다. 이들의 공통점은 인문 고전 독서광이자 철학 고전 및 경제학 고전의 저자들이라는 것이다.

서양에서는 부(富)를 천시하지 않았고, 오히려 중요하게 생각하였다. 미국을 알려면 『프랭클린 자서전』을 읽어 보라는 말도 있다. 벤자민 프랭클린(1706-1790)은 미국을 상징하는 인물로 자수성가의 전형적인 인물이다. 가난한 집안 사정 때문에 정규교육은 열 살 때 그만두어야 했다. 하지만 독서를 통해 학문에 정진했다. 영국의 사회비평가 토마스 칼라일(Thomas Carlyle, 1795-1881)은 벤자민 프랭클린을 "모든 양키들의 아버지(The Father of all the Yankees)"라고 불렀다. 프랭클린은 절제, 근면 그리고 자립의 덕을 강조하며 이를 실천함으로 막강한 역사적 명성과 부, 그러한 가문을 이룰 수 있었다.

그의 사상적인 명성은 사상과 삶은 따로 떼놓고 얘기할 수 없다. 사상이 삶에 녹아났고, 삶에서 사상이 무르익어 갔다. 그는 자신의 부나 영달보다는 공공의 이익을 앞세웠다. 형식적인 교회보다는 합리적이고 실제적인 신앙생활을 하였다. 그의 사상적인 핵심은 당시의 계몽주의에 영향을 받은 청교도주의였다. 그는 인문학 독서와 생각 키우기 습관을 통해서 자신의 사고방식을 크게 변화시켰다고 했다. 독서 계획에 따라 책을 읽고, 생각을 조리 있게 배열하는 방법을 익히기 위해 이야기 몇 편을 골라 시로 만들기도 했다.

독일의 사회학자 막스 베버(Max Weber, 1864-1920)는 벤자민 프랭클린을 모델로 『프로테스탄티즘의 윤리와 자본주의 정신』을 저술했는데 그 책에서 '자본주의 정신'과 '직업 윤리'의 연관성을 객관적으로 밝히려고 노력했다. 그는 성공한 사업가 가운데 경건한 개신교(프로테스탄티즘) 신자들이 많다는 사실에 흥미를 느꼈다. 개신교의 여러 종파 중 칼뱅주의자들은 인생의 목적을 부를 쌓는 데 두는 것은 죄악이지만 성실하게 직업 노동과 금욕적 절제로 부를 이루는 것은 신의 축복이라고 가르쳤다.

인문 고전을 통해 부자가 된 천재들의 공통점은 보이지 않는 것의 중요성을 알았다는 것이다. 평범한 사람들은 보이는 것, 즉 sight에 주목한다. 그러나 천재들은 보이지 않는 것, 즉 insight에 주목한다. 통찰력이란 보이는 것보다 더 깊은 곳에 있는 것을 보는 것이다. 부자들은 인문 독서를 통해 통찰력을 길렀고, 이 통찰력이 그들에게 부를 갖게 하는 원동력이 된 것이다.

"보이지 않는 손" 아담 스미스의 경제학이 신학에서 나왔다는 것을 아는 사람은 별로 없다. 『국부론』을 쓴 사람은 철학교수 아담 스미스였다. 경제학을 전공한 사람도 쉽게 범접하기 힘들 만큼 방대한 대작인 『국부론』은 그의 저작 가운데 쌍벽을 이루는 『도덕감정론』(신학)에서 출발했다. 그는 '말씀'이라는 형이상학적 질서가 '육신'이라는 형이하학적 실체로 나타난다는 사실을 믿었다. 그는 인간 누구든지 의무감을 가지고 있다고 보았다. 아담 스미스는 인간을 이기심을 가진 존재이고, 그 이기심에 의해서 경제활동이 지속적으로 이어질 수 있다고 보았지만 그 이기심은 어디까지나 통상적으로 제어될 수 있는 정도의 이기심이다. 인간의 삶과 부에 대한 예리한 통찰력은 그의 열정적인 인문학을 통해서 생겨난 것이다.

사마천은 『화식열전』에서 "거부가 된 사람들은 모두 사물의 이치를 깨달은 자들이다."라고 이야기하였다. 바로 이 구절에 인문학이 왜 부자들의 학문이며 인문 고전 독서가 부자가 되는 길인지에 대한 답변이 담겨져 있다고 생각했다. 한 마디로 인문 고전 독서를 통해서 우리는 사물의 이치를 깨닫게 되고 이렇게 얻어진 통찰력은 자신이 하고자 하는 사업의 발전과 성공의 기회를 얻는데 작용하는 것이다. 인문 독서가 인간의 통찰력에 어떠한 영향을 미치는지 영국의 위대한 정치가이자 문학가인 처칠(Winston Churchill, 1874-1965)의 예를 들어보면 명확히 알 수 있다.

> 현재의 추세대로 개발이 진행되면 머지않아 무선 전화와 무선 텔레비전도 등장해서, 기기만 들고 다니면 연결할 수 있는 처리가 되어 있는 장소라면 어디에서나 멀리 떨어져 있는 상대방과 쉽게 통화를 할 수 있게 될 것이다. 초고속 통신 수단이 현실화되는 날에는, 아주 친한 친구들과 만나는 경우 이외에는 거의 실제로 사람들을 찾아다닐 필요가 없어질 것이다.

위의 글은 처칠이 『50년 후의 세계』라는 책에서 미래를 예측하여 쓴 글이다. 처칠이 50년 후에 이루어질 것이라고 상상한 세계는, 지금의 현실과 아주 흡사한 것을 발견할 수 있다. 만일 처칠이 정치가가 아니라 기업가가 되고자 마음을 먹었더라도 그는 엄청난 성공을 일구었을 것이다.

인문학을 하는 데는 관점이 중요하다. 관점을 목걸이에 비유하면 보석을 연결해 주는 줄에 비유할 수 있다. 관점이 있는 독서는 읽은 책의 내용을 통일성 있게 배열해 준다. 관점이 얼마나 힘이 있는지 그 예를 유대인들에게서 발견할 수 있다. 이들은 디아스포라로 적어도 2,500년을 타 문화에서 살았어도 타국의 문화에 흡수되지 않았고 성경에 등장하는 요셉, 느헤미야, 다니엘, 에스라와 같은 탁월한 인물을 자랑할 뿐만 아니라 그러한 전통을 현대에도 그대로 전승되고 있다. 이들이 이렇게 자신들의 탁월한 정체성을 지킬 수 있었던 이유가 무엇인가? 그들은 가정, 회당, 학교에서도 『토라』를 배경으로 하는 인문학, 즉 관점이 있는 독서를 했기 때문이다.

그래서 그리스도인들은 인문학 독서를 하되 일관된 관점, 기독교 세계관을 갖는 것이 중요하다. 기독교 세계관은 모든 학문을 담는 그릇과도 같고 사물을 판단할 수 있는 캐논(canon)이 된다.

문화 창조자 소명

기독 지성을 가진 그리스도인은 개인 신앙보다는 하나님 나라의 실현에 관심을 갖는다. 바벨론 문화가 지배하고 세상에 십자가와 부활의 문화 창조자의 소명을 갖는 것이다. 문화란 무엇인가? 문화는 기술, 언어, 상징, 예술, 가치, 규범 등으로 구성되어 있다. 이들은 개별 문화 요소로서 각각 다양한 문화를 만들어 내고 다음 세대에 문화를 전승하는 성질을 가지고 있다. 또한 각 문화 요소들이 서로 영향을 미치면서 유기적으로 결합해 새로운 문화의 창조와 전승에 이바지하기도 하기 때문에 새로운 문화 창조가 중요하다.

기술이 발전하면 가치관이 변하고, 새로운 규범이 만들어지는 21세기는 첨단 과학과 인본주의 문화의 시대이다. 21세기에는 옛날처럼 문화가 한 지역에 국한되는 것이 아니다. 각종 매체를 통해서 세계가 동시에 접하고 있는 문화이다.

이제는 문화가 삶을 인도해 가는 시대가 되어 버렸다. 이런 세대에 교회는 어떤 모습으로 서 있어야 하는가는 매우 중요한 질문이 될 수 있다. 이 시대를 사는 사람들은 문화 격차를 느낀다는 점에서 모두가 이주자이고 다른 문화 속에서 복음전도나 종교적 기회를 추구한다는 점에서 바로 이 사람들이 모두 선교사이다.

> **창 1:28** 하나님이 그들에게 복을 주시며 하나님이 그들에게 이르시되 생육하고 번성하여 땅에 충만하라, 땅을 정복하라, 바다의 물고기와 하늘의 새와 땅에 움직이는 모든 생물을 다스리라 하시니라.

문화란 하나님의 피조세계 내에서의 인간 활동의 결과이다. 사람은 피조계를 개발하고, 자기 헌신을 반영하는 것이 문화를 창조하는 것이다. 그러므로 그리스도인의 문화 활동은 하나님의 뜻에 따라 하나님의 피조계를 개발하여 모든 문화 영역이 기독교적 가치를 반영해야 한다. 이 문화 명령은 하나님께서 창조하신 인간에 대한 축복이며 동시에 인간들이 무엇을 위해 어떻게 살아야 하는지 규정해 주시는 말씀이다.

우리는 세상을 바꾸려 하는 힘보다 세상이 우리를 바꾸려는 힘이 더 큰 것을 순간순간 경험한다. 문화를 바꾸는 방법은 새로운 문화를 제시하는 것인데, 새로운 문화가 어떤 변화를 일으킬지는 아무도 알 수 없다. 작은 규모의 문화를 바꾸는 것은 쉽지만 세상 문화 전체를 바꾸는 것은 어렵다. 그리고 문화 재화 자체가 힘이 있기 때문에 또 다른 문화를 만들어 내는 능력이 있다. 그래서 그 문화 재화를 만든 사람조차 문화 재화를 통제하기 어렵게 된다. 이러한 문화의 특성 앞에서 인간은 겸손해야 한다. 사람의 능력으로 문화를 바꿀 수 있는 것이 아니라 하나님의 능력을 신뢰하고 경외하며 그분의 일에 동참함으로 이룰 수 있는 일이다.

이 책에는 한 가지 특징이 있다. 보통 글은 그 구성이 서론, 본론, 결론과 같은 구조나 발단, 전개, 위기, 절정, 대단원과 같은 내러티브 형식을 가지고 있다. 하지만 필자는 새로운 시도를 하였다. 그리스도인의 제자도의 근거가 되는 말씀에 근거해서 글을 구성해 보았다.

이에 예수께서 제자들에게 이르시되 누구든지 나를 따라오려거든 자기를 부인하고 자기 십자가를 지고 나를 따를 것이니라(마 16:24).

필자가 이 글을 쓰는 목적은 읽는 이들을 기독교 세계관으로 설득하여 제자도를 실천케 하는 것이다. 미숙하지만 이와 같이 의도를 가지고 4단계 구성을 실천해 보았다.

① 비움: 문제 제기
② 채움: 성경적인 근거
③ 지움: 십자가의 도
④ 따름: 모범 사례들

필자는 목회를 하면서 인천에 미추홀독서문화원을 설립하여 20년 동안 청소년을 대상으로 기독 지성을 위한 인문학 운동을 해 왔다. 현재는 대학 강단에서 기독교 세계관과 문화에 대한 강의를 하고 있다. 해를 거듭할수록 인문학을 통한 기독 지성 운동이 필요함을 절실하게 느낀다. 왜냐하면 사람들은 스스로 이해하지 못할 때 필연적으로 따라오는 원초적 공포감을 느끼고 특히 그러한 미지의 대상이 자신과 이해관계를 가질 때 공포는 종종 혐오와 적대감으로 변모하는 것을 발견할 수 있었기 때문이다.

이 책은 5장으로 구성되어 있다.

기독교 세계관 렌즈로
인문학 읽기

그리고 마지막에서 참고문헌과 필자가 경험한 임상 사례의 글들을 몇 편 소개함으로 인문학 독서 교육의 탁월함을 나누고자 한다.

마지막으로 담임 목사의 비전을 묵묵히 지켜 보면서 중보해 주시는 목민교회 교우들에게 진심으로 감사를 드린다. 그리고 말없이 뒷바라지해 주는 아내와 있는 자리에서 하나님의 비전을 가지고 살아가는 자랑스러운 두 아들 태휘와 장희에게 고마움을 전한다. 그리고 지금은 고인이 되신 김승태 장로님과 현재 예영커뮤니케이션의 대표이신 원성삼 권사님께 감사의 마음을 전한다.

1부

기독 지식을 건축하라

1. 비움: 인문학의 힘을 알았던 독재자들

책은 독재자들의 통치에 맹독(猛毒)으로 작용해 왔다. 수세기에 걸쳐 수많은 독재자들은 대중들이 문맹일 때 가장 다스리기 쉬운 집단으로 남는다는 것을 알고 있었다. 책의 힘을 한번 경험하면 절대로 되돌릴 수 없기 때문이다. 그래서 그들이 선택한 차선책은 읽기 범위를 제한하는 것이었다. 그들은 백성에게 다양한 의견이 담긴 도서관 대신 독재자의 말만으로 만족해야 했다.

역사적으로 유명한 몇몇 사례를 보면 아테네에서 프로타고라스의 저작물은 B.C. 411년에 불태워져 한 줌의 재가 되었다. B.C. 213년에는 중국의 진시황이 자신의 왕국 내 모든 책을 불태움으로써 대중의 책 읽기에 종지부를 찍으려 했다. 또 로마는 B.C. 16년에는 예루살렘에 있던 유대인 도서관을 마카비 전쟁 중에 교묘하게 파괴하였다. A.D. 303년 디오클레티아누스 황제도 기독교 책을 몽땅 불태우도록 명령했다.

네로, 히틀러, 스탈린, 김일성과 같은 독재자도 책을 불태웠던 지도자로 유명하다. 그들이 이러한 악행을 범한 이유는 간단하다. 이들은 모두 독서의 힘을 믿는 사람들이었기 때문이다. 독재자, 전제 군주 그리고 다른 불법적인 권력 소유자들은 책의 힘을 절대적으로 맹신하는 사람들이라는 점에서 역설적이다. 그들은 노예에게 글 읽기를 배우는 것은 자유를 얻는 패스포트(pessport)라 여겼다. 그래서 그런 압제자들은 그들을 속박하기 위해서 문자를 배우거나 책을 읽지 못하도록 철저하게 교육을 격렬하게 막았다.

독서 교육은 개인을 교양인으로 만들고 사회를 건강하게 만든다. 모든 사람이 읽고 쓰는 것을 배워야 하고 기본적인 기술을 익혀야 한다는 것에 의문을 제기하는 사람은 없을 것이다. 일본인들도 강점기에 조선인을 효과적으로 지배하기 위해서 국민학교를 세웠다. 황국신민이 되기 위해서는 최소한의 4측연산과 문자 인식이 필요했기에 먼저 글을 읽고 쓸 줄 아는 사회와 그렇지 못한 사회가 어떤 결과를 낳고 있는지 그들은 분명하게 알고 있었다.

문맹은 나쁜 것이며 모든 사회 구성원들이 글을 읽고 쓸 줄 알아야 한다는 생각은 오래된 인식이다. 역사적 흔적은 시나이반도 지역에서 출현했다. 이스라엘 민족이 애굽에서 탈출하여 시내산에 도착하자마자 이렇게 말했다.

출 19:3-6 모세가 하나님 앞에 올라가니 여호와께서 산에서 그를 불러 말씀하시되 너는 이같이 야곱의 집에 말하고 이스라엘 자손들에게 말하라 내가 애굽 사람에게 어떻게 행하였음과 내가 어떻게 독수리 날개로 너희를 업어 내게로 인도하였음을 너희가 보았느니라 세계가 다 내게 속하였나니 너희가 내 말을 잘 듣고 내 언약을 지키면 너희는 모든 민족 중에서 내 소유가 되겠고 너희가 내게 대하여 제사장 나라가 되며 거룩한 백성이 되리라 너는 이 말을 이스라엘 자손에게 전할지니라.

이 이야기는 출애굽기 20장에 등장하는 것으로 모세가 십계명을 받게 된 사건보다 앞선다. 당시만 해도 글을 읽고 쓸 줄 아는 사람은 제사장들을 제외하면 소수였다. 야훼의 메시지를 전달하기 위해선 백성들은 문자 해독이 가능해야 했다. 이러한 문명이 오늘날 유대문명을 낳게 했던 것이다.—이와 유사한 역사적 사례는 우리 역사에서도 볼 수 있다. 세종대왕이 한글을 창제한 이유는 글과 그림으로 남긴 삼강행실도를 편찬하였는데, 백성들이 그림만 보는 것만으로는 충효의 깊은 뜻을 깨닫지 못한다는 것을 인지하고 쉽게 익힐 수 있는 글자를 창제할 결심을 하게 되었다고 한다.

독서 교육은 백년지대계(百年之大計)를 넘어서 천년지대계를 위해서 씨 뿌리는 일이다. 인문학 독서는 타인과는 물론 서로 다른 피조물들과도 어우러져 화합하고 상생하는 평화의 길이어야 한다. 상처받고, 소외되고, 연약하여 병든 자들이 인간의 존엄성을 인정받고 인간의 본래의 모습이 향기롭게 피어나는 교육의 대안적 미래가 있어야 한다. 굴절된 모든 인간사의 지형을 평탄케 마름질하면서 대로를 내는 선택이어야 한다.

인문학 독서는 자신의 기득권을 과감하게 내려놓고 삶의 궁극적인 관심사로부터 다시 시작함으로 모든 사람이 구원받는 삶을 지향한다. 인문학 독서 교육은 다음세대의 삶, 곧 영원을 꿈꾸면서 오늘의 성공에 도취되지 않고 내일의 실패에 두려워하지 않는 부단히 도전하고 개척하는 여정이다.

1) 기독 지성인 다니엘

다니엘은 기독 지성을 상징하는 대표적인 인물이다. 왜냐하면 바벨론 문화의 모략에 속지 않고 이스라엘 문화를 수호했기 때문이다. 다니엘은 B.C. 7세기 후반에 태어났다. 북이스라엘은 이미 앗수르의 포로가 된지 오래였고, 다니엘 시대에 그의 고향인 유다마저 바벨론에 빼앗긴 상태였다. 바벨론은 당대에 가장 큰 강대국이었다. 백성의 수도 적고 국력도 약했던 유다 백성은 밀려오는 군사들을 어찌해 볼 도리가 없었다. 예루살렘은 포위당했고 얼마 못가 완전히 폐허가 되었다. 그는 유다 백성들이 바벨론에서 포로로 살면서 하나님에 대한 믿음을 잃지 않고 꺼져 가는 희망의 불씨를 살렸다.

바벨론 제국은 오늘날 아라비아반도에 해당하는 곳까지 급속히 영토를 확장했다. 전쟁과 영토 확장을 통해 바벨론 사람들은 전쟁에서 승리했다고 해서 정복지를 반드시 전멸해야 하는 것은 아니라는 중요한 교훈을 배웠다. 바벨론 군대는 점점 줄어들었고, 넓은 지역을 통치하려면 그 수가 턱없이 부족했을 것이다. 제국을 확장하려면 정복한 곳의 일부는 살려 두어야 했다. 그러면 그 사람들이 농업과 상업을 재개하여 제국에 조공을 바칠 수 있었을 것이다.

이와 같은 문화 동화 전략은 특히 바벨론에 잘 들어맞았다. 그들은 피정복 국가의 독특한 문화 정체성을 없애고 그 나라 국민들을 새로운 지배 국가의 문화에 동화시켰다. 수백 년 후에도 유대인들은 이런 동화 전략을 거부해서 강력한 로마 제국에 눈엣가시가 되었다. 요즘 영화에도 자주 등장하는 이 교훈은 바로, 진짜 영웅은 지배 문화에 절대로 항복하지 않는다는 것이다.

다니엘 1장 앞부분은 유대인 동화 작업이 이미 시작되었음을 보여 준다. 예루살렘 성전 기물을 가져다가 바벨론 신의 신전을 꾸몄다. 똑똑한 유대인 청년들을 바벨론으로 강제 이송했다. 이 젊은이들에게 바벨론의 언어와 학문을 가르쳐서 유다 백성의 자의식을 말살시킬 작정이었다. 왕의 음식과 최고급 포도주를 먹였다. 또 이 과정을 잘 수료하면 바벨론 제국의 요직을 보장해 주겠다고 유혹했다.

느부갓네살 왕은 일석이조(一石二鳥)의 효과를 노리고 있었다. 최고의 인재들로 왕국의 운영을 공고히 하는 한편, 핵심 지도자들을 바벨론 문화에 복속시켜 유다 문화를 정복하려는 계산이었다. 아주 비열한 수법이었다. 이 신참들은 새로운 용어와 새로운 이야기를 배우고, 더 나은 미래를 보장받았다. 새로운 사고방식과 생활방식을 습득하고 계발했다.

이런 동화 전략은 먼 옛날 바벨론에서만 있었던 일이 아니다. 이러한 전통은 요즘 대한민국 대학생들에게도 나타나고 있다. 학생들은 새로운 학습과 이야기를 만나고, 고수익을 보장하는 직장을 기대하며, 평생 유지하게 될 사고방식과 생활방식을 사회화한다. 사람은 누구나 주변 문화의 영향을 받아 특정한 삶의 방식을 익힌다. 대학에서 무엇을 배우고 어떻게 살아가느냐 하는 것은 아주 중요한 문제이기 때문이다.

복음으로 마음이 새로워지고 그리스도의 능력을 힘입어 삶이 변화되지 않으면, 그리스도인들은 그저 주변 문화를 따라갈 수밖에 없다. 그리스도인은 로마서 12장 1-2절에서 문화의 영향력에 휘둘리지 말고 오히려 문화를 변혁시키는 사람이 되라고 한 바울의 권고를 기억해야 할 것이다.

그리스도인들은 현재의 문화적 포로 생활을 즐기는 것도 나쁘지는 않겠지만, 오늘날과 같이 왜곡된 세상에서 살아가는 것은 위험천만할 뿐 아니라 여러 가지 면에서 악(惡)하다는 사실을 늘 염두해 두어야 한다. 정도의 차이는 있지만, 현대 그리스도인 대부분은 바벨론 문화에 동화되었다. 이 시대의 지배적인 문화에 적응하고 그 신들을 섬기도록 훈련받았다. 그리스도인들 역시 문화의 노예 신세에서 결코 자유롭지 못하다. 우리가 처한 상황 속에서 일하면서도, 그 문화의 우상에 맞서는 법을 터득해야 한다. 다니엘과 세 친구의 삶도 바로 그와 같았다. 물론 쉽지 않은 일이었다.

우리가 이 지배적인 문화에 적응하는 데는 교육이 중요한 역할을 한

\
기독교 세계관 렌즈로
인문학 읽기

다. 학교와 대학은 우리에게 특정한 사고방식과 생활방식을 주입하고, 특정한 기대감과 포부, 태도를 강화한다. 그중에는 건전한 특징과 목표도 있지만, 하나님이 원하시는 삶과 정면으로 충돌하는 경우도 있다. 우리는 우리가 받는 교육을 잘 선별하여 불순물을 걸러 내고 순금만 남겨야 할 것이다. 사금 캐는 방법을 익히면서 지혜가 자라면, 거짓과 진리를 더 잘 분별하게 된다. 분별력과 지혜를 키우는 것, 이것이 바로 기독 지성인들이 받는 인문학 독서 교육의 진정한 목표가 되어야 한다.

> **잠 17:24** 지혜는 명철한 자 앞에 있거늘 미련한 자는 눈을 땅 끝에 두느니라.

포로 생활에서도 배울 점도 많이 있다. 다니엘과 세 친구는 그들이 처한 특수한 상황 속에서 훌륭한 학생들이었다. 우리도 '바벨론' 친구들과 교수님, 즉 그리스도에 대한 신앙에 배움의 뿌리를 두지 않은 사람들에게서 배울 게 많다. 나는 비그리스도인, 심지어 반기독교적인 교수와 저자들에게서 얼마나 많은 것을 배웠는지 모른다. 사실 기독 지성인들은 오래전부터 풍부한 세속 학문에서 빌려 올 것이 많다. 자연계와 인간계, 각 학문 분야에 대한 중요한 통찰은 대개 기독교적 관점을 가지지 않은 사람들에게 힘입은 바가 크다.

그러나 그리스도인들은 세속 학문의 통찰을 빌려 오는 데서 그쳐서는 안 된다. 빌린 사상을 꼼꼼하게 비평하고 기독교적 관점으로 통합해야 하는 과제가 남아 있다. 이것은 기독교 학문의 근본적인 도전이요 그리스도인 학생들에게 주어진 중요한 책임이다. 세속 학습법을 기독교적 관점으로 활용하는 과정이 필요하다. 그러기 위해서는 우선 겸손이라는 덕목이 필요하다.

    잠 11:2 겸손한 자에게는 지혜가 있느니라.

그리스도인 학생은 겸손을 드러내야 한다. 인류 가운데 가장 겸손한 사람으로 모세를 꼽았다. 모세는 애굽의 최고급 교육을 받았고, 그것을 바탕으로 이스라엘 백성을 지도할 수 있었다(민 12:3; 행 7:22). 다니엘과 마찬가지로 모세 역시 기독 지성을 추구하는 학생들에게 좋은 멘토가 될 것이다.

교육 기관에는 온갖 거짓 철학과 인간 전통, 세속 원칙이 넘쳐난다(골 2:8). 그러나 동시에 성품을 계발하고 신앙을 성숙시킬 기회도 넘쳐난다. 하나님이 당신에게 고등 교육을 받을 기회를 주셨다면, 날마다 감사하라. 마음을 새롭게 하고 지혜를 키우라. 어떤 종류의 교육 기관에 다니든지 그곳에서 하나님이 역사하는 것을 믿어 의심치 말라.

이렇게 혼란스러운 때에는 삶의 모든 영역에서 온전히 그리스도께 매달릴 때만 그분 안에서만 신실하게 살아갈 수 있으며 신실하게 사랑하고 사고할 수 있다. 그분은 우리 마음을 새롭게 하기 원하신다.

2) 믿음은 지식의 근본

아우구스티누스(Augustinus, 354-430)나 스콜라 철학의 시조라 불리는 안셀무스(Anselm of Canterbury)는 믿음이 지식의 근본이라고 생각했다. 그들은 "알기 위해서는 먼저 믿으라."고 충고한다. 믿음과 신뢰가 지식의 출발점이 되기 때문이다. 말이나 숫자 그리고 다른 모든 것들을 배우기 시작할 때, 먼저 가르치는 사람을 믿는다. 가르치는 사람의 전제, 가르치는 사람의 관점 그리고 전통을 믿는 것이다. 처음부터 의심한다면 아무것도 배울 수 없을 것이다. 배운 것이 과연 옳은가를 비판적으로 따져 보는 것은 어른이 되어서야 비로소 하는 것이다. 우리 모두는 어린아이였기에 무엇을 배울 수가 있었던 것이다.

이런 의미에서 데카르트(Descartes)는 "모든 것을 의심하라."며 근대 의식에 기초를 놓았다. 의심하는 것은 성숙한 어른이 되고자 하는 철학이다. 칸트(Immanuel Kant)는 계몽을 정의할 때에 '미성숙에서의 해방'이라고 말했다. 기독 지성은 지금까지 부모나 학교, 선생님, 책에서 배웠던 전통, 선입견, 권위라는 세 요소를 의심해 보고 탐구하는 데서 출발한다.

기독교 변증가이자 사상가인 제임스 사이어(James W. Sire)는 『지식건축법』에서 "지성의 습관"이라는 주제를 들고 우리 곁을 찾아왔다. 그는 본서에서 자신의 개인적인 경험과 풍부한 인문학적 지식을 구사해서 하나님의 영광과 그 나라를 위한 삶에 필요한, 제대로 생각하는 법의 실천적이고 구체적인 방법들을 우리에게 명료하게 보여 주고 있다. 또한 기독 지성이 어떻게 완성되는지에 대한 답으로 '지성의 습관들'을 배양하는 방법들을 제시하며, 우리 믿음의 주이신 예수께서 뛰어난 논쟁자이셨던 것처럼, 그리스도를 따르는 우리도 그분의 모범을 따라 탁월한 지성으로 그분을 섬겨야 함을 호소력 있게 설득한다.

그런데 사고력에 대한 정의가 그렇게 간단하지 않다. 사전적인 의미로 '사물의 이치를 궁리하여 깨닫는 능력', 문자적으로 '생각하는 힘'으로 정의하는 것이 적절하다. 사고력이라는 용어가 매우 다양한 의미를 내포하고 있기 때문이다. 아리스토텔레스는 사고에 대해서 '새로운 그리고 타당한 판단인 추리를 끌어내는 과정'이라고 하였다. 그는 이미 습득한 지식의 재활용을 통해서 사고가 이루진다고 판단하였다. 그래서 그는 개념, 판단, 추리를 중시한다. 인간의 사고력의 한계는 그 사람이 활용할 수 있는 단어의 수, 그 범위에서 그려진다. 결국 풍부한 단어를 내포한 책을 많이 읽고 음미할수록 사고력의 폭도 그만큼 확장될 수 있을 것이다.

사고력은 간단히 말한다면 반성적 사고를 가리킨다. 어떤 문제에 대해 의식적으로 돌아보고 이모저모 따져 보는 것이다. 어떤 문제라도 제대로 된 근거나 기준을 가지고 평가하고 파악해 보려는 사고법이다. 논리적 사고는 주로 추론(논증)과 관련한 사고를 말하는 데 비해 비판적 사고는 분석적 사고, 종합적 사고, 추론적 사고, 대안적 사고로 구성되었다고 할 수 있다.

비판적 사고가 우리 사회에 뿌리내리지 못한 이유는 무엇인가? 비판적 사고와 부정적 사고를 혼동하기 때문이다. 어떤 문제나 사안에 대해 좀 더 따져 보고 더 나은 것을 제시하는 것보다는 제시된 것을 맹목적으로 받아들이는 것을 바라는 권위적 태도는 식민 문화의 반영이라고 할 수 있다. 비판적으로 사고하는 사람은 자신의 주장만 감정적으로 앞세우지 않는다. 기존 의견도 받아들이는 폭넓고 열린 시야를 지니는 것이다. 진리에 대한 열정이나 근거를 구하려는 인내력, 불의나 타협에 대한 저항심 등은 비판적 사고를 통해 얻을 수 있는 장점이라고 할 수 있다.

많은 사람들은 흔히 예수님을 '온유하고 양순한 분'으로 생각하지만, 이는 예수님의 냉철하고 지성적인 이미지를 보지 못한 것이다. 물론 예수님은 사랑과 온유함이 가득한 분이었지만, 잘못을 폭로할 때, 특히 위선을 지적할 때는 거침 없는 분이셨다. 예수님은 많은 논쟁을 통해 중요한 문제를 분명하게 드러내셨고, 복음서도 그분이 당시의 종교 지도자들과 줄곧 논쟁하셨음을 증언한다. 예수님은 그냥 유순하고 친절하기만 한 랍비가 아니라 당대 복음 진리의 대적자들인 바리새인들과 사두개인들과의 부단하고 역동적인 논쟁을 통해 논리적이고 지성적으로 하나님 나라의 복음을 선포하셨다.

기독 지성인이란 하나님의 영광을 위하여 사고하는 사람이다. 사이어가 말하는 지성이란 단순히 차갑고 냉정하고 계산적인 논리가 아니다. 지성에는 감정이 있으며, 잘 생각하는 것에는 절대적으로 행동이 따른다는 사실이다. 그러면서 그리스도인은 무엇을 생각해야 하는가가 아니라 어떻게 하면 일상생활에서 하나님의 임재를 더 깊이 체험하고 그분의 주되심을 인정하며 살 수 있는지에 초점을 둔다.

3) 기독 지성이란(a Christian intellectual)?

지성인은 지적 노동에 종사하는 자로 중간적 사회층을 형성하고 있다. 이 계층은 기사, 기술자, 변호사, 예술가, 교수, 과학노동자를 포함한다. 이들은 예술, 학문, 종교를 포함한 문화라는 이 상징의 세계를 창조하고 보급하고 공헌하는 사람들이다. 이들은 문화의 창조자로 이루어지는 사회에서 핵심을 이루는 사람들이다. 이들은 학자, 예술가, 철학자, 저술가. 게다가 일부 언론인들을 포함한다. 또한 이들은 남이 창조한 것을 보급하는 사람들로서 여러 예술의 연주자, 대다수의 교수와 언론인들이 이에 해당된다. 기독 지성인은 각기 자기 분야에서 전문인(출판인, 문학가, 사상가, 시인, 경제인, 정치인, 기자, 의사, 교수, 체육인, 연예인, 군인)으로서 기독교적인 가치관과 신앙 이해를 표현할 수 있어야 한다.

"기독 지성인(Christian intellectuals)이라는 이름으로 불릴 수 있는 사람들은 힘들겠지만, 기독교적인 정신과 하나님의 뜻을 이 땅에 실천하는 사람들이다. 자기 학문 영역이든 예술 영역이든 혹은 여러 가지 지적인 직업과 활동 속에서, 하나님의 뜻을 이 땅에 구현하는 사명을 가진 사람들이다.

교회 내에 반지성적인 분위기에 동화된 그리스도인들은 "지성을 사용하라."는 말을 듣기 싫다고 말한다. 어떤 사람들은 심지어 기독교 지성운동은 "영적이지 않다."고 말한다. 이들은 바울이 고린도 사람들에게 권고한 내용을 보아야 한다. 지성을 적절히 사용하는 것은 놀랄 만큼 유익한 것을 알아야 한다.

고전 14:20 형제들아 지혜에는 아이가 되지 말고 악에는 어린 아이가 되라 지혜에는 장성한 사람이 되라.

(1) 기독 지성은 하나님을 영화롭게 한다. 하나님은 우리를 그분의 형상을 따라 이성적 존재로 지으셨으며, 성경 안에 이성적인 계시를 주셔서 그것을 연구하도록 하셨기 때문이다.

(2) 기독 지성은 우리를 풍요롭게 한다. 기독교 제자도의 모든 측면, 예를 들어 우리의 예배, 믿음, 순종이 성숙하는 정도는 하나님의 영광과 신실하심과 뜻에 대한 우리의 성찰에 좌우되기 때문이다.

(3) 기독 지성은 세상에서 우리의 증거를 힘 있게 해 준다. 우리는 사도들처럼 복음을 '전파할' 뿐 아니라, 그것을 '변호하고' '논증하며', 그 진리를 사람들에게 '권하라'는 부르심을 받았기 때문이다.*

로마서 12장 첫머리에서 바울은 "마음을 새롭게 하라."고 말한다. 하나님의 은혜에 감사하여 그들의 몸을 '산 제물'로, '영적 예배'로 드려야 한다고 호소하고 있다. 이어서 하나님의 사람들이 세상에서 그분을 섬기는 것이 어떻게 가능한지를 설명한다. 그는 우리에게 양자택일을 요구한

---

*   (행 17:2-3) 바울이 자기의 관례대로 그들에게로 들어가서 세 안식일에 성경을 가지고 강론하며 뜻을 풀어 그리스도가 해를 받고 죽은 자 가운데서 다시 살아나야 할 것을 증언하고 이르되 내가 너희에게 전하는 이 예수가 곧 그리스도라 하니.
(행 19:8) 바울이 회당에 들어가 석 달 동안 담대히 하나님 나라에 관하여 강론하며 권면하되.
(고후 5:11) 우리는 주의 두려우심을 알므로 사람들을 권면하거니와 우리가 하나님 앞에 알리어졌으니 또 너희의 양심에도 알리어지기를 바라노라.
(빌 1:7) 내가 너희 무리를 위하여 이와 같이 생각하는 것이 마땅하니 이는 너희가 내 마음에 있음이며 나의 매임과 복음을 변명함과 확정함에 너희가 다 나와 함께 은혜에 참여한 자가 됨이라.

다. 한 가지 길은 이 세상 혹은 이 '세대'를, 즉 그들의 기준 혹은 기준이 없는 것과 가치관, 대체로 물질주의적인 목표, 자기중심적이고 불경건한 것을 '본받는' 것이다. 이것이 서구 문화의 특징이다. 더구나 기세등등한 문화는 바람처럼 거스르기가 쉽지 않다. 바람에 흔들리는 갈대처럼 최소한의 저항만 하고 그 앞에 절하기가 더 쉽다. 현대의 세속주의는 강하고 미묘하며, 자신을 본받으라는 압력이 매우 크다.

'이 세대'는 옛 관점을 의미한다. 옛 관점은 대중을 따르게 한다. 그러나 새로운 관점은 하나님의 뜻을 따르게 하는 것이다. 타락한 지성은 세상의 길, 자기중심적이고, 물질 중심적이고, 불경건함을 따르는 것이다. 그러나 새로워진 지성은 하나님 말씀에 계시된 뜻에 몰두한다. 그 둘 사이에는 회개를 뜻하는 메타노이아(metanoia), 곧 지성 혹은 관점의 완전한 변화를 의미한다.

바울은 '새로워진 마음'에 대해서 뿐 아니라 '그리스도의 마음(mind)'에 대해서도 쓴다. 그는 빌립보 사람들에게 "너희 안에 이 마음을 품으라 곧 그리스도 예수의 마음이니(빌 2:5)"라고 권면한다. 예수님의 가르침과 본보기를 연구하고 의식적으로 우리 지성을 그분의 권위라는 멍에 아래 둘 때(마 11:29), 우리는 그분이 생각하셨던 것처럼 생각하게 된다. 그리스도의 영이신 성령에 의해 그분의 마음이 점차 우리 안에 형성된다. 그래서 우리는 그분의 방식으로 행동하고 그분의 관점으로 사물을 보게 된다. 마침내 우리 견해는 그분의 것과 비슷해진다. 우리는 사도가 말한 대로 감히 말할 정도가 된다.

고전 2:16 누가 주의 마음을 알아서 주를 가르치겠느냐 그러나 우리가 그리스도의 마음을 가졌느니라.

『새로워진 마음』, 『그리스도의 마음』, 『기독교적 관점』, 『기독교적 지성』의 저자 해리 블레마이어스(Harry Blamires)는 『기독교적 지성』이 1963년에 출간된 이후 광범위한 영향을 미쳤다. 그가 말하는 "기독교적 지성"이란 '종교적인' 주제들에 전념하는 지성이 아니라 가장 '세속적인' 주제라도 기독교적 관점으로 생각할 수 있는 지성을 말한다. 그것은 "대화 주제가 성경에서 그날의 신문 기사로 바뀜에 따라 기독교적 정신세계를 들락날락하는" 정신 분열적인 그리스도인의 지성이 아니다.

기독교적 지성은 '세속적 논쟁거리를 기독교적 전제로 구성된 판단의 틀 안에서 다루도록 훈련되고 지식을 갖추고 구비된 마음'이다. 블레마이어스는 현대 그리스도인들 심지어 교회 지도자들도 기독교적 사고를 상실한 것을 한탄한다.

> 기독교적 지성은 기독교 역사에서 전례가 없을 정도로 맥없이 세속적 동향에 굴복하고 말았다.

블레마이어스는 기독교적 사상을 상실하는 것에 대해 개탄하고 회복을 꾀하기 시작했다. 그는 "현재의 편견들에 도전하고, 자신의 우월성에 만족시키는 풍조를 휘저어 놓으며, 분주한 실용주의를 차단하고, 자신에 대한 모든 기초에 의문을 제기하는 성가신 존재"인 크리스천 사상가가 일어나는 것을 보고 싶어 했다. 블레마이어스는 이어서 기독교적 지성의 여섯 가지 필수적 '표지'라고 생각하는 것을 열거했다.

① **초자연적 지향:** 시간을 넘어 영원을, 지상을 넘어 천국과 지옥을 보며 동시에 하나님이 만드시고 유지하시며 '관심하는' 세상에 사는 것.

② **악에 대한 인식:** 가장 고상한 것들마저도 '굶주린 허영'의 도구로 왜곡시켜 버리는 원죄를 인식하는 것.

③ **진리에 대한 개념:** 신적 계시가 주어졌다는 타협할 수 없는 사실.

④ **권위를 받아들임:** 하나님의 계시는 우리에게 대등한 애착이 아니라 허리 굽혀 복종할 것을 요구.

⑤ **사람에 대한 관심:** 인간성의 가치를 인정하고 그것이 기계에 종속되는 것을 반대하는 것.

⑥ **신성한 성향:** 예를 들면 성적 사랑은 사람이 실재에 대해 마음을 열도록 하는 '하나님의 가장 효율적인 도구'라고 인식하는 것이다.

4) 무속 신앙에 빠진 기독인

신앙은 하나님과의 개인적인 관계를 교회라는 공동체의 테두리 안에서 표현하는 것이고 학문과 전문 지식은 대학이나 법정과 같은 사회 기관에서 수행하는 공적이고 세속적인 것에 불과하다고 생각하는 사람이 많이 있다. 그래서 정치, 경제, 사회, 학문, 문화, 예술 등 삶의 각 분야에서 활동하는 기독교인들은 자신들이 속한 공적 세계 속에서는 비기독교인과 다를 바 없이 판단하고 행동하는 오류에 빠진다.

그들이 기독교인인가, 아닌가 하는 정체성을 주일 예배에 참석을 하는가? 정기적으로 성경을 보고 있는가? 다른 사람에게 전도를 하는가? 등을 통해 알 수 있을 뿐, 전문 지식에 관련된 문제에 대해 '어떻게 판단하는가?' 그들이 다루는 문제에 대해 '어떻게 생각하는가?' 하는 것을 통해서는 드러나지 않는다. 이와 같은 태도를 가질 때, 대학이나 다른 전문 직종에 종사할 때는 그곳에 통용되는 규칙에 따라 사고하고 행동하면 되는 것으로 알고, 교회에서는 성경의 가르침대로 생활하면 되는 것이라고 생각할 수 있다.

이것은 사실 매우 편리하고 쉬운 길이다. 로마에서는 로마인으로 행동하고, 이집트에서는 이집트인으로 행동하는 것만큼 편한 것도 없다. 그래서 전문 직종에 종사하는 사람들은 주일과 평일, 개인의 내면세계와 공적 세계, 신앙과 직업 사이에 두 개의 다른 세계를 만들어 놓고 그 사이를 주기적으로 오가고 있다.

신앙이 조금 돈독한 사람은 여기서 한 걸음 발전하여 자신의 전문직을 선교의 수단으로 삼을 수 있다. 의사는 의료직을 통해 선교 활동을 할 수 있고, 기술자는 자신의 기술을 선교 활동의 수단으로 쓸 수 있다. 전문 지식과 직업은 선교를 위한 수단이 될 수 있기 때문에 선교사로서의 사명을 가진 사람은 하나의 전문직을 익혀 두라는 충고를 자주 듣는다.

오늘날 대부분의 복음주의자들은 이 단계에 머물러 있다. 그러나 이와 같은 상황은 조금만 생각해 보면 심각한 문제를 안고 있다. 만일 신앙이 공적인 세계와 전문 지식에 아무런 영향을 주지 못한다면 과연 복음의 능력이 제한되는 것은 아닌가? 진실로 사람의 마음을 움직이고 삶을 지배하는 신앙이라면 개인의 내면생활뿐만 아니라 공적인 삶에서도 그 신앙의 영향이 나타나야 하지 않는가? 신앙인 가운데도 하나님은 세상의 하나님이 아니라 교회의 하나님이고 세상은 사탄의 지배 아래 있기 때문에 세상에 관여하는 것은 사탄과 함께 식사하는 것으로 생각하는 사람들이 없잖아 있다. 그래서 이른바 '세속적인' 일에 대해서는 단지 생계유지 수단으로 생각할 뿐 신앙과는 무관하다고 판단하는 오류에 빠진다.

그러나 우리가 고백하는 하나님이 만유의 주(主)시라면 문제는 더욱 심각해진다. 하나님이 만유의 주시라면 하나님의 주권은 교회와 가정, 직장에 국한되지 않고 온 우주에 미쳐야 한다. 이 세상의 정치, 경제, 사회, 문화, 학문, 예술, 어느 한 분야도 하나님의 주권을 벗어날 수 없다. 하나님의 자녀로 부름 받은 사람은 과연 이런 분야에서 비기독교인과 마찬가지로 생각하고 행동할 수 있는가?

우리가 그리스도인의 올바른 삶에 대해 논의할 때 최소한 이 세 가지 지평이 전제되어야 한다. 그리스도인은 인간이며, 세상 안에 존재하며, 그리스도와의 관련성 속에 놓여 있어야 한다.

① 인간으로서 어떻게 살 것인가?
② 인간으로서 이 세상(역사) 속에서 어떻게 살 것인가?
③ 인간으로서 이 세상 속에서 그리스도인 됨을 어떻게 드러낼 것

인가?

그리스도인들은 이러한 전체적인 틀 속에서 우리가 원하는 대답을 찾아 나가야 한다.

현대 그리스도인들의 신앙 가운데 가장 일반적인 현상 중의 하나는 신앙이 무속(巫俗)적이라는 것이다. 무속 신앙이 내포하고 있는 특징은 엑스타시의 경험에 근거한다는 것이다. 그 흔한 부흥회에서 일어나는 것들은 대부분 어느 특정인의 신앙 경험에 의한 것이다. 한 사람의 경험이 신앙을 규정한다. 이러한 경험주의는 매우 큰 위험성을 갖고 있다. 경험이란 항상 같은 것이 아님에도 그것을 진리인 것처럼 선포한다.

또 하나의 현상은 도덕주의적인 것으로 나타나고 있다. 소위 도시 중산층 교회에서 보이는 모습이다. 도덕주의가 갖고 있는 내적인 특징은 경건성의 강조에 있다. 이 경건은 일종의 율법주의이다. 앞의 것을 신비주의라 한다면 후자의 것을 합리주의라 할 수 있다. 한국 교회가 갖고 있는 두 가지 현상인 무속적인 것과 도덕주의적인 것은 서로 다른 형태의 옷을 입고 있지만 사실은 거의 같은 삶의 틀에서 출발한다.

저들이 갖고 있는 지성의 틀이란 세 가지이다. 첫째로 이원론이며, 둘째는 기복적이고, 셋째는 몰역사적이다. 이러한 삶의 틀에서는 결코 창조적인 것이 나올 수 없다. 겉으로는 매우 종교적인 것 같으나 속으로 매우 세속적인 가치관을 갖고 있다. 한국 교회의 신앙 현상과 내용을 볼 때 하나님은 교회를 통해 세상을 구원하시는 것이 아니라 세상을 통해 교회를 각성시킨다는 몰트만(Jrgen Moltmann, 1926-1994)의 말은 현대 교회가 지탄받는 현실을 적나라하게 드러낸다.

그러면 그리스도인은 어떻게 행동해야 할지 굳이 고민하지 않아도 된다. 때가 되면 자신의 상황에 맞는 행동이 따라오게 되어 있기 때문이다. 죄인인 것과 그저 무방한 것 사이에 정확한 선을 그으려고 할 필요가 없다. 그리스도를 바라보고, 그분이 버리라고 하시는 것 같으면 무슨 일이든 그 성격을 불문하고 자신을 부인하라. 많이 사랑하면 굳이 계산하고 따질 필요가 없다. 과감히 그분을 따라갈 마음만 있으면 호기심거리로 고민할 필요가 없다. 물론 때때로 어려움도 있겠지만 드물 것이다. 그분은 우리를 불러 십자가를 지라 하신다. 그러니 날마다 기회를 잘 살려, 양보할 필요가 없을 때도 남들에게 양보하고, 피할 수 있는 달갑잖은 봉사도 나서서 하라.

2. 채움: 사고가 주도하는 독서

1) 사람은 읽는 대로 만들어진다

사람은 읽는 대로 만들어질 뿐이다. 좋은 인풋(in put)은 좋은 아웃풋(Out put)을 결정한다. 내가 과거에 축적해 놓은 인풋은 전혀 뜻하지 않은 때에 아웃풋이 되어 튀어나온다.

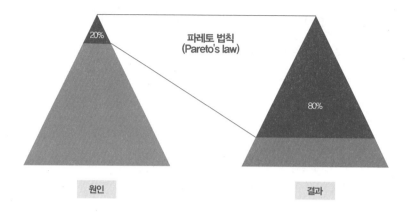

파레토 법칙
(Pareto's law)
20%
80%
원인
결과

작곡가는 어떤 미술작품을 보고서 그것을 영감으로 노래를 만들고, 작가는 여행을 통해서 많은 것을 보고 느껴서 책을 쓰기도 한다. 필자와 같은 강사들은 전문 분야의 공부를 통해서 쌓은 지식을 정리해서 강의한다. 강사들이 가르치는 강의를 들은 학생에게는 강사의 아웃풋이 인풋이 되기도 하고, 나 스스로에게도 아웃풋을 바탕으로 배우고 정리하게 되고 그 내용을 바탕으로 다시 발전된 강의를 할 수 있다. 파레토의 법칙처럼 소수의 인풋이 대다수의 아웃풋을 내어 발전한다.

인문학을 논하고, 사회과학을 논하고, 사회 구조를 논하고, 예술을 논한다는 것은 기독교 신앙에 어긋나거나 또는 기독교 신앙에 해를 끼친다는 사고방식이 상당히 오랫동안 한국 교회를 지배해 왔다. 그래서 믿음은 필연적으로 '지성의 희생'을 전제해야 했고 전문가적 지식은 신앙생활에 아무런 도움을 주지 못하는 것으로 치부되었다. 21세기 정보와 사회 시대에 교회를 퇴보시키는 위험하기에 그지없는 발상이다.

지금까지 기독교 안에서 반지성주의가 가져온 결과가 무엇인가? 무엇보다도 '상식(Common sense)'이 없는 기독교를 만들었다는 것이다. 삶과 신앙의 분리를 가져왔다. 교회(신앙공동체)에 들어와서는 성경적으로 생각하고 세상살이를 할 때는 세상 방식대로 생각하는 것을 당연한 것처럼 생각하게 되었다. 더욱이 교회 안에 이미 이런 '세상적인 것'이 들어와 있다. 성공주의, 물량주의 등 말할 수 없이 많은 세상의 사고와 관행이 교회를 잠식했다.

베드로를 보라(마 16장). "주는 그리스도시요 살아 계신 하나님의 아들입니다."라는 신앙고백을 했지만 그러나 곧장 예수님의 죽음과 관련해서 그의 사고와 생각은 어떠했는가? 하나님의 일이 아니라 사람의 일을 생각하였고 이것은 곧장 예수님의 질책을 받았다.

반지성주의가 더 심각한 결과는 복음의 능력을 막는 결과를 가져온 것이다. 예수님의 첫 메시지를 보라(막 1장).

회개하라.

다시 말해 생각을 바꾸라, 지성을 바꾸라고 요구하신다. 지성을 바꾸어야 할 이유는 기독교 신앙, 기독교적 삶의 통합성(integrity), 주님에 대한 충성(faithfulness to the Lord), 효율성(effectiveness)을 회복하기 위한 것이다.

물론 그리스도인들 가운데 적지 않은 인물들, 교수, 학자, 전문가 등이 엘리트 의식을 견지하고 있는 것이 사실이다. 그럼에도 우리는 반지

기독교 세계관 렌즈로
인문학 읽기

성주의를 어떻게 극복해야 할지 고민해야 한다.

하나님께서 일부 그리스도인들에게 성경의 다양한 은사 가운데 지식의 은사를 주셔서 지적 활동에 전념하도록 부르신다. 지식은 각 사람에게 주신 성령의 한 은사임을 알아야 한다. 만약에 자신을 '지식인, 지성인'이라는 명칭을 사용하고 또 그와 연관해 자신이 다른 사람과 다르다는 의식을 견지할 경우, 그의 심령은 교만과 자랑의 온상이 될 수 있다는 것을 인식해야 한다. 또 자신은 그렇지 않은 이들에게 소외감을 유발하고, 그들로부터 반발과 적대감을 받게 되기 십상이다. 이러한 무분별한 행동이 기독 지성 운동에 대한 부정적인 측면을 제공하는 것을 인식해야 한다.

> **고전 12:8** 어떤 사람에게는 성령으로 말미암아 지혜의 말씀을, 어떤 사람에게는 같은 성령을 따라 지식의 말씀을.

'지식인' 혹은 '지식 은사'를 소유한 이들

솔로몬

> **왕상 4:29-30** 하나님이 솔로몬에게 지혜와 총명을 심히 많이 주시고 또 넓은 마음을 주시되 바닷가의 모래 같이 하시니 솔로몬의 지혜가 동양 모든 사람의 지혜와 애굽의 모든 지혜보다 뛰어난지라.

에스라

스 7:10-11 에스라가 여호와의 율법을 연구하여 준행하며 율례와 규례를 이스라엘에게 가르치기로 결심하였더라. 여호와의 계명의 말씀과 이스라엘에게 주신 율례 학자요 학자 겸 제사장인 에스라에게 아닥사스다 왕이 내린 조서의 초본은 아래와 같으니라.

다니엘

단 1:4 곧 흠이 없고 용모가 아름다우며 모든 지혜를 통달하며 지식에 통달하여 학문에 익숙하여 왕궁에 설 만한 소년을 데려오게 하였고 그들에게 갈대아 사람의 학문과 언어를 가르치게 하였고.

아볼로

행 18:24 알렉산드리아에서 난 아볼로라 하는 유대인이 에베소에 이르니 이 사람은 학문이 많고 성경에 능한 자라(개역 성경).

바울

행 26:24 바울이 이같이 변명하매 베스도가 크게 소리내어 이르되, "바울아! 네가 미쳤도다. 네 많은 학문이 너를 미치게 한다" 하니.

위에서 제시한 인물들은 하나의 공통점이 있다는 것을 발견할 수 있다. 이들은 모두 시대에 따라 하나님께서 주신 성령의 여러 은사 가운데 어떤 이는 지식의 은사를, 어떤 이는 사랑의 은사를, 어떤 이는 하나님의 뜻을 재해석하는 사람으로, 어떤 사람은 역사가로, 어떤 이는 지혜자로, 적재적소에 하나님의 일을 감당한 사람들이다. 지식의 은사를 받은 사람들은 다른 은사를 받은 사람들에 비해 우월한 사람들이 아니라 다른 이를 섬기는 사람이요, '지식'은 다른 이를 섬기기 위한 도구에 불과한 것이었다.

> **고전 8:1** 우상의 제물에 대하여는 우리가 다 지식이 있는 줄을 아나 지식은 교만하게 하며 사랑은 덕을 세우나니 [다른 이의 신앙을 세워 주나니].

> **고전 13:1** 내가 예언하는 능이 있어 모든 비밀과 모든 지식을 알고 또 산을 옮길 만한 모든 믿음이 있을지라도 사랑이 없으면 내가 아무것도 아니요

2) 사고를 주도하는 독서

모든 책에는 저자의 세계관이 녹아 있다. 2000년대 초에 출판된 장승수의 『공부가 가장 쉬웠어요』라는 책은 열풍을 일으켰다. 저자는 1971년 경북 왜관에서 태어나 대구 경신고등학교를 졸업하였다. 어려운 가정형편 때문에 대학은 일찌감치 포기하고 술집으로, 당구장으로 돌아다니며 싸움꾼으로 고교시절을 보냈다. 싸움도, 술도, 오토바이도 모두 시시껄

렁해지던 스무 살, 공부에 대한 열정이 열병처럼 찾아왔다. 집안의 생계를 책임지는 가장 노릇과 뒤늦게 대학문을 두드리는 늦깎이 수험생 노릇을 함께했다. 그동안 그는 포크레인 조수, 오락실 홀맨, 가스 배달, 물수건 배달, 택시기사, 공사장 막노동꾼 등 여러 개의 직업을 전전했고, 고려대학교 정치외교학과, 서울대학교 정치학과, 서울대학교 법학과 등에 지원했다가 낙방하였다.

작은 키, 왜소한 몸으로 공사판에서 살아남는 것도 힘들었지만, 보통 머리, 낮은 고교성적으로 대학에 들어가는 것도 쉽지만은 않았다. 스스로의 한계에 부딪히고 얻어맞으며 실패를 거듭했지만, 그게 끝이라는 생각은 안했다고 한다. 일을 해야 할 땐 일에 몰두하고 공부를 할 땐 공부에만 매달렸다. 그러던 1996년 1월, 난생 처음 1등을 하며 서울대학교 인문계열에 수석 합격하였다. 법학과를 졸업하고 2003년에는 제45회 사법시험에 합격하여 법조인의 길을 걷고 있다.

이 책이 열풍을 일으킨 이유는 작품성이 뛰어나서가 아니다. 책이 담고 있는 성공지향적 세계관이 시대의 세계관과 잘 들어맞았기 때문이다. 이와 같이 모든 책은 세계관을 드러낸다. 독서가 사고를 주도하면 독자는 저자의 세계관에 흡수된다는 것을 아는 사람은 드물다.

독서란 본문 속 화자의 사고로 상상하는 것이다. 독자는 그의 것(화자)이고 그(화자)는 독자의 것이다. 여기 문제가 있다. 독서가 사고를 주도할 때, 우리의 사고는 타인의 사고에 흡수된다. 의식이 깨어 있는 사람들은 이를 위험하게 보았다. 검열 제도란 순진한 독자들의 사고가 조종당할

기독교 세계관 렌즈로
인문학 읽기

것이라는 우려, 엉뚱한 책을 읽는 것이 우리의 지적, 종교적, 영적 건강에 위험하다는 우려에서 나온 것이다. 위대한 작품의 본문이 사고를 온전히 끌어들이면, 독자가 그 읽는 내용에 완전히 빠져들면서, 본문의 세계가 곧 독자의 세계가 된다.

그러한 지경이 되면 독자의 시간과 감각이 모두 사라진다. 독자의 사고는 저자의 사고와 하나가 되는 것이 아니다. 저자는 본문을 출가(出家)시킨 지 이미 오래이다. 본문의 사고와 하나가 된다. 적어도 느낌상 그렇다. 작품으로 인해 촉발된 감정 외에 다른 감정은 독자에게 더 이상 없기 때문이다. 물론 독자의 상상력은 살아 있다. 상상 내용도 독자마다 다르다. 이 사고가 현재 깨닫는 내용은 그야말로 현재의 깨달음일 뿐이다. 독자는 본문 안에 살고 있다. 이는 독서하지 않을 때의 평범한 경험의 세계와는 구별되는 세계다.

비판적으로 독서하라. 책 속의 내용을 기계적으로 수용하지는 마라. 아무리 유명한 저자의 말이라 할지라도 그의 생각이나 주장을 맹목적으로 받아들여서는 안 된다. 나의 세계관과 다를 수 있고, 지식의 차이가 있을 수 있고, 경험의 차이도 있을 수 있기 때문이다. 저자의 권위에 주눅 들 필요도 없다. 내가 이해하지 못하는 한 아무리 위대한 사람의 주장일지라도 내 삶에는 아무 영향도 미치지 못한다. 능동적으로 이해하고 공감할 때 비로소 저자와 나 사이에 생산적인 관계가 형성된다. 생각과 생각이 만나 또 다른 생각을 만들고 더 나은 생각을 만들 수도 있다. 나만의 프리즘, 기독교 세계관이 필요하다.

플라톤은 시가(詩歌) 교육은 아름다움에 대한 사랑으로 끝나야 한다고 말했다. 옳은 말이다. 그는 『국가론』의 유명한 한 구절에서 모든 형태의 시(詩), 특히 신화에 기초한 호메로스와 기타 비극작가들의 시(詩)를 금지해야 한다고 말한 것도 이와 같은 맥락이다. 왜냐하면 신화에 바탕을 둔 시(詩)에 묘사된 부도덕한 행위로 인해 독자들의 성품이 타락하기 때문이었다.

수백 년 동안 그리스의 아이들은 호메로스의 작품을 암송하면서 전설적 인물들의 언행을 통해 그리스인의 세계관을 배우며 자랐다. 호메로스가 그린 영웅들의 자질을 계발하는 것, 이것이 그리스인들의 교육 목표였다. "호메로스의 작품은 모든 종류의 씨앗을 담고 있는 못자리와 같다. 사람들은 거기서 원하는 식물을 고르기만 하면 되었다."라고 말한 시인 포프(Alexander Pope)와 "카이사르가 로마 군대에 준 그 막대한 금품도 호메로스가 인류에게 준 선물에는 미치지 못한다."는 베이컨(Francis Bacon)의 말 속에 그 플라톤의 검열 제도의 의도가 그대로 담겨 있다.

인문 독서가 독자의 사고를 주도할 때, 독자의 사고는 저자의 사고에 흡수된다는 것을 마오쩌둥의 독서 행위에서 발견할 수 있다. 마오쩌둥은 책을 읽으며 혁명을 꿈꾸고, 그 꿈을 이루어 냈다. 왜냐하면 그는 특히 『수호지』, 『삼국지』, 『서유기』 등의 소설을 탐독하면서 투쟁, 반란, 영웅적 행동에 매혹되었기 때문이다. 그중에서도 그는 어린 시절부터 『수호지』를 좋아했다고 한다. 나이가 들어서도 이런 부류의 책을 여전히 좋아했던 그는 영웅인 임충이 양산박에 들어가려 할 때 나온 두 명장(두 마음을 품지 않고 동지가 되겠다는 각오를 나타낸 것) 부분을 『수호지』의 백미로 꼽고 국민들에게도 알리고 싶어 했을 정도라고 한다. 만약에 그가 소크라테스의 『변명』이나 플루타크스의 『영웅전』과 같은 책을 좋아했다면 중국의 역사는 달라졌을지도 모를 일이다.

언론, 출판, 예술 등의 검열 제도를 낳은 근본 발상은 옳다. 책은 그만큼 위험하기 때문이다. 최고의 책은 사상과 관점과 도덕적 소신의 강력한 전달 매체인 까닭이다. 책을 위험하게 하는 것은 책의 가치관과 전달 능력이다. 스벤 버커츠(Sven Birkerts)는 책의 침투성을 그보다 훨씬 깊이 이렇게 포착했다. 그는 최고의 책은 "멀리서 사로잡는다."고 말한다.

마오쩌둥처럼 몰입할 수밖에 없는 책에는 대개 멀리서 사로잡는 위력이 있다. 자꾸만 내 생각이 책의 등장인물들과 이야기로 돌아간다는 뜻이 아니다. 물론 그것도 늘 있는 일이다. 뭔가에 홀린 기분이 든다는 뜻이다. 진짜 뭔가에 '홀릴' 때 '피안(彼岸)'의 존재가 느껴지듯이, 때론 나는 책의 생명이 별안간 나를 침입하는 것은 느낀다. 순간이나마 그 생명이 내 생명인양, 벽이 허물어진다. 물론 일부 책의 경우지만, 일단 그런 일이 벌어지면 이는 선물처럼 거저 주어진 자아의 초월처럼 느껴진다. 어떻게 설명해야 할지 잘 모르겠다. 수동적으로 읽고 있던 나의 상념과 잠재된 자아를, 어떤 연상의 촉발로 말미암아 갑자기 전면(前面)으로 분로(分路)해 내는 일종의 인지적 '단락(短絡)'이라 할까. 아니면 감정 중추를 장악할 정도로 책의 일부를 생생히 살려 내는, 어떤 언어적 연금술의 산물이라 할까?

이렇게 책은 위험하다. 책은 그분이 인류에게 유산으로 주신 가장 큰 선물 중에 하나다. 나 자신의 사고를 텍스트에 내어 맡길 책이 하나 있다. 두려움 없이 우리의 영혼 자체를 내맡겨야 할 그 책은, 바로 성경이다. 성경을 강조하며 깊이 넓게 읽을 것을 독려하는 일은 기독교 전통의 커다란 공헌 중에 하나이다. 나의 사고를 주도할 독서가 있다면 바로 성경 읽기이다.

3) 사고가 주도하는 독서

그리스도인에게 사고가 주도하는 독서는 기독교 세계관의 렌즈를 가지고 읽는 것을 말한다. 즉 예수님의 가치와 믿음 그리고 전망과 발상을 하는 것이다. 왜냐하면 모든 문화의 중심은 이 세상에 성육신하신 만물의 창조주 예수 그리스도의 것이어야 하기 때문이다.* 물론 전제를 가지고 책을 읽는 행위가 진리를 탐구하는 바른 자세가 아니라고 문제를 제기하는 사람들도 있을지 모르지만 최소한도 그리스도인들에게 책을 읽는 행위는 창조주 하나님을 찾아가는 과정이다.

에덴에서 처음 인간의 문화적 활동은 '의존적 창의성'을 가진 것이었다. 즉 인간이 하나님의 계시에 의지하여 하나님의 뜻에 따라 피조계를 발전시키되, 우주의 질서와 보조를 같이 하면서 그 발전이 하나님과 인

---

* (골 1:16-18) 만물이 그에게서 창조되되 하늘과 땅에서 보이는 것들과 보이지 않는 것들과 혹은 왕권들이나 주권들이나 통치자들이나 권세들이나 만물이 다 그로 말미암고 그를 위하여 창조되었고 또한 그가 만물보다 먼저 계시고 만물이 그 안에 함께 섰느니라 그는 몸인 교회의 머리시라 그가 근본이시요 죽은 자들 가운데서 먼저 나신 이시니 이는 친히 만물의 으뜸이 되려 하심이요

간 사이에 조화로운 관계를 반영할 수 있도록 한 것이었다. 그런데 인간은 자신의 자율성을 주장하고 하나님의 뜻에 반역하였다. 하나님의 뜻에서 벗어나서, 인간 스스로 독자적으로 문화를 발전시켜 보려고 했던 것이다.

이러한 유산은 지금도 이어지고 있다. 세계는 이미 문화와의 전쟁에 접어들었다. 이런 가운데 많은 크리스천들은 신세대를 겨냥해서 대중문화, 특히 파괴적인 음악 장르들이나 할리우드에서 제작되는 선정적이고 폭력적인 영화 그리고 텔레비전의 반사회적이고 비도덕적인 내용에 의해 설득되고 있다. 이러한 성경적이고, 기독교적인 가치관에 현대의 대중문화가 기독교 세계관의 복음문화에 도전하고 있다. 일상의 삶 속에서 양의 탈을 쓰고 다가오는 가인의 문화는 이 세상을 폭력과 피 흘림의 문화 그리고 정처 없는 방랑의 문화로 오염시키고 있는 것이다.

그러나 성경은 가인 문화와 달리 하나님과 교제하는 사람의 문화가 있다는 것을 보여 준다. 이들은 하나님의 뜻에 따라 살기를 원하는 사람들이고, 하나님의 뜻에 맞추어서 문화 창조자로 살아가는 사람들이다.

기독교 세계관으로 볼 때 세속 문화 속에 있는 모든 것이 무조건 비난받을 것은 아니다. 인간은 하나님의 형상으로 창조되었으며, 그래서 그 안에는 많은 긍정적인 것이 있고 그리스도인들에 의해 사용될 수 있는 각각의 문화가 창조되어 왔다. 그러나 인간의 타락한 죄성 때문에 모든 문화는 역시 죄악 된 구조와 관습을 가지게 된 것이다. 여기서 복음은 하나님께서 우리에게 인간으로서 사는 방식을 보여 주며, 이 기준으로 삶과 문화를 판단케 하는 예언적 기능을 가지고 있다. 모든 그리스도인과 교회는 계속적으로 무엇이 복음이고, 문화이며, 이 둘 간의 관계는 어떤 관계인지 분별해야 한다. 왜냐하면 복음은 모든 문화가 변화할 것을 요구하기 때문이다.

제임스 사이어는 『어떻게 천천히 읽을 것인가』에서 모든 책은 저자의 세계관이 글로써 표출된 것이라는 가정 하에 '어떻게 읽어야 저자의 세계관을 분명하게 알 수 있느냐?'는 질문에 대해 답변하고 있다. 그는 책 읽기가 자신의 세계관과 인생관 형성에 얼마나 중요한 역할을 하는지 강조하고 있다.

책 읽기를 통해 얻으려고 하는 목적은 크게 재미, 정보, 관점의 세 가지가 있다. 이러한 책 읽기의 여러 가지 목적 중에 이 책은 주로 저자의 관점, 즉 세계관을 파악하며, 자신의 관점, 즉 세계관을 넓혀 가기 위한 책 읽기의 중요성에 대해 강조를 하고 있다. 그래서 이 책은 책을 읽되 단순히 재미를 위해서만 또는 정보를 얻기 위해서만 읽는 사람들에게 큰 도전을 준다.

그는 여러 독서 방법 중에 하나인 '정독'의 중요성을 강조하고 있다. 정독이란 천천히 자세하게 읽어서 한 권의 책을 완전히 내 것으로 삼는 독서법이다. 제임스 사이어는 책 속에 담긴 저자의 사상을 파악하기 위한 세계관 탐색적 독서법은 많이 읽고, 빨리 읽는 것이 중요한 것이 아니라 천천히 읽으면서 저자의 관점을 완전히 파악하는 것이 중요함을 일깨워 준다. 이는 다독과 속독법에 치우쳐 있는 현대인의 독서법에 대해 적절한 충고이다.

독서법에 있어서 주체를 텍스트로 둘 것인가 아니면 독자에게 둘 것인가에 따라 독서의 목적이 달라진다. 요지는 이것이다. 그리스도인들이 책을 읽는 것은 단지 다른 사람들의 말을 듣기 위해서가 아니라 다른 사람들의 생각을 분별하기 위해서다. 그리스도인들은 진리를 배우려고 읽는다. 다른 사람들의 상상이 아니라 하나님이 창조하신 실체를 알고 거기에 참여하기 위하여 읽는다. 독서가 이 목표를 향하여 나아가지 못하면, 뮌스터대학교 "철학적 인간학" 교수인 조세프 피퍼(Peeper)가 말한 "진짜 주제인 실체는 논하지 않고 전혀 다른 주제인 철학들만 논하는, 그런 철학자의 현대판"이 되고 만다. 피퍼는 적절하게 아퀴나스의 말을 인용한다.

> 철학 공부란 다른 사람들이 어떻게 생각했는지 배우는 것이 아니라 사안의 진리가 무엇인지 배운다는 뜻이다.

4) 세계관 관점에서 읽기

김명섭 교수의 『대서양 문명사』라는 책은 스페인, 포르투갈, 네덜란드, 영국, 미국 등의 헤게모니 싸움이 결국은 '표준(기준)'을 잡는 기록된 전쟁임을 보여 준다. 그러면 어떻게 이 표준을 잡아 나갈 것인가? 그리스도인이라면 기독교 신앙의 바탕 위에 자신의 세계관이라는 표준(기준)을 가지고 있어야 한다. 그런데 실제 대부분의 그리스도인들은 현실을 바라보고 판단한다. 기독교적 세계관이 없기 때문이다. 그래서 자기중심적이고 현세적 세계관으로 판단하는 경우가 많다. 더 나아가서 기독교 신앙을 단순한 종교적 취향으로 여겨 신앙과 삶을 분리하는 이원적 태도를 보이는 것도 이 때문이다. 한국 기독교의 이원적 태도에 대한 문제는 기독교적 세계관, 표준의 부재에서 발생한다.

한국은 세속, 전통 종교의 관점에서 기독교를 보고 기존 한국 전통문화와 교육에 영향을 받은 세계관 속에 기독교 신앙을 일부 받아들이는 형태의 세계관을 형성하고 있다. 이런 세계관은 행동과 판단에 영향을 미칠 수밖에 없다. 그래서 올바른 세계관의 정립이 중요하다. 프랭크 홈즈(Frank Holmes) 교수는 올바른 세계관의 중요성을 피력하고 있는데 그는 올바른 기독교 세계관이 필요한 이유 세 가지를 제시한다.

첫째, 일관성 있고 통일된 삶을 위해 기독교 세계관이 필요하다고 주장한다. 인간은 본성적으로 자기 행동을 정당화시킬 수 있는 일관성 있는 근거가 있을 때 마음의 안정을 찾기 때문이다. 심리학에서는 이것을 인지부조화 이론으로 설명한다. 생각이나 마음속에 담고 있는 것과 실재 행동이 다를 때 사람은 긴장을 느끼며 이 긴장을 해소하기 위해 생각을 바꾸거나(합리화) 행동을 수정한다고 한다.

둘째, 생동적인 삶을 위해 올바른 기독교 세계관이 필요하다. 생동적 삶은 올바른 인생의 의미가 확립될 때만이 가능하며 의미 있는 인생관은 건전한 세계관에서 나온다는 것이다.

셋째, 바른 사고와 행동의 방향을 설정하기 위해 올바른 기독교 세계관이 필요하다. 세계관은 순서를 정하며 의사 결정에 작용하는 만큼 바른 세계관은 행동과 생각에 있어서 중요하다.

우리는 이 세계관을 자기중심의 자존 철학에서 예수 그리스도의 신앙으로 전환해야 한다. 기독교적 세계관은 단순히 성경의 내용을 체계화한 것이 아니라 체계화된 진리를 조망하는 것이다. 성경 내용 자체(look at)가 아닌 그것을 조망하는 입장(look through)이 되어야 한다는 것이다.

기독교적 세계관은 성경에 근거한다. 그리고 우주의 궁극적 실제는 하나님이고 인간을 포함한 모든 피조물의 주는 하나님이라는 진리를 핵심으로 한다. 여기에 성경의 가르침의 큰 줄기인 창조·타락·구속이 핵심 뼈대가 된다. 창조·타락·구속의 틀은 모든 피조세계에 대한 관점은 물론 모든 인간의 기본 윤리의 틀이 된다.

위 그림에 보는 바와 같이 창조·타락·구속이라는 틀을 통해 하나님, 인간, 죄와 윤리, 구원을 바로 이해하고 이를 바탕으로 세상을 보고, 피조세계를 인식한다. 이것이 전체 세계관을 형성하는 것이다.

이 속에는 성경에서 분명히 선을 긋고 단언하는 원리, 본질이 있다.

예를 들어 하나님의 주권과 전지전능하심, 영원한 구속 역사와 성육신하신 그리스도를 통해 인간의 죄를 대속하심, 죄에 대한 분명한 하나님의 태도와 판단 등인데 이것들은 부인할 수 없는 절대 명제가 된다.

세계관의 관점에서 인문학을 읽으면, 그 책의 세계에 간접 체험으로 참여할 뿐 아니라 작품에 마주 서서 중요한 질문, 독자가 진리를 추구하는 과정에서 마땅히 고려해야 하는 질문—독자가 진리를 추구하는 과정에서 마땅히 고려해야 하는—을 던지게 된다. 사이어는 세계관에 대하여 "본질적으로 세계관 관점에서 인문학을 읽는다는 것은 작품이 다음 질문에 명시적, 암시적으로 답하는 방식을 살피면서 읽는 것"이라고 말한다.

① 가장 중요하거나 근본적인 실체, 정말 실재하는 것은 무엇인가? 하나님, 신들, 물리적 우주 따위의 답이 있을 수 있다.

② 외부의 실체, 즉 우리 주변 세상의 본질은 무엇인가? 예컨대 세상은 창조되었는가? 스스로 있는가? 혼돈 상태인가? 질서가 있는가? 물질인가? 영인가? 우리의 일부인가? 우리와 동떨어져 있는가?

③ 인간이란 무엇인가? 고도의 복잡한 기계, 잠자는 신, 하나님의 형상대로 지음 받은 인격체, '벌거벗은 원숭이(벌거벗은 원숭이가 된 인간은 보온이 아니라 보호를 위해 옷을 만들어 입었다는 주장이다.)' 등의 대답이 가능하다.

④ 사람이 죽으면 어떻게 되는가? 영원히 소멸되는가? 더 나은 상태로 변화되는가? 아니면 윤회하는가?

⑤ 무엇인가를 안다는 것이 어떻게 가능한가? 우리가 전지하신 하나

님께 지음 받았다는 개념도 있고, 오랜 진화 과정에서 생존의 조건으로 의식과 이성이 발달되었다는 개념도 있다.

⑥ **무엇이 옳고 그른지 어떻게 아는가?** 인간은 선하신 하나님의 형상대로 지음 받았는가? 우주의 순리 속에 도덕법이 씌어 있는가? 옳고 그름은 인간의 선택인가? 좋은 느낌만으로 결정되는가? 도덕 관념이란 단순히 문화적, 물리적 생존의 조건으로 생겨난 것인가?

⑦ **인간 역사에 의미가 있다면, 그 의미란 무엇인가?** 하나님 내지 신들의 목적을 실현하는 것인가? 지상 천국을 이루는 것인가? 거룩하신 사랑의 하나님과 더불어 백성을 준비하는 것인가?

이런 기본 질문의 답이 수필, 소설, 시(詩)마다 다 나오는 것은 아니지만, 읽고 있는 작품이 의미 있는 것일수록, 이런 질문을 모두 다루거나 그 답이 전제되어 있을 소지가 그만큼 높다. 나아가 인문학 독서가 사고를 주도하는 정도가 강할수록, 나중에 이런 질문에 더 쉽게 답할 수 있다.

5) 왜 기독교 세계관을 외현화해야 하는가?

그리스도인들은 왜 그들의 세계관을 명확히 하는 일을 해야 하는가? 그 첫째 이유는 그리스도인은 자신들의 존재뿐만이 아니라, 이 세계와 그 과정에 대해서도 깊이 생각하고 바르게 반응해야 하는 일에 부름을 받았기 때문이다. 신약성경이 그리스도인들에게 요구하는 일 가운데 하나는 "깊이 생각하라."는 것이다. 자신이 이전에 어떤 존재들이었으며, 이제 그리스도인이 된 후에 어떤 사람들이 되었으며, 따라서 하나님의 세계와 자신들과 다른 사람과 다른 피조물들에 대해서 어떤 관계를 유지하고 어떻게 해야 하는지를 깊이 생각하라고 하는 것이다.

이런 요구에 의하여 그리스도인이 자신들의 세계관을 잘 표현해 내는 일은 자신의 그리스도인 됨의 중요한 한 측면이기도 한 것이다. 그리스도인은 개인 구원 차원에서 사는 것이 아니라, 하나님께서 우리에게 요구하시는 바를 인지적인 측면에서도 잘 드러내야 한다. 그러므로 기독교 세계관을 진술하려는 노력은 우리가 사는 이 세계에 대한 하나님의 진리를 바로 알고 드러내려는 노력의 일환인 것이다. 이것이 기독교 세계관의 이론적 동기(theoretical motive)이다.

둘째로 그리스도인들이 자신의 세계관을 명확히 하려고 하는 이유는 이 세계가 바로 그들과 살고 있고, 활동하는 세계이기 때문이다. 즉 그리스도인들은 세계 안에서 실천적 동기(practical motive)가 작용하여 자신들의 세계관을 외현화하는 것이다. 그래서 휘튼대학교 교수인 아더 홈즈(Arthur Homes)는 "세계관은 행동의 지침으로서도 필요하다."고 말한다. 또 이와 연관된 세계관의 필요성으로 "사유와 삶을 통일시키기 위해서, 선한 생활을 정의하고 인생의 희망과 목적을 찾도록 하기 위해서"라도 기독교 세계관을 외현화해야 한다고 강조한다. 아마도 이와 비슷한 이유에서 월터스(Albert M. Wolters)는 "나는 세계관이 우리 삶의 인도자의 기능을 한다고 믿는다."고 말한다.

\
기독교 세계관 렌즈로
인문학 읽기

브라이언 월쉬(Brian Walsh)와 리처드 미들톤(Richard Middleton)도 자신들이 기독교 세계관에 대한 강의를 하고 이에 대한 책을 쓰는 이유를 다음과 같이 표현하고 있다.

> 우리의 목표는 학생들이 성경에 충실하면서 동시에 세속 사회에서 그리스도인으로서 순종의 삶을 살도록 유도하는 통일된 기독교 세계관을 계발할 수 있도록 도움을 주기 위함이다.

왜냐하면 그들에 의하면, "하나의 세계관은 그 세계관을 가진 사람이 세상에서(in the World) 지향하는 세계의 모델(model of the world)을 제공"하는 기능을 한다. 그러므로 우리는 이 세상에서 제대로 된 실천, 바른 실천(orthopraxis)을 위한 이론적 작업으로 기독교적 세계관을 명확히 드러내어 표현하려는 것이다. 왜냐하면 "기독교의 영향력은 기업과 정치, 문학과 예술, 학문과 교육, 가정과 삶 전체의 도덕적 성격 그리고 온 세상의 모든 부분에까지 미쳐야만" 하기 때문이다.

그러므로 기독교 세계관을 외현화 하는 작업은 철저히 이론적이며 실천적인 것이다. 마치 이상적인 신학인 동시에 아주 이론적이며 아주 실천적인 학문이듯이 말이다. 이론적 관심과 실천적 관심이 동시에 작용하지 않으면 참된 그 무엇을 결코 내어놓을 수 없다. 그러므로 우리는 기독교 세계관을 명확히 표현해 내는 일에 있어서도 철저히 이론적이야 하며, 동시에 실천적인 관심을 반영해야만 한다.

기독교 세계관이 이런 실천적 성격에서 나오는 또 하나의 이유로 그리스도인들은 문제투성이의 어려운 시대에 살고 있기 때문이다. 현대 정신의 혼란 상황 가운데서 그리스도인들은 자신을 위해 그리고 이 혼란에 빠진 동료 인간을 위해 참으로 정합적(整合的)이고 바른 세계관을 제시해야 할 필요성과 사명이 있다. 특히 오늘날 유행처럼 번져 가는 포스트모던적 상황 가운데에서 이런 시대적 요청이 기독교 세계관을 명확히 표현하도록 요구하는 것이다.

3. 지움: 시대를 분별하는 인문학

1) 근대 문화의 결과

'근대'는 기독교에 대해 적대적인 경향으로 흐른 시대이다. "과연 그런가?" 당장 의문을 표할 사람들이 있을 것이다. 오히려 그 반대 경우를 주장할 수 있는 사례가 얼마든지 있기 때문이다. 선교 역사만 보더라도 그렇다. 중세까지만 해도 유럽에 국한되던 선교는 근대 이후에 아메리카와 아시아 대륙으로 확장되었다. 얼마나 많은 학교와 병원, 고아원과 양로원들이 기독교의 이름으로 세워졌는지, 어느 시대보다 많은 언어로 성경이 번역되었는지를 보면 알 수 있다. 근대에 강력한 부흥 운동이 있었고 이는 사회를 변화시키는 원동력으로 작용하였다. 근대는 기독교 선교 역사의 관점에서 볼 때 매우 주목할 만한 시대임에 틀림없다.

그럼에도 생각하는 그리스도인들은 '근대'의 문화가 기독교에 대해서 뿐만 아니라 종교를 포함한 '전통'에 대해서 매우 적대적인 역할을 하고 있었는지를 이미 알고 있었다. 그러나 보통 사람들은 이제야 '근대' 문화가 결과적으로는 반기독교적, 반종교적일 수 있다는 사실을 인식하게 되었다.

근대는 종교를 거의 무가치한 것으로 전락시킨 시대였다. 정치, 사회, 경제, 학문, 예술, 문화 등 공공 영역에서 신앙은 의미를 잃고 말았다. 혹은 가치가 있다고 하더라도 지극히 사적(私的)이고 개인적인 취향에 관련될 뿐 공적(公的)인 의미는 거의 없는 것으로 무시되고 있다. 개인의 신앙 생활 외에는 불우이웃돕기나 난민 돕기 정도가 종교에 할당된 공적 영역으로 보인다. 이와 같은 결과는 사실상 '근대' 문화가 가져온 산물이다.

한국에 기독교가 들어올 때, 기독교는 이미 근대 문화에 큰 영향을 받은 상태였다. 복음의 공적 의미를 상실한 채, 영적 구원과 개인적인 경건만을 주로 강조하는 기독교가 이 땅에 들어왔다. 선교사들은 병원과 학교를 세우고 민중의 생활을 개선하는 일에 크게 기여했다. 이것만으로도 초기에는 한국 문화에 엄청난 영향을 주었고 사고와 생활을 변화시켰다. 그러나 기독교적 사업이 있고 기독교적 윤리가 있었지만, 막상 사업과 윤리를 지배해야 할 기독교 세계관은 빠져 있었다. 모든 것을 '은혜롭게', '성경대로', 기도하면서' 처신하면 된다는 생각이 그리스도인들의 가슴 속에 깊이 자리 잡았다. 이러한 발상은 전혀 잘못된 일이 아니다.

마땅히 그렇게 생각해야 한다. 그런데 이러는 사이, 이른바 사업이나 문화적으로 '세속적인' 분야는 신앙과 무관한 일로 밀려나고 말았다. 먹고, 자고, 일하고, 다른 사람과 교제하고, 물건을 사고파는 일과 같은 일상적인 삶의 영역은 물론이고, 정치, 경제, 예술, 학문 등, 세속적인 영역은 믿음과 별로 관계없는 분야가 되고 말았다. 사실 이것이 바로 근대 문화가 가져온 결과이다.

단적으로 말해서 신앙의 통합적 의미를 상실하게 된 것이다. 신앙생활을 한다는 것은 우리 내면적 삶과 동시에 외면적 삶을 통해 구체적으로 표현되어야 한다. 먹고 자는 일에서 시작해서 생각하고 활동하는 일, 모두가 우리의 신앙이다. 삶의 가장 내면적이고 깊은 자리, 즉 성경이 말하는 '마음'에 자리 잡고 있는 신앙은 생각하는 방식, 추구하는 가치, 삶의 지향점 또는 삶의 태도로 표현되어야 한다.

신앙은 좀 더 정리된 형태로는 세계관으로, 좀 더 반성적으로 이론화된 형태로는 철학으로 표현될 수 있다. 이런 의미의 신앙은 반드시 기독교 신앙에 국한되지 않는다. 모든 종류의 신앙은 적어도 서양 근대 이전에는 이러한 통합적 의미를 가지고 있었다. 태어나서 자라고, 성인이 되어 혼례를 치르고, 아이를 낳고, 다시 죽음에 이르기까지 삶의 모든 순간은 한 영역도 예외 없이 성스러운 사건의 연속이었다. 그러나 근대 문화와 사고방식이 등장하면서 삶의 다른 영역, 예를 들면, 정치, 경제, 과학, 예술과 구별해서 '종교'도 독자적인 자리를 얻게 된 것이다. 전체가 부분이 된 것이다.

종교가 자립적인 영역이 되자 그것은 사실상 삶의 다른 영역으로부터 떨어져 나가게 되었다. 정치는 정치대로, 경제는 경제대로, 과학은 과학대로, 윤리는 윤리대로, 예술은 예술대로, 자체의 메커니즘과 논리에 따라 유지되는 독자적인 영역이 되었다. 그리고 이 모든 영역은 전통과 공동체를 통해서 매개되는 초월적 가치에서 분리되었다.

근대 문화는 종교를 어떻게 다루는가? 기독교의 배경을 가지고 있는 미국에서도 기독교나 이슬람, 힌두교들도 학교에서 동일하게 종교 교육을 요구하고 있다. 심지어 마르크스주의도 종교 중의 하나로 수용되었다. 종교 교육은 어느 한 편에서가 아니라 중립적인 위치에 서야 하며, 교사는 각각 다른 종교의 진리 주장에 대해서 불편부당의 객관적 입장에서 판정해야 한다는 주장이다. 결국 이러한 주장에는 어떤 종교의 가르침도 과학적인 잣대에 의해 검증될 수 있어야 한다는 요구가 담겨 있다. 종교조차도 과학적 객관성을 요구한 결과이다.

2) 축소된 복음을 확장하라

역사적으로 그리스도인은 자신이 사는 지역사회와 나라에 영향을 미치는 방식으로 생각하고 행동했다. 그래서 대부분 공교육, 노동자의 권리, 경제 발전, 언론의 자유, 인권을 박탈당한 사람들을 지원하는 문제 등에 긍정적인 영향을 미쳤다. 그 결과 교회는 확장되고, 교회가 사회에 미치는 영향력도 날로 확장되었다. 하지만 요즘은 크리스천의 삶에 이러한 영향력이 부족하다. 이유가 무엇인가?

마르틴 루터는 당대 현안을 다루지 않는 복음은 복음이 아니라고 말했다. 우리는 21세기 현안을 효과적이고 구속적인 방법으로 다룰 성경적 관점을 찾아내야 한다. 기독교의 믿음이 약해지고 정치, 경제, 아름다움, 가정, 일상의 문제를 다루는 데 효과적이지 않은 이유가 있을 것이다. 무엇이 잘못되었는지 발견하는 것도 중요하지만 그보다 더 중요한 일은 믿는 자들이 각 시대에 영향을 끼치도록 이끈 성경적인 기초를 다시 발견하는 일이다.

지난 2세기 동안 그리스도인, 특히 복음주의자는 세상을 나누어 보는 관점을 개발했다. 이분법적 사고가 현재 기독교의 많은 부분을 좌우하고 있다. 최근 이분법적 사고의 형태는 두 가지이다. 하나는 하나님이 구원을 다루시기 때문에 교회는 의식주와 건강과 같은 기본적인 필요, 교육까지 사람들에게 제공해야 할 책임이 있다는 입장이고, 다른 하나는 '그렇지 않다.'라고 말하는 입장이다. 교회는 오직 사람의 영혼과 영원한 상태만이 가치 있는 것이기에 영혼 구원에 초점을 맞춰야 한다고 보는 것이다. 후자는 스스로 '영적인' 문제에 관심을 두고 전자들은 '물질적인' 면에만 관심을 쏟는다고 여겨 구분 지은 것이다.

교회의 기본 역할을 구원으로 보는 사람들은 복음주의자로, 다른 이들은 '자유주의자'로 불리기 시작했다. 복음주의자는 영적이고 천국에 관한 문제에 관심을 가졌고, 자유주의자들은 현세적이고 땅에 관한 문제에 관심을 가졌다. 복음주의자는 '영적인' 구원의 복음을 전파했고 삶에 관한 '신성한' 주제에 주의를 기울였다. 또 복음주의자들은 자유주의자가 '사회적인' 복음을 전파하고 삶의 '세속적인' 주제에 대해 관심을 쏟는다고 생각했다. 세상을 나누어 보는 관점으로 그리스도의 재림이 속히 오는 것을 지나치게 강조하는 모습으로 나타나고, '세속적인' 모든 것을 지옥으로 가게 하는 것으로 과장해서 표현하는 모습으로 나타나기도 했다.

영적	물질적
개인 구원	사회적
영원한	일시적인
하늘의	땅의
복음주의	자유주의
신성한	세속적인

이와 같은 이분법적 사고방식 때문에 오늘날 전하는 복음의 주요 내용이 '구원'으로만 축소되었다. 그리스도인은 주로 눈에 보이지 않는 구원, 기도, 영적 전쟁, 천국과 치유와 같은 믿음에 관한 주제에 더 관심을 기울이게 되었다. 우리는 영혼을 구원할 시간밖에 없다고 믿기 시작했다. 과연 이렇게 복음을 이원론적으로 보는 것이 타당한가?

이렇게 나눌 때 문제는 대부분, 양쪽 모두 옳기도 하고 틀리기도 하다. 복음주의자들이 복음과 관계가 '있다'고 하는 말은 옳으나 자유주의자들은 복음과 '관계가 없다'고 하는 말은 틀리다. 예수님이 가르치셨던 천국 복음은 하나님이 모세와 선지자들을 통해 이스라엘 백성에게 전하신 가르침에 기초를 둔다. 복음은 죄와 구원, 천국과 지옥, 기도와 영적 전쟁을 다루기도 하지만, 이것을 자유주의자들이 주장하는 정부의 정의, 경제의 평등, 삶 전반의 과학, 커뮤니케이션, 가정, 예술의 의로움을 하나님이 기대하신다는 것으로 이해하는 것도 정확하다.

복음이 축소된 결과는 우리가 사는 시대에 분명히 드러난다. 더 많은 교회와 나라, 다양한 언어권에서 더 이상 그리스도인들이 늘어나지 않는다. 아니 교회가 흩어지지 않아 지역사회에 영향력을 덜 미치기에 그리스도인들이 늘지 않는 것은 아니라고 생각한다. 오히려 서구의 교회들은 하나둘씩 사라지고 있고, 모슬렘 사원으로, 유흥음식점과 같은 용도로 바뀌고 있다. 왜 이런 현상들이 일어나는가? 복음의 내용을 대부분 상실했기에 오늘날 교회 규모는 크지만 그 역할은 오히려 약해졌다. 초기 한국 교회만 보더라도 그렇다. 세상을 나누어 보면서, 지역사회의 사회, 경제, 법적 사안들은 우리의 관심 밖에 있게 되었다. '영적 지도자'이니 세상적인 주제에는 관심을 기울일 필요가 없다고 보는 것이다.

구원의 소식을 전하는 일을 축소할 필요는 없지만 하나님 나라 복음의 나머지 내용, 기본 진리는 반드시 회복해야 한다. 또 기독교 사고를 새롭게 하고 모든 생각을 그리스도의 생각으로 바꾸어 삶의 변화를 도모해야 한다. 그때 교회는 이 세상을 뒤엎을 것이다. 또한 그리스도의 몸인 교회는 커질 뿐 아니라 역할이 다양해지고 영향력을 다시 회복할 것이다.

축소된 복음을 확장하는 방안은 기독교 세계관 운동이라고 제안한다. 기독교 세계관 운동을 좁은 의미로 보면 창조·타락·구속이라는 성경의 원리를 삶의 모든 영역에 적용하려는 운동이라고 할 수 있지만, 넓은 의미의 기독교 세계관 운동은 기독교 신앙을 우리의 삶 전반을 아우르는 하나의 틀로 보려는 운동을 말한다. 비록 특정한 틀을 너무 강조하게 되면 자칫 그 틀 자체가 이데올로기적 경직성을 가질 위험이 있기는 하지만 아직까지 우리의 삶 전반을 아우르는 원리로서 이보다 더 나은 것도 없는 것 같다. 기독교 세계관 운동은 세속주의 원리를 대적하기 위한 성경적 원리의 중요성를 이해하고, 복음주의와 자유주의로 나누어져 있는 교회를 통합하여 삶을 관통하는 성경의 원리를 찾아 이를 삶의 모든 영역이나 이슈들에 적용하는 것이다.

3) 시대를 분별하는 인문학

성경을 보면 하나님이 구속사의 전환기 때마다 사람들로 하여금 이것을 알 수 있는 시대의 표적 혹은 시대의 징조들을 보여 주신 것을 알 수 있다. 노아의 때는 노아가 지은 방주가 홍수의 심판이 다가온다는 사실을 보여 주는 그 시대의 표적이었다. 롯의 가정이 소돔 성을 떠난 사건이 바로 소돔에 심판이 시작된다는 징조였다. 멍에를 메고 애가를 부르던 예레미야가 바로 예루살렘의 멸망이 다가왔음을 보여 주는 시대의 표적이었다. 예수님 당시에는 예수님이 행하신 이적과 말씀이, 그분이 바로 성경에서 예언하신 메시아임을 보여 주는 시대의 표적이었다.

요한복음에서는 공생애 기간 동안 예수님이 행하신 이적들 가운데 특별히 일곱 가지 사건을 골라서 '표적(sign)'이라고 소개하고 있다. 예수님이 베푸신 기적은 단순한 이적이 아니라, 예수님이 바로 하나님이 보내신 메시아요, 성자 하나님이심을 보여 주는 '표적'이라는 것이다. 앉은뱅이를 일으키시고, 죽은 자를 살리셨다는 사실에만 관심을 갖지 말고, 이 사건들을 통해 우리가 깨달아야 할 정말 중요한 교훈이 무엇인가를 알아야 한다는 것이다.

인문학은 시대의 흐름(표적)을 분별하는 데 많은 도움을 준다. '메가트렌드'는 미국의 미래학자 존 나이스비트(John Naisbitt)의 저서인 세계적 베스트셀러 『메가트렌드』에서 유래한 말이다. 시대의 큰 흐름, 최신 조류를 나타내는 말로 현대 사회에서 일어나고 있는 거대한 조류를 의미하며 탈공업화 사회, 글로벌 경제, 분권화, 네트워크형 조직 등을 그 특징으로 하고 있다. 미래 우리 사회에 큰 영향을 미칠 메가트렌드로 인구 구조의 변화와 양극화 심화, 네트워크 사회 발전을 비롯해 가상 지능 공간 창출, 기술의 융복합화, 로봇의 시대, 웰빙, 감성, 복지 경제 발전, 지식기반 경제 확산, 글로벌 인재의 부상, 기후 변화와 환경오염 심화, 에너지 위기, 기술 발전에 따른 부작용, 글로벌화, 안전 위험성 증대, 남북 통합 등이 선정되었다.

그리스도인은 이 시대를 분별할 수 있어야 한다. 이 시대의 영적 기상도를 읽어 낼 수 있어야 한다. 그래야 세상에서 승리하는 삶을 살 수 있다. 그리스도인이 시대를 분별하기 위해서는 하나님의 특별한 계시나 성경을 통해서 시대를 탁월하게 해석해 낼 수 있는 예지 능력도 필요하지만 모든 사람에게 열려 있는 일반계시, 즉 헉슬리의 『멋진 신세계』, 조지 오엘의 『1984』를 통해서도 시대의 표적이나 역사의 방향을 알 수 있다.

세상에는 시대를 예측하는 수많은 미래학 책이 출판된다. 그리스도인들은 다가올 미래에 관심을 가져야 한다. 기업인이나 지성인들 미래 사회에 관심이 많은 사람들은 천재들이 저술한 미래학에 의존한다. 하지만 수많은 미래학 책 중에서 성경만 한 것은 없다. 그래서 성경과 인문학을 함께 보는 것이 중요하다. 성경이라는 안경을 통해서 시대의 표적을 보는 것이다. 예수님은 시대를 분별하는 것이 날씨를 분별하는 것과 같다고 말하심으로 시대 분별이 천재들만 하는 것으로 생각하는 우리의 통념을 깨신다.

그리스도인들의 문제는 시대의 표적에 별 관심이 없다는 것이다. 관심만 가지면 시대의 표적을 분별할 수 있다. 그리고 다가올 미래를 주도해야 한다. 우리는 왜 시대의 표적을 분별해야 하는가? 하나님의 시간, 즉 카이로스를 알아야 하기 때문이다. 카이로스의 시간은 밤에 도적같이 임한다고 주님은 경고하신다.

4) 질문이 있는 인문학

러시아가 낳은 세계적인 대문호 톨스토이는 『사람은 무엇으로 사는가?』라는 작품을 썼다. 내용을 간략하게 소개하면 죄를 지어 땅으로 떨어진 천사 미하일이 세 가지 뜻을 깨달아야만 다시 하늘나라로 돌아갈 수 있다.

① 사람의 마음속에는 무엇이 있는가?

② 사람에게 주어지지 않은 것은 무엇인가?

③ 사람은 무엇으로 사는가?

이렇게 인문학은 독자에게 항상 본질적인 질문을 던진다. 무엇을 질문하느냐에 따라 인생이 달라진다. 사람은 질문에 무슨 대답이든 하게 되는데 그 질문에 어떻게 대답하느냐에 따라 운명이 달라진다. '돈 버는 방법'을 질문할 것인지, '성공이 무엇인가?'를 질문할 것인지 아니면 '행복이 무엇인가?'에 대해 질문할지에 따라 서로 다른 인생을 살게 된다. 무엇을 질문하느냐, 어떻게 질문하느냐에 따라 인생의 방향이 달라지는 것이다. 그래서 위대한 질문을 가진 자만이 위대한 인생을 살 수 있다.

인간은 질문을 받을 때 자신을 다시 한 번 살펴보게 된다. 심리학자들은 질문을 하면 여러 가지 유익한 점이 생긴다고 한다. 먼저 어떤 특별하거나 필요한 정보를 얻을 수 있게 된다. 또 질문하고 답하는 가운데 일방적이고 서로 분리되었던 관계가 상호 친밀한 관계로 맺어진다. 질문 받는 사람을 설득하고 자극하는 계기를 준다. 그리하여 창의적인 생각을 하게 만들어 주며 생활에 중요한 변화를 가져다 준다.

『신의 위대한 질문』을 쓴 배철현 교수는 "질문은 새로운 단계로 들어갈 수 있는 통과의례"라며 "성경의 질문을 오늘 우리에게 다시 던질 때 의미가 있다."라고 질문의 힘에 대해서 말한다. 그는 자신의 책에서 구약 성경에서 하나님께서 인간에게 요청한 13가지의 본질적인 질문을 찾아냈다.* 그리고 질문에 응답한 대로 자신들의 인생이 결정되었다는 것이

---

* ① 선악과를 따 먹은 아담에게 어디에 있느냐? ② 동생 아벨을 죽인 가인에게 너의 아우 아벨이 어디에 있느냐? ③ 아브라함에게 오셔서 모든 것을 버리고 고향을 떠날 수 있는가? ④ 이삭은 아버지에게 주님께 드릴 양은 어디에 있습니까? ⑤ 열등감에 사로잡혔던 야곱에게 너의 이름이 무엇이냐? ⑥ 정체성의 경계선에 서 있는 모세에게 네가 손에 가지고 있는 것이 무엇이냐? ⑦ 밧세바와 뒹구는 다윗에게 너는

기독교 세계관 렌즈로
인문학 읽기

다. 무엇을 질문하는가도 중요하지만 질문에 어떻게 응답하는가에 따라서도 자신의 운명이 달라지는 것은 성경을 통해서 발견되는 위대함이다.

하나님은 인간에게 하고 싶은 말을 직접 하지 않으신다. 인간에게 질문을 던져 스스로 그 질문에 대한 답을 찾도록 유도하실 뿐이다. 답은 이미 인간 내면에 이미 가지고 있기 때문이다. 배 교수는 성경 속에 담긴 하나님의 질문이야말로 우리가 어떤 삶을 살아야 하는지 되묻는 본질적인 키워드가 된다고 말한다. 이렇게 하나님은 질문을 통해 인간의 본질을 바라보게 하시며 하나님은 멀리 있는 분이 아니라 자기 자신 안에 있으시며, 인간 내면의 신성을 찾아 그대로 실천하려는 노력이 신앙이자 종교임을 알게 된다.

예수님도 구약성경에 질문하시는 하나님의 모습과 다르지 않다. 예수님께서는 이러한 질문 방법을 아주 잘 이용하셨다. 복음서를 읽다 보면 예수님께서는 적절한 때 적절한 질문*을 하셔서 사람들을 깨우쳐 주시는

어찌하여 내가 악하게 여기는 일을 하였느냐? ⑧ 삶의 의미를 상실한 엘리야에게 너는 여기에서 무엇을 하고 있느냐? ⑨ 정의란 무엇인가 회의에 빠진 아모스에게 네가 무엇을 보느냐? ⑩ 인간에게 원하는 것이 무엇인지 묻는 미가에게 무엇이 선한 것인가? ⑪ 오! 나는 망했네! 절규하는 이사야에게 누가 우리를 대신하여 갈 것인가? ⑫ 콤플렉스에 빠진 요나에게 네가 화를 내는 것이 옳으냐? ⑬ 절망이라는 병에 걸린 에스겔에게 이 뼈들이 살아날 수 있겠느냐?

* 내가 당신에게 무엇을 해 주기를 바라십니까?
 당신들은 무엇을 찾고 있습니까?
 여러분도 물러가고 싶습니까?
 여러분은 나를 누구라고 생각하십니까?
 당신은 나를 사랑합니까?
 여러분은 길에서 무엇 때문에 수군거렸소?
 당신들은 내가 마시는 잔을 마실 수 있습니까?
 여러분은 왜 겁냅니까?
 누가 이웃이 되어 주었습니까?

탁월한 분이셨다.

예수님께 질문을 받는 사람은 그 질문에 답하기 위해 자기를 되돌아보아야 했다. 자신을 낱낱이 드러내야 했다. 그러면서 질문을 받은 자는 자연스럽게 예수님의 신비로 이끌려 들어간다. 예수님께서는 그저 질문만 하시는 분이 아니셨다. 바로 그 질문에 동참해 주셨다. 예수님께서는 질문을 던지시는 분이시며 동시에 해답을 주시는 분이시다. 여태껏 그 누구도 그분처럼 질문할 수 없었으며, 대답할 수도 없었다. 예수님은 질문이시며 동시에 대답이셨다. 그분만이 올바른 답으로 이끌어 주신다.

인문학은 결국 우리가 직면하고 있는 필연적인 질문에 대한 다양한 해답을 제시한다. 가령 지구와 인류의 미래를 생각하는 질문에 따라 '가령 500년 뒤에도 인류는 살아 있을까?' '문명의 종말을 부르는 가장 큰 원인은 무엇인가?' '넘치거나 부족한 인구 문제를 어떻게 풀어야 할까?' '세상의 변화 속도를 어떻게 따라갈까?' '차고 넘치는 재화가 풍요로운 삶을 보장할까?' '미래를 더 나은 방향으로 이끌 참된 가치관은 무엇인가?'에 어떻게 답하느냐에 따라 인류 문명은 달라져 있을 것이다.

좀 더 큰 질문으로 '인간은 어떤 존재인가?' '문명은 진보하고 있는가?' '정치가 인간 사회를 바르게 이끌 수 있을까?' '올바르게 산다는 것의 참된 의미는 무엇인가?'를 들 수 있다.

인문학은 지하수와 같다. 지표에서는 보이지 않지만 지하수가 없으면

여러분은 내가 여러분에게 행한 바를 알겠습니까?
나를 사랑하느냐?

수많은 생물들의 목숨이 위태롭듯이 인문학을 바탕에 가지고 있지 않으면 결국 인간미가 사라지고 효율과 생산성만을 따지고 사람을 사회의 부속품으로 여기게 된다.

삶에 대해 끊임없이 스스로에게 던지는 질문에 대한 답을 인문학에서 찾을 수 있다. 물론 인문학 자체는 하나의 정답을 가르쳐 주지는 않는다. 인문학은 단지 질문하는 힘을 길러 스스로에게 맞는 답을 찾도록 도와주는 학문이라고 할 수 있다. 문제는 하나일지 몰라도 세상의 수많은 사람이 가지고 있는 생각이 다르듯이 문제에 대한 해답도 각기 다를 것이다. 그 해답을 찾아가는 과정에 인문학이 안내자 역할을 잘 해낼 수 있다.

4. 따름: 학문의 제사장이 되라

1) 이야기는 세계관을 담고 있다

출애굽 때 애굽에 내린 10가지 재앙은 '애굽 잔혹사'가 아니다. 그것은 노예생활을 하던 이스라엘 백성뿐 아니라 학대하던 애굽 그리고 주변 모든 나라의 백성들을 각종 우상으로부터 해방시키는 하나님의 세계 경영의 일환이었다. 숀 글래딩의 책 *The Story*에서 율법을 가르치는 노인은 "이집트에 내린 열 가지 재앙은 이집트에 있는 온갖 신들에게 하나님의 능력을 나타내기 위한 수단이었다."라고 말한다. 이와 같이 모든 이야기 세계는 반드시 세계관을 담고 있다.

이 세상에는 다양한 이야기가 존재하며 이야기의 범위에 따라서 개인의 간단한 이야기, 가족이나 마을 공동체의 좀 더 복잡하고 범위가 큰 이야기, 단군신화와 같이 한 민족이나 국가가 공유하는 거대한 이야기, 온 세상 모든 사람을 대상으로 하는 포괄적인 이야기, 즉 메타내러티브로 구분할 수 있다. 메타내러티브는 이 세상의 참된 실재에 관해 자신의 이야기가 옳다는 진리를 주장하고 그 이야기를 듣는 사람으로 하여금 그 이야기에 삶 전체를 헌신하도록 요구하는 특징이 있다.

이 세상에 존재하는 메타내러티브에는 크게 하나님 중심의 성경 이야기(히브리즘)와 인간 중심의 인본주의(헬레니즘) 이야기가 있다. 이 두 이야기는 스스로 세상의 참된 실재에 관해 말해 주는 유일한 이야기라고 주장하기 때문에 서로 간에 경쟁과 충돌이 불가피하다. 이야기는 세계관을 포함하고 있고 세계관은 삶을 형성시키는 힘이 있기 때문에 어떤 이야기에 속하느냐에 따라 인생은 달라질 수밖에 없다.

현재 우리나라 공교육은 철저한 인본주의자였던 존 듀이(John Dewey)의 영향으로 형성된 미국의 인본주의 교육으로부터 지대한 영향을 받고 있기 때문에 인본주의 교육이라 할 수 있다. 공교육은 종교의 중립성을 강조하지만 실제로는 인본주의는 하나의 종교임을 알아야 한다. 인본주의 세계관은 곧 인간의 자율적인 이성과 그 이성을 통해 발견한 과학적 사실만을 유일한 진리라고 가르치고 있다. 교과서의 지면도 진화론과 샤머니즘, 유, 불, 도의 세계관을 담은 이야기로 가득 채우고 있는 실정이다. 그 결과 우리나라 공교육의 학생들은 교육과정을 통해 자신도 모르는 사이에 인본주의 이야기와 세계관을 배우게 되고, 그에 따라 살아가고 있다. 그 결과 교회 안에는 실천적 무신론자들로 채워지고 있다.

2) 인문학은 물고기 잡는 지혜다

> 자식에게 물고기를 잡아 주면 한 끼의 식사를 해결해 주는 것이지만, 물고기 잡는 법을 가르쳐 주면 평생의 식사를 해결해 주는 것이다.

유태인의 경전 『탈무드』에 나오는 이 말은 자식을 기르는 부모들이 새겨들어야 할 비밀이 숨어 있다. 자식에게 완제품을 주기보다는 만드는 과정을 가르쳐 주는 것이 현명하며, 자식에게 결과를 알려 주기보다는 결과에 이를 수 있는 방법을 가르쳐 주라는 교훈이다. 즉 머릿속에 지식을 넣어 주지 말고, 지식을 얻는 방법을 가르쳐 주라는 의미가 된다. 여기에서 말하는 지식을 얻는 방법이란 생각하는 능력, 곧 사고력이다.

이제까지 학교 교육의 각종 시험은 무엇을 얼마나 알고 있는가를 알아보는 것이었다. 그래서 알고 있는 지식의 양에 따라 성적이 결정되었다. 그러나 이러한 평가의 원리는 학생의 손에 몇 마리의 물고기가 들려 있는가를 알아보는 것과 같다. 교육이 좀 더 발전적인 결과를 가져오려면 학생이 들고 있는 물고기의 수를 세기보다는, 물고기 잡는 법을 몇 가지나 알고 있으며, 한 시간에 물고기를 몇 마리나 잡을 수 있는가 등을 측정해야 할 것이다.

인문학 수업에서 지식의 습득과 관련된 능력 외에 가장 기본이 되는 것은 독립적인 사고와 판단 능력이다. 지식이 점점 더 '쉽게' 획득되는 인터넷 시대에 독립적인 사고와 판단 능력의 중요성은 더욱 커지고 있다. 진정한 지식은 일종의 '신념'으로 반드시 검증을 거쳐야 한다. 인문 교육은 기존 지식을 받아들이는 것뿐 아니라 그 지식이 신뢰할 수 있는지 검증하고 신념을 가지도록 가르친다.

지혜의 반대는 어리석음이고, 지식의 반대는 무지다. 지식을 습득하면 무지를 변화시킬 수는 있지만 어리석음을 변화시킬 수는 없다. 지식이 많은 사람도 지혜가 없으면 어리석을 수 있다. 인문 교육의 한 가지 목표는 지식과 지혜를 식별하는 것이고, 이를 통해 최대한 어리석음에 대한 경계심을 유지하는 것이다. 특히 지식인 또는 권력층의 어리석음을 보았을 때, 그들의 꾐에 빠져 속지 않게 하는 것이다.

교육은 지혜를 가꾸는 일이다. 사회에 필요한 인재를 기르고, 살아가는데 필요한 기술과 지식을 배우는 것은 교육이 담당해야 할 몫임에 틀림없다. 그러나 교육의 궁극적인 목표는 '사람으로 살아가면서 해야 할 일과 해서는 안되는 일을 분별하는 존재'로 기르는 것이어야 한다. 탈무드는 이를 물고기 잡는 법에 비유했다.

한 마리의 생선을 잡아 주기보다는 생선을 잡는 방법을 가르쳐 주는 것이 지혜로운 사람으로 키우는 일이다.

기독교 세계관 렌즈로
인문학 읽기

우리가 살고 있는 사회는 우리의 생활과 너무나 밀접하게 연결이 되어 있어서 조금만 다른 시각으로 바라보면 흥미를 느낄 수 있는 요소가 무궁무진하다. 또 공부를 성적을 얻기 위한 '지식'으로만 생각하고 있어서 그렇지, 현명하게 살아갈 수 있는 '지혜'로 생각한다면 인문학 독서는 영원히 마르지 않는 지혜의 샘물과 같다.

3) 공부는 예배다

"그리스도인으로 공부를 한다는 것은 어떤 의미가 있는가?" 이것은 공부를 업으로 삼겠다고 작정한 후 지난 30여 년간 양승훈 교수(『그리스도인으로 공부를 한다는 것은』 저자)는 자신의 마음에서 한 순간도 떠나본 적이 없는 질문이라고 했다. 과연 공부를 하는 것도 복음 전도처럼 영적인 가치가 있을까? 공부를 하는 일이 영적인 가치가 있다면 도구적 가치일 뿐인가? 아니면 본질적이고도 내재적인 가치일까? 흔히 예수님의 유언이라고 하는 대위임령에도 공부에 대한 언급은 없지 않은가?

이것은 비단 양승훈 교수만의 고민이 아니라 모든 그리스도인 학생과 학문을 업으로 삼고 있는 학자들의 공통적인 고민이라 생각된다. 그는 "학문은 하나님의 창조 질서를 발견하는 과정이다. 공부하는 창조적 능력은 하나님 형상의 반영이다!"라고 하는데서 답을 찾는다.

> **사 50:4** 주 여호와께서 학자들의 혀를 내게 주사 나로 곤고한 자를 말로 어떻게 도와줄 줄을 알게 하시고 아침마다 깨우치시되 나

의 귀를 깨우치사 학자들 같이 알아듣게 하시도다.

다양한 영역의 학문 연구가 기독교적이 되게 하는 최종적인 기준은 바로 기독교 세계관이라고 할 수 있다. 학문 연구의 전 과정, 학문 연구의 의미와 과정, 방법, 목적, 응용 심지어 그 동기까지 기독교 세계관의 기초 위에서 이루어질 때 비로소 온전한 기독교적 학문 연구라고 할 수 있을 것이다. 하나님은 눈에 보이는 세계뿐만 아니라 눈에 보이지 않는 세계까지 만드셨으며, 그 만드신 만물의 관리를 인간에게 맡겼다. 이것을 받아들인다면 창조에서 사실을 추구하는 자연과학과 가치를 추구하는 인문과학 사이의 구분이 있을 수 없다. 학문 활동에 대한 기독교적 견해는 무엇일까?

학문 활동은 하나님께서 인간에게 주신 문화 명령이라는 사실이다. 이 세계를 잘 다스리고 관리하기 위해서는 학문적인 지식이 필요하다. 자연에 관한 지식만이 아니라 인간의 내면과 사회구조에 대한 지식도 필요하다. 학문의 대상이 하나님 없이 존재하게 된 것이 하나도 없다고 한다면 모든 학문 활동은 이 세계를 관리하기 위한 노력이라고 말할 수 있다. 이런 면에서 볼 때에 학문 활동은 창조주 되시는 하나님을 모시고 경배하는 예배의 한 형태가 된다. 학문 활동뿐만 아니라 무엇을 하든지 하나님의 영광을 위하여 할 때 그것은 곧 하나님을 예배하는 행위이라 할 수 있다.

그리스도인들에게 학문 활동은 하나님을 아는 한 방편이라 할 수 있

\

다. 하나님은 말씀을 통해 자신을 계시할 뿐만 아니라 세상 곳곳에 자신의 모습을 계시해 놓았다. 만물에는 우리가 무시할 수 없을 만큼 분명하게 하나님의 능력과 신성이 나타나 있다. 그렇기에 어떤 연구든 학문 연구는 하나님을 아는 한 방법이라 할 수 있다. 공부를 한다는 것은 결국 하나님이 창조하신 세상을 연구한다는 것이다. 또한 지식과 개발한 기술을 이웃과 사회를 위해 사용한다면 그것은 이웃 사랑과도 연결될 수 있다. 공부하는 내용 뿐 아니라 공부하는 것 그 자체를 통하여 하나님을 영화롭게 하고 이웃을 사랑함이 드러나게 된다. 그리스도인이 공부를 열심히 하는 것은 신앙생활의 한 모습이며 그 자체가 하나님으로부터 받은 소명의 일부라고 할 수 있다.

4) 통합적인 지식과 안목을 갖춰라

장님이 코끼리를 만져 보고 제각각 자기 이야기를 한다. 옆구리를 만져 본 사람은 벽 같다고 하고, 다리를 만져 본 사람은 기둥 같다고 하고, 코를 만져 본 사람은 밧줄 같다고 말할 것이다. 모두 자기가 만져 본 것이 옳다고 우겼다는 이야기는 석가가 진리라는 것이 우리의 경험으로 완전히 파악하기는 어려운 것이며, 우리가 진리라고 믿고 있는 것들도 전체의 일부분에 불과하다는 것을 설명하기 위해 사용한 우화이다.

고대 그리스인들에게 학문의 일차적인 동인은 지혜 그 자체를 사랑하는 것이었다. 학문을 통해 삶을 편리하게 하고 부를 축적하려는 자본주의적 생각이나 남을 지배하려는 생각이 없었다. 갈릴레오나 뉴턴, 케플러 등 과학혁명을 일으켰던 주역들은 자신들의 연구를 실용적인 목표보다 하나님을 아는 지식으로서 더 가치 있게 여겼다.

그러나 근대로 진입하면서 학문은 점차 분리 양상을 띠기 시작했다. 20세기에 들어서는 완전한 분열 상태가 되었다. 학자들 간의 의사소통이 막히고 이전의 '등산가형 조망'은 '두더지형 조망'으로 변질되기 시작했다. 여러 학문에서 두루 지식을 갖췄던 옛날과는 다르게 요즘은 한 분야에서 노벨상을 탈 정도의 전문가도 다른 분야에는 문외한에 가까운 무식을 보여 주는 경우도 흔하게 본다.

지식의 지나친 분화가 가져오는 폐해는 어떤 것이며, 왜 성경적 관점에서 지식의 통일을 위해 노력해야 할까? 하나님은 한 분, 통일적인 분이시고, 피조세계를 통일된 존재로 만들었기 때문이다. 하나님이 만물을 창조하셨고, 통일하시는 분이라면 그 세상 또한 통일된 구조를 갖고 있을 것이다. 그렇기에 세상에 대한 바른 조망을 갖기 위해서는 통일된 조망을 가져야 하는 것이 기독교 세계관적 학문관이다. 또한 하나님이 통일적인 분이고, 진리의 근원이라면 진리의 본성 또한 통일적인 것이어야 한다.

하지만 인간들은 학문을 힘(power)을 얻기 위한 수단으로 전락시켰다. 학자는 돈에 의해 고용되는 임금 노동자가 되었다. 학문은 그저 직장, 돈, 명예 때로는 권력을 얻기 위한 수단이 되고 말았다. 물질주의 사회에서 학문적인 열정은 돈에 대한 열정과 본질적으로 크게 다르지 않다. 그러나 본래 학문은 고상한 것이라는 그리스 사상의 최면술에서 깨어나지 못하고 있다. 타락한 학문관이 지배하는 세상에서 어떻게 제사장적 소명을 감당해 낼 수 있을까?

학문적 자폐증은 영적인 현상이며 인간 타락과 관련되어 있다. 이것을 치유할 수 있는 유일한 길은 성경적 세계관 위에서 모든 학문 분야가 겸손히 대화하는 길뿐이다. 하나님의 피조세계에 대한 직조(織造)구조를 파악하지 못한 채, 자신의 좁은 분야의 지식에만 집중할 때 우리는 그것을 전문화라고 말하기보다 파편화라고 할 수 있다. 하나님의 청지기가 되어야 할 그리스도인들은 피조세계에 대한 전체적인 조망과 책임을 가진 전문가가 되어야 한다.

5) 학문의 제사장이 되라

제사장이 하나님을 섬기는 사람이라고 말하는 것은 옳지만 충분한 답변은 아니다. 제사장이란 하나님을 섬기는 사람일 뿐 아니라 하나님을 사람에게 공급하는 사람이다. 대부분 그리스도인들은 제사장이 하나님을 섬기는 사람이라고 알고 있다. 그러나 제사장은 궁극적으로 사람에게 하나님을 공급하는 사람이라는 것을 아는 사람은 많지 않다. 어떤 의미에서 하나님을 섬기는 것은 부수적인 것이요, 하나님을 사람에게 공급하는 것이 주된 역할이다.

만일 제사장인 우리가 하나님을 섬길 줄만 알고 하나님을 사람에게 공급하는 방법을 모른다면, 우리의 삶은 아주 빈약해질 것이다. 멜기세덱이 하나님에게서 와서 하나님께 속한 무언가를 아브라함에게 공급했던 것처럼 성경에서 제사장 직분의 기본적인 이야기는 사람이 하나님에게 와서 하나님께 속한 무언가를 하나님의 백성에게 공급하는 것에 대한 이야기다. 떡과 포도주는 우리의 누림이신 하나님과 우리에게 공급되어 우리를 보양하고, 신선하게 하고, 부축하고, 위로하고, 강화하시는 하나님을 상징한다.

오늘날 대학의 주요 기능은 노동시장에 간호사, 변호사, 교사와 같은 '전공' 생산자, 이른바 전문 직업인을 제공하는 것이며, 본래 직업 훈련에 속하는 많은 학습이 대학으로 들어와 '고등 교육'이 되었다. 이는 고등 교육의 의미를 변화시켰다. 고등 교육은 특징적으로 직업 지식 전수 외의 교육이어야 하고, 특히 '인간의 자유 교육'이라 불릴 수 있는 인문 교육이어야 한다. 각 업계에서 전문 지식의 축적은 '수습'이라는 도제 방식을 대학으로 대체했다.

그러나 문제는 바로 여기서 나타났다. 대학생이 풍부한 전문지식을 습득할 수는 있지만 인문 교육의 결여로 진정한 고등 교육, 유교에서 말하는 군자 교육은 받을 수 없게 되었다. 현대 사회는 지식만을 기초로 삼기에는 부족하다. 지식이 아무리 풍부해도 지식과 진정한 이해는 다르기 때문이다. 진정한 이해는 인간이 물질세계와 사회에서 자신의 정확한 위치를 인식하고 있는가 하는 문제를 포함한다. 만약 지식 기반 사회가 이해 기반의 사회로 변화될 수 없으면, 바른 사람들이 살고 싶어 하는 세계는 출현할 수 없다. 현대 대학은 두 가지 측면을 책임져야 한다. 실제 지식을 증진하고, 지식의 선량한 사용을 이해하도록 하는 것이다.

기독교 세계관 렌즈로
인문학 읽기

기독 지성인이 된다는 것은 자신의 전 존재와 인식의 근본적인 변화를 요구하는 것이며 전 인격적인 변화를 포함하는 것이다. 그렇다는 것은 그리스도인의 활동 또한 교회만으로 그치지 않고 삶의 모든 영역에서 나타나야 한다. 학문 활동도 이에 포함된다. 학문 활동은 모든 문화적 활동의 근간을 이루기 때문에 기독교적 학문 활동은 세상 문화와의 전투에서 원리를 제공할 수 있어야 한다. 그러면 기독교적으로 공부함이란 무엇이며, 이것의 기초가 되는 기독교 세계관은 무엇일까?

자연과학이나 공학뿐만 아니라 논리적인 세계나 심미적인 세계를 대상으로 하는 인문과학, 인간의 심리나 사회구조를 대상으로 하는 사회과학도 하나님의 창조 질서를 연구하는 분야라고 할 수 있다. 학문이란 피조물인 세상에 대해 연구하는 것이다. 그러므로 학문적 연구는 창조의 다양한 측면을 연구하는 활동으로 학문적 연구하는 법을 배워야 한다.

유한한 인간은 자기를 초월한 어떤 존재에 대한 믿음 없이는 살아갈 수 없을 뿐만 아니라 그 존재에 의해 자신의 모든 것, 학문 영역까지 지배받는다고 할 수 있다. 이것은 어떤 학문적 연구에 드러나는 궁극적인 한계가 연구의 주제나 형태에 의하여 결정되는 것이 아니라 각 연구 분야의 조망을 형성하는 개개인의 세계관에 의해 결정된다는 의미이다. 그래서 기독교적 세계관 연구는 그리스도인들이 하면 좋고 하지 않아도 괜찮은 선택적 과업이 아니다. 혹은 일정한 분야의 학자들에게만 주어진 과업도 아니다. 모든 학문 활동은 피조세계의 선한 청지기가 되라는 창조주 하나님의 소명이 될 수 있고 또한 마땅히 그리해야 한다.

바른 학문 연구는 전도나 선교를 위한 도구적 가치가 있을 뿐 아니라 하나님 나라의 관점에서 그 자체가 내재적 가치가 있다는 것을 알아야 한다. 그리스도인은 학문을 통해 하나님께 순종하고 사람들에게 하나님을 내어 주는 섬기는 학문 제사장이 되어야 한다. 제사장은 하나님께 제사 드리기 위해 특별히 구별된 사람이다. 구약 시대에는 레위 지파만이 제사장이 될 수 있었다. 이들은 이스라엘 백성이 가져온 희생 제물을 제단에서 불에 태워 번제로 드림으로 백성을 대신하여 죄를 용서받고 죄인이 하나님으로부터 화평을 얻게 하는 사역을 수행했다. 학문 제사장은 그 자체가 섬김의 대상이 되거나 지배 이데올로기의 하수인이 되는 것에서 벗어나 하나님께 순종하는 행위가 되고 이웃에게 샬롬의 메시지가 되는 것이다. 우리는 감히 그런 그리스도인들을 학문 제사장들이라고 할 수 있을 것이다.

토론 과제

1. 비움: 기독 지성을 잃어버린 세대

■ 우리 모두는 바벨론 문화에 동화되었다. 이 시대의 지배적인 문화에 적
  응하고 그 신들을 섬기도록 훈련받았다. 오늘날 그리스도인들 역시 문
  화의 노예 신세에서 결코 자유롭지 못하다. 우리가 직면하고 있는 바벨
  론 문화는 어떤 것들이 있는가?

■ 교회 내에 반지성적인 분위기에 동화된 그리스도인들은 지성을 사용하
  라는 말을 듣기 싫다고 말한다. 어떤 사람들은 심지어 기독교 지성 운
  동은 영적이지 않다고 말한다. 교회 내에 반지성주의가 만연한 이유는
  무엇인가? 그렇게 됨으로 교회가 겪게 되는 아픔은 어떤 것인가?

2. 채움: 사고가 주도하는 독서

■ 사고를 주도하는 독서, 사고가 주도하는 독서가 무엇인지 토론해 보자.

■ 인문학 독서를 하기에 앞서 올바른 세계관을 정립하는 것이 왜 중요한
  가? 그리고 기독교 세계관을 외현화 해야 하는 이유에 대해서 말해 보
  자.

3. 지움: 시대를 분별하는 인문학

■ 근대가 기독교에 선한 영향력을 미쳤다. 선교 역사, 학교와 병원, 고아
  원과 양로원이 기독교의 이름으로 세워졌고, 어느 시대보다 많은 언어

로 성경이 번역되었다. 강력한 부흥 운동이 있었고 이는 사회를 변화시키는 원동력으로 작용하였다. 그럼에도 생각하는 그리스도인들은 '근대'의 문화가 기독교에 대해서 뿐만 아니라 종교를 포함한 '전통'에 대해서 매우 적대적인가?

■ 예수님은 시대를 분별하는 것을 날씨를 분별하는 것과 같다고 말하심으로 시대를 분별하는 것이 천재들만 하는 것으로 생각하는 우리의 통념을 깨신다. 왜 우리는 시대의 표적을 분별해야 하는가? 주님의 카이로스의 시간은 밤에 도적같이 임하신다고 경고하신다. 그렇다면 시대의 분별과 인문학은 어떤 상호관계가 있는가?

4. 따름: 학문의 제사장이 되라

■ 제사장의 의미를 생각해 보라. 제사장의 기능과 학문 제사장이 된다는 의미는 어떤 공통적인 맥락을 갖는가? 공부가 예배가 될 수 있는가? 어떤 면에서 예배가 될 수 있는가?

2부

배움과 영성을 추구하는 독서 교육

1. 비움: 지식의 방향을 점검하라

1) 지식 교육의 한계

아는 것이 힘이다.

이 말은 베이컨(Francis Bacon, 1561~1626)이 남긴 말이다. 이 말에는 단순히 지식의 유용성을 말하는 것이 아니라 남보다 더 많이 아는 사람이 사회적인 권력을 잡게 된다는 전근대적인 뜻이 담겨 있다. 그리고 그 말속에는 당시 교회의 권위에 대한 비판과 인간의 능력에 대한 믿음까지 들어 있다.

번개가 신의 노여움의 표현이라고 생각하는 사회에서는 신과 가장 가까운 인간이나 집단이 권력을 행사한다. 그러나 번개가 수증기를 머금은 구름에서 생기는 전기적 현상이라는 사실을 알게 되면, 사람들은 더 이상 번개가 쳐도 신이 노여워하고 있다고 생각하지 않게 된다. 이와 같이 전에는 알 수 없었던 자연 현상이 일어나는 원리를 하나씩 알게 되면, 교회는 더 이상 사회를 지배할 수 없으며, 자연 또한 두렵거나 신비로운 대상이 아니게 된다. 이제 교회 대신 아는 것이 많은 사람이 힘을 가진 지배자로 등장하게 되는 것이다. 물론 여기서 앎이란 경험으로 얻어진 지식을 말한다.

대한민국의 제도권 학교는 계몽주의 영향 하에 놓여 있다. 학교 수업은 교과서를 매체로 한다. 교과서는 대한민국 학생들이 배워야 할 지식 내용이 체계적으로 정리되어 있다. 교과서 내용은 기초적인 지식과 기본적인 개념들이 반복되고 보충되면서 높은 차원의 수준으로 지식을 확장시킨다. 교사들은 수업 과정에서 기본 개념을 철저하게 이해시키기도 하고, 중요한 사항이나 원리들은 상위 단계의 학습에서 쉽게 응용할 수 있도록 암기시키기도 한다. 이러한 형태가 지식 교육을 중시하는 학교 교육의 전형적인 모습이다.

그런데 학교 밖에서는 교과서 중심의 체계적인 지식 교육을 비판하는 목소리가 존재한다. 왜냐하면 학교 밖의 상황, 즉 학교 교육을 통해서 만들어진 인재들의 모습은 실제로 기대와는 많이 다르기 때문이다. 이들의 주장은 중요한 개념과 원리를 암기시켜서라도 확고하게 주입시키려는 교사들에 대해 21세기 인재 육성 방향과 역행하는 교육이라고 비판한다. 즉 입시 위주의 교육은 정작 학교 밖의 변화무쌍한 상황에 사용할 수 없는 뒤떨어진 교육에 불과하다는 것이다.

세계적인 미래학자 앨빈 토플러(Alvin Toffler)는 2006년 한국에서 창의적인 인재 육성의 필요성을 언급하면서 "한국 학생들은 미래에 필요하지도 않은 지식과 존재하지도 않을 직업을 위해 하루 10시간 이상을 허비하고 있다."고 말했다. 이를 근거로 국제학업성취도평가(PISA)가 인정하는 우리의 초·중·고교 지식 교육을 비판하면서 창의력 교육에 집중해야 한다고 비판하는 사람들이 많다.

앨빈 토플러는 기본적인 지식 교육이 매우 중요하다고 상반되는 주장을 하기도 했는데 펜실베니아대학에서 리더십과 커뮤니케이션을 가르치는 페기 클라우스의 저서 『소프트 스킬: 부드럽게 이겨라』(The hard truth about soft skills)에서 성공적인 직장생활을 하기 위해 지식과 기술을 뜻하는 하드 스킬(Hard Skill: 전문 스킬)이 필요조건으로서 매우 중요하다는 것이다. 다만 충분조건이 아니기에 자기 관리, 인간관계, 의사소통, 리더십 등을 뜻하는 소프트 스킬(Soft Skill: 무형의 스킬)의 보완이 필요하다고 언급하고 있다. 하드 스킬(Hard Skill)과 소프트 스킬(Soft Skill)의 관계에 대한 논쟁 중에는 소프트 스킬을 향상시키기 위해 하드 스킬은 불가결한 것이며 초·중·고에서 중점적으로 지도하는 언어 능력과 계산 능력이 소프트 스킬 향상에 필수적이라는 분석이다.

과학 지식은 이미 폭발적으로 증대한지 오래이다. 그럼에도 이 과학 지식으로는 삶의 질이 더 나아지기는 했지만 생태계를 비롯한 여러 문제들을 극복하는 일이 점점 더 어렵게 되고 있는 것도 현실이다. 아이러니하게도 지식의 증가가 생태계와 인간을 연결시켜 주기보다는 오히려 단절시키고 있다. 이런 현상에 대해서 미국 고등 교육계에 가장 영향력 있는 인물, '교사의 교사' 등으로 불리는 파커 팔머(Parker Palmer)는 우리 사회를 가리켜 "지식이 이끌어 가는 사회"이기 때문에 계층 간, 영역 간에 단절의 현상이 나타난다고 현대사회를 예리한 시각으로 진단한다.

그는 좋은 교사가 다양한 방법을 통해 학생들을 가르치는 주제와 살아 있는 관계로 인도한다고 말한다. 교사는 학생들 자신과 서로서로 공동체를 맺도록 해야 한다. 그래서 지성과 마음이 하나가 되어 세상을 보는 안목을 가지게 해야 한다. 왜냐하면 우리가 보는 시각이 존재를 형성하기 때문이다. 즉 무엇을 보느냐에 따라 행동은 지배를 받기 때문이다 (암 7:8).

하지만 적어도 과학적 지식을 가진 사람들은 자신들의 안전만큼은 확신할 수 있는 사회로 인식하고 있다. 물론 잘못된 신념이다. 사회에서 고등 교육을 받아 얼마간의 지식을 획득한 사람들은 세계가 위기에 처해 있다는 것을 알고 있다. 하지만 자신만은 예외라고 생각하는 것이다.

왜 이러한 왜곡된 믿음을 가지고 있는가? 그 원인은 무엇인가? 이에 대해서 그는 교육 전체에 스며들어 있는 '단절의 고통'에서 찾는다. 교육이 이루어지는 공간 안에서의 모든 활동들은 본질적으로 가르치는 사람과 배우는 사람 혹은 동료들과의 유대감이 기초가 되어야 한다. 왜냐하면 교육은 공동체적 성격을 지니고 있기 때문이다. 그럼에도 제도는 상호간에 경쟁을 조장하고 있는 것이 현실이다. 그로 인해서 지적인 삶은 지식을 가진 자와 못가진 자, 많이 가진 자와 적게 가진 자를 연결시켜 주기보다는 오히려 격리시키는 데 여념이 없다. 이러한 문제가 발생하는 이유는 지식의 궁극적인 목적이 평화에 있음을 잊어버렸기 때문이라고 지적한다.

이러한 한계를 가진 지식 교육을 극복하기 위해서 무엇을 할 수 있는가? 기독교 교육이 대안이다. 기독교 교육은 철저하게 예수 그리스도의 삶과 가르침으로부터 비롯되기 때문이다. 왜냐하면 예수 그리스도께서 이 세상에 오신 목적은 "가난한 자에게 복음을 전하시고, 포로된 자에게 자유를 눈먼 자에게 다시 보게 함을 전파하며, 은혜의 해를 전파하게 하려 하심(눅 4:18)"이라고 가르치신다. 예수님은 인간이 평화를 잊어버린 것은 단절의 고통 때문이라는 사실을 아시기에 하나의 공동체를 맺도록 하신다. 가르침의 목적이 평화에 있기 때문에 예수님은 단절의 고통이 극심한 사회에 하나 됨을 선포하신 것이다.

우리의 희망과 과제, 관심사들이 바로 예수께서 가신 길에 따라 그 방향이 정해져야 한다. 예수의 길이란 그의 삶의 양식을 의미한다. 예수가 지녔던 이 삶의 양식은 전적으로 하나님에 근거를 두고 있다. 즉 하나님 사랑의 대상은 모든 인간과 자연을 포함하고 있다. 따라서 기독교 교육의 범위도 세계 공동 사회의 관계까지 확장되어야 한다. 랜돌프 C. 밀러(Randolph C. Miller)는 관계가 강조된 기독교 교육에 대해 다음과 같이 서술한다.

기독교 교육의 목적은 하나님을 중심에 두고 삶의 모든 면에 근본이 되는 기독교 진리의 관점 안에서 개인으로 하여금 하나님과 동료 인간들과 바른 관계를 갖도록 인도해 주는 것이다.

근세 교육사의 중요 인물인 페스탈로치는 스물다섯 살 때 농장을 경영하다가 실패하였고, 스물여덟 살 때에는 빈민학교를 설립하여 불쌍한 아동들을 모아 교육 사업을 벌였으나 재정난으로 역시 실패했다. 또 고아원을 설립하여 80명의 고아들을 교육하였으나 반년도 못 되어 문을 닫았다. 이처럼 실패만을 되풀이한 80년의 생애를 살았다. 하지만 그의 숭고한 정신 때문에 여전히 교육 역사상 위대한 인물로 남아 있다. 이유가 무엇인가? 그는 "하나님이 없는 인간은 사랑이 없는 인간입니다. 사랑도, 하나님도 없는 인간을 인간이라고 할 수 있습니까?"라고 말했다. 각 사람 속에 내재하고 있는 하나님을 아는 성품을 일깨우고, 남을 사랑하는 능력을 키워 준다는 교육이념을 갖고 있었던 그는 사랑의 교육을 실천했기 때문이다.

2) 지식의 방향을 점검하라

인생을 '시계로 사는 인생과 나침반으로 사는 인생', 두 가지로 나누어 볼 수 있다. 시계로 사는 인생은 순간순간 밀려오는 일을 처리하면서 분주하게 사는 것이다. 나침반으로 사는 사람은 북극이 있다. 즉 철학이 있고, 목표가 있고, 목적이 있고, 방향이 있다.

경영학자 피터 드러커(Peter Drucker)는 "지식의 의미와 역할 변화가 역사의 원동력이며, 인류는 지식의 작용으로 정신적으로나 물질적으로 더 나은 시대를 열어 간다."고 말했다. 내 자신이 교육을 통해서 얼마나 많은 지식을 쌓느냐에 관심을 갖지 말라. 이것은 단절을 가져오기 때문이다.

이제 지식을 바라보고 그것이 나를 어디로 인도하고 있는지를 질문하라. 왜냐하면 인생에서 중요한 것은 속도가 아니라 방향이기 때문이다. 방향이 맞으면 출발점이 설령 늦어도 목적지에 이를 수 있다. 하지만 방향이 잘못되면 아무리 속도를 높여도 결코 목적지에 이를 수 없다. 시간 관리보다 더 중요한 것은 방향 관리이다. 우리가 나가야 할 방향은 어디인가?

현대 교육은 우리를 어디로 이끌고 가는가? 나 자신을 살펴보고 그것이 나를 어디로 이끌고 가는지를 숙고해야 한다. 방향을 상실했기 때문이다. 현대 교육은 "나는 누구인가?"라는 질문보다 "너는 무언가를 아는 존재다."라고 대답을 강요한다. 왜 이런 답이 자동으로 나오는가? 방향을 잃어버렸기 때문이다. 교육은 '앎의 주체(knower)'라는 정체성을 부여해 준다. 이 교육이 제시해 주는 정체성은 자기를 이해하는 원천이 될 뿐만 아니라 세계와의 관계도 정의해 준다. 바로 자아를 세계의 일부가 아니라 앎의 주체(knower)로, 세계를 사랑의 대상이 아니라 앎의 대상(known)으로 인식하도록 강요한다. 이 두 관계는 자아를 상위의 세계를 하위에 두는 사고방식에 바탕을 둔다.

현대 교육은 지식에 높은 가치를 두고 있다. 지식은 이 세계를 자기 필요대로 강제로 할 수 있는 힘을 가져다준다고 믿기 때문이다. 그래서 우리가 추구하고 있는 지식을 통해서 세계를 재구성하려고 독선을 행한다. 혹은 다른 사람들이 만들어 놓은 구성물들을 바꾸어 개조하기 위한 지식을 추구한다. 곧 세계는 앎의 대상에 불과하다는 인식이 바탕에 깔려 있기 때문이다. 그래서 우리는 점점 더 사물에 대한 지배권(mastery)을 주는 지식을 얻는 일에 집중할 수밖에 없게 된다. 왜냐하면 더 많은 것을 소유하고 지배하는 것이 곧 더 많은 힘을 얻을 수 있는 길로 여겨지기 때문이다. 이것이 인간의 내부에 감추어진 탐욕이 아닌가?

성경은 이러한 세계에 대한 지배욕에 대해서 근본적인 문제를 제시하고 있다. 아담과 하와가 선악과를 따 먹음으로 선과 악을 스스로 분별하는 지식에 대한 갈망 자체는 죄가 아니다. 다만 그들은 그들이 추구했던 지식의 종류, 곧 호기심과 지배욕에서 기인한 힘을 소유하려는 욕망 자체가 죄이기 때문에 문제가 된다. 이들은 이 죄로 인해 에덴동산에서 쫓겨났다. 이들이 가지고 있는 지식에 대한 욕망은 결국 죽음을 초래했다. 그들의 선택과 행동이 결국 그들을 파멸로 이끌었다. 현대인들은 이런 일들을 매우 가치 있는 것으로 여기고 있다. 현대인들 역시 자아를 앎의 주체(knower)로, 세계를 앎의 대상(known)으로 여기는 사고방식은 자신들을 아담과 하와처럼 종국에는 멸망으로 이끌 것이다. 우리는 이 분명한 종류의 지식들을 추구하는 데만 급급해 하고 있음을 알아야 한다.

3) 왜 지식을 추구하는가?

객관주의의 영향을 받은 교육은 무엇보다 "아는 것이 힘이다."라는 격언으로 대변될 수 있다. 객관주의를 지향하는 교육은 지식 습득이 중요한 목표로 설정된 교육이다. 우월성 교육이며, 개인의 지적 능력만을 우선시 하는 형태로 드러나 있다. 우리 스스로가 회심과 변화의 대상이 아니다. 앎의 주체가 되어 인위적인 조작을 가해 세계를 바꿀 수 있는 힘을 갖도록 하는 교육이다. 그 결과 기꺼이 그런 미래를 위해 현재 우리가 관계를 맺고 있는 이들을 못 본 체 하는 일이 교육 현장에서 당연하게 일어나고 있다.

교실에서는 학생들에게 필요 이상의 많은 지식을 가르치고 있다. 이 지식이 앞으로 학생 자신의 삶에 지대한 영향력을 줄 수 있다는 확신때문이다. 또 객관주의적 교육은 적어도 세계의 작은 일부라도 지배할 수 있는 막강한 힘을 쥐게 해 줄 것이라는 환상을 심어 주고 있다. 그리고 대부분의 교사들마저 학생들이 이런 지식을 습득하는 과정에서 불가피하게 희생되는 관계를 아예 보지 못하도록 만들고 있다는 사실조차 인식하지 못한다.

객관주의 사고가 지배하는 교실에서는 학습자들에게 미래의 삶을 지향하게 하는 교육인가를 진지하게 물어야 한다. 하지만 교실에서는 결국 과거의 지식을 전수하는 데에만 대부분의 에너지를 쏟는다. 이들에게 현재라는 시점은 고려해야 할 대상이 아니다. 현재는 보다 나은 미래를 위해 극복해야 할 장애물쯤으로 여겨질 뿐이다. 교사나 학습자들이 현재 어떤 마음 상태를 지니고 있는지 살피는 일은 교육 대상으로 간주되지 않는다.

결과적으로 객관주의는 교육 현장에서 모든 것이 단절된 상태로 몰고 간다. 이제는 최소한 교육 현장에서만큼은 교사 상호간, 교사와 학습자, 각 학습자 상호 간, 교실 안과 교실 바깥 세계 등, 개인의 내면 등의 가치들이 마땅히 교육의 관심사라는 중요한 위치로 회복해야만 한다. 단절된 교육의 상태가 회복되고 진정한 학습이 일어나야 한다.

그러기 위해서는 가르침과 배움의 영역에서 공동체적인 이미지로 회복되어야 한다. 고립된 학습자에게 그 고립에 대한 보상으로 경쟁에서 이기는 법을 가르치는 것이 교육은 아니다. 모두를 기만하는 행위이다. 자신들이 주체라는 오만에서 벗어나야 한다. 온전한 공동체적인 진리가 회복되기 위해서는 지성과 영성, 가르치는 자와 학습자가 서로 연결되어 있다는 관계성의 자각이 반드시 필요하다.

4) 권력욕에서 발원한 지식

인류 역사에서 드러난 지식의 원천은 무엇이라고 생각하는가? 그 원천은 바로 호기심과 지배욕이다. 역사를 돌아보면 지식에는 이 두 가지 주된 원천이 있음을 알 수 있다.

우리가 추구하는 지식의 첫 번째 근원을 인간의 호기심에서 찾는다. 인간이 근본적으로 호기심을 갖고 캐묻기 좋아하는 존재이다. 자신이 알지 못하거나 이해하지 못하는 현상 또는 사물을 보면 참을 수 없는 호기심이 발동한다. 그것의 내용물과 원리를 확인하고 싶어 한다. 다시 그 내용물의 가장 작은 입자까지 들여다보고 싶어 하는 존재이다.

두 번째 근원은 지배욕이다. 인간은 힘에 쉽게 미혹되는 존재라는 점을 지적하지 않을 수 없다. 이 두 번째 근원은 자신을 둘러싼 환경, 다른 사람 심지어 자기 자신까지도 지배할 수 있는 힘을 가져다주는 종류의 지식을 소유하고 싶어 한다. 인간은 때때로 누군가를 파멸로 몰고 갈 수도 있는 살인적인 권력을 쥐어 주기도 한다.

인간의 호기심과 지배욕은 인류에게 최초의 원자 폭탄을 선물했다. 미국의 과학자들을 다룬 다큐멘터리 "그 날 이후(The Day after Trinity)"를 보면서 회의감을 갖기 시작했다. 사회에서 가장 좋은 교육을 받은 최고의 지성인들이 파괴적인 목적을 달성하기 위해 그토록 열정이었단 말인가? 과학자들이 이렇게 진지하게 매진하고 있는 모습에서 더할 수 없는 끔찍함을 느낀다. 이 연구에 참여했던 과학자들 사이에서 자신들의 실험 때문에 지구의 대기권이 사라져 버릴지도 모른다는 말이 오갔다. 그럼에도 실험은 예정대로 진행되었다. 현대인들은 이런 '지식' 욕구에 심각한 두려움을 느끼게 한다. 우리가 느낀 두려움이 그들에게 원자폭탄을 만들도록 한 것은 정부의 힘이 아니다. 그들이 지니고 있는 타락한 지식 욕구 자체에서 비롯된 것이다.

2. 채움: 가르침과 배움의 영성

1) 사랑에서 발원한 지식

교육을 뜻하는 용어 education은 '인도하다'는 뜻을 지닌 라틴어 ducare와 '밖으로'를 의미하는 접두사 'e'가 합성하여 이루어진 말이다. 어원에서 알 수 있듯이, 교육이란 그 근본 의미로부터 '이끌어 냄'의 활동을 뜻한다. 지금까지 내면 깊은 곳에서 무엇을 이끌어 냈는가? 우리 삶의 왜곡과 오류는 타락된 본성으로 말미암아 호기심과 지배욕으로부터 발원한 지식에서 기인한 것이다. 지금까지 우리가 지식의 힘에 대한 맹목적인 신뢰와 환희를 보내왔음을 알지 못했다.

그럼에도 이제는 이 지식들이 우리를 도대체 어디로 데려가고 있는지를 물어야 할 때가 되었다. 왜냐하면 우리의 지식이 오히려 인간 세계를 자연 세계보다 훨씬 더 비인간적이고 야만적인 곳으로 만들고 있다는 아이러니가 있기 때문이다.

이런 상황 속에서도 우리를 파멸로 이끌어 가는 지식과는 전혀 다른 종류의 지식 욕구가 있다. 이 지식 욕구는 앞서 말한 호기심과 지배욕이라는 두 가지 원천과는 전혀 다른 열정으로 시작한다. 그리고 전혀 다른 목표로 나아가는 지식 욕구다. 그것은 '자비(compassion) 혹은 사랑에서 기원하는 지식 욕구'이다. 이 지식 욕구의 기원은 사랑이며, 이 사랑에서 발원한 지식 욕구가 추구하는 것은 창조 세계의 착취와 조작이 아니라 자신을 둘러싼 세계와 자신의 화해이다.

그러면 우리는 어떻게 전쟁과 파멸, 지배가 아닌 자비의 시대가 되도록 교육할 수 있을까? 우리가 어떻게 가르침과 배움의 장소에서 사랑을 배우는 장소로 만들 수 있을 것인가? 사랑에서 발원한 지식을 우리는 어떻게 삶까지 적용시킬 수 있는가? 여기에 대한 답을 앎과 가르침 그리고 배움의 영적 기반이 회복된 공동체를 형성하려는 노력에서 찾을 수 있다고 생각한다.

2) 가르침과 배움의 영성

지배하기 위한 지식인가?

파커 파머(Parker J. Palmer, 1939–)는 이제는 객관주의를 넘어서야 할 과제로 '계몽주의 프로젝트'의 일환 혹은 그 인식론적 토대로 본다. 객관주의는 주체인 '나'가 나 이외의 다른 모든 것들(the others)을 '대상'(object)'으로 보는 눈을 달리해야 한다. 사실 '눈'이라기보다는 '손'이다. 왜냐하면 객관주의는 "지식과 권력"의 문제를 상정하는 사상가들이 지적하듯, 결국 인식의 주체가 인식의 대상을 지배하고 통제하려는 욕망이기 때문이다. 다시 말해 우리가 무언가를 파악(把握)하려 하는 것은 그것을 장악(掌握)해서, 즉 내 손아귀(掌)에 넣고(握) 주무르려는 것이다. 그러나 내 인식과 지배의 대상이 된 존재들은 손바닥 위에 놓일 수 있을 만큼 축소(reduction)된 존재들이다. 즉 객관주의는 대상의 진면목을 보지 못한다.

파머는 가르치고 배우는 이들은 그들 앞에 놓인 주제(subject)를 '마스터'해야 할 대상으로서가 아니라 함께 대화를 나눌 상대로 볼 수 있어야 한다고 말한다. 파머에게 진리는 '인격적'이다. 내가 대상 알기를 추구할 때 또한 그 대상이 나에 대해 알기를 추구한다. 파머에 따르면, 진리는 숨어서 우리를 피하고 있는 무엇이 아니다. 오히려 우리가 숨어서 진리를 피하고 있다. 우리는 진리의 변화시키는 힘을 피해 숨고 있다. 따라서 우리에게 필요한 것은 진리의 목소리를 듣고 순종하는 훈련(askesis), 지식(information)이 아닌 영성적 변화(transformation)를 궁극적 목적으로 삼는 공부다.

사랑하기 위한 지식이어야 한다

교육은 지식의 가장 깊은 원천인 사랑을 추구해야 한다. 교육의 목표가 사랑으로 변화되고 나면 자신의 힘을 주위 세계에 오만하게 적용하지 않고 세계가 우리를 정복하도록 허락하지도 않게 된다. 이 변화는 창조된 우리 본래의 형상과 그 삶의 형태인 공동체를 회복하고 재창조하는 데 있어 핵심적인 출발점이 된다.

종교교육학자 그룸(Groome, Thomas H.)은 이렇게 회복된 공동체의 모습을 히브리 성경에 나타난 샬롬(shalom)에 빗대어 다음과 같이 표현하였다.

히브리 성경에서 샬롬(shalom)이라는 단어는 하나님 통치의 영적인 가치와 사회적인 가치를 함께 상징한다. 샬롬의 의미는 매우 풍부하여 그 뜻을 완전히 나타낼 영어 단어를 찾기 어려운데, 전체성

(wholeness)이 그 뜻에 근접하고 있는 듯하며, 하나님과 자신, 타인들과 피조물과의 바른 관계도 그 비슷한 뜻을 전해 준다. 아마도 예수 안에서의 하나님의 통치의 의도를 가장 잘 요약한 신약 용어는 '풍성한 생명'일 것이다…(중략)…하나님 통치의 영적, 사회적 가치들은 개인적, 상호적, 사회정치적 단계 등의 모든 인간 실존의 단계에 스며들어 있어야 한다. 기독교인들은 샬롬의 정의와 평화가 생명의 모든 구석구석에서 실현되도록 노력해야 한다.

교육이 인간과 세계를 초월적 원천, 즉 하나님으로부터 떼어 놓는 세속적 작업을 그쳐야 한다. 그렇지 않는다면 이 두 존재가 서로에게 자신의 형상을 강요하는 끝없는 경쟁만을 하게 될 것이다. 사랑이 결여된 이런 형태의 교육은 자신의 욕망을 끝없이 현실로 투사해 내려는 사람들을 양산하거나 아니면 세계가 자신이 지닌 본래의 형상을 왜곡시키려고 하는 일에 굴복해 버리는 사람만을 낳게 할 것이기 때문이다.

세상의 많은 폭력도 인간 내면에 있는 폭력이 외적 행동으로 나타난 결과물이라고 볼 수 있다. 인간 내면에 있는 마귀를 '바깥으로' 투사함으로써 자아를 감추려는 시도라는 것이다. 그러면서 우리는 오직 자아와 세계를 초월함으로써만 진리와 자유를 발견할 수 있다는 것을 알아야 한다. 여기에서 '초월'이라는 개념은 '사랑의 영'이 우리 실존의 심장부로 뚫고 들어오는 것이다. 우리로 하여금 자신과 세계를 전보다 더 큰 신뢰와 희망을 가지고 보도록 하는 것이다. 말 그대로 '영을 불어넣는 것(inspirit)'이라고 설명할 수 있다. 다시 말해 초월성 안에서 이루어지는 교육, 관계성의 교육, 사랑에서 발원한 지식을 바탕으로 이루어지는 교육이야 말로 우리가 하나님의 위대한 공동 창조 사역에 참여하는 방법이라는 것 이다.

3. 지움: 기독교 세계관과 인문 독서

1) 뼛속까지 식민지 교육

역사적으로 일제시대의 학교 교육은 국민의 뇌를 제국의 뇌, 식민의 뇌로 만드는 교육이라고 말할 수 있다. 우리는 공식적인 구 교육체제 핵심의 특징을 중국 중심의 교육으로 정리할 수 있다. 서당에서 교재로 사용되었던 "천자문"은 중국의 역사와 지리와 인물로 채워져 있다. "천자문"과 더불어서 서당에서 사용되었던 주된 교재였던 "동몽선습(童蒙先習)" 일화들은 모두 안자(晏子)나 제갈량(諸葛亮) 등, 중국 고대 인물이 중심이었다. 이처럼 역사, 문학 등 모든 교과분야가 중국에 기반을 두고 있다.

삼국시대 이후 수백 년을 유지해 온 구 교육체제와 신교육 시스템이 도입된 일제 식민교육 시스템 이후에도 개선되어야 할 교육 전통은 크게 달라지지 않았다. 교육체제 수립의 기준이나 기반이 중국에서 서구 열강이나 일본으로 바뀐 점을 제외하고는 우리 고유의 교육 시스템을 정립하지 못했기 때문이다. 개항 이후 학제, 교과편제, 교육재정, 시설 등에서 새로운 면모를 갖춘 학교 교육이 도입되었지만 그것은 형식과 내용, 모든 면에서 서구와 일본의 영향 하에 있었다.

1910년 한일병탄으로 우리가 국권을 상실하기 전부터 시작해 일제 식민지 치하 36년을 지나 해방 이후에 이르기까지 우리나라 교육 시스템에 지대한 영향을 미쳤다. 이들의 동화주의 정책은 우리 고유의 의식과 문화를 없애는 데 동원되었다. 식민지 교육은 전체적으로 황국신민(皇國臣民)화 정책이다.

일제의 조선 식민지 교육정책의 기조는 두 가지였다. 첫째, 제국신민 양성, 둘째, 조선인에 대한 차별 교육이었다. 이는 시세(時世)와 민도(民度)에 맞는 교육으로 표현되었다. 이를 해석하면 조선인의 상황이 고상한 학문을 받을 만한 수준이 아니므로 단순한 일을 하는 사람을 양성하는 일에 주목해야 한다는 것이다.

1931년 만주사변을 일으킨 뒤, 대동화 건설을 기치로 내걸고서 교육을 침략 행위를 위한 노골적인 수단으로 활용하였다. 이는 지금도 독도를 자기들 영토라고 교과서에 넣어 후세에 가르치는 작태를 보아서도 가늠할 수 있다. 1937년 조선총독부가 "황국신민(皇國臣民) 서사(誓詞)"를 만들어 학생은 물론 일반인들에게 외우게 함으로써 국가주의와 애국주의를 강요한 것이 대표적이다.

어린이용

1. 우리는 대일본제국의 신민입니다.

2. 우리들은 마음을 합하여 천왕폐하에게 충의를 다합니다.

3. 우리들은 인고단련(忍苦鍛鍊)하여 강한 국민이 되겠습니다.

성인용

1. 우리는 황국신민이다. 충성으로써 군국에 보답하련다.

2. 우리 황국신민은 서로 신애(信愛) 협력하여 단결을 굳게 하련다.

3. 우리 황국신민은 인고단련(忍苦鍛鍊), 힘을 길러 황도(皇道)를 실천하련다.

1948년, 남한의 단독 정부 수립 이후에 반공주의가 폭주하고 미국식 교육 시스템이 우리나라에 무비판적으로 이식된 배경도 이러한 관점에서 이해할 수 있다. 친미 유학파 오천석이 중심이 되어 당시 미국 교육의 대표자인 인본주의자이자 실용론주의자 존 듀이(John Dewey) 교육사상을 무비판적으로 직수입하고 이를 철저하게 답습시키기 위해 "신교육연구협회(1946. 9.)"를 조직하였고, 그 후에 이러한 미국식 교육 이론을 구체적으로 교실 현장에 도입하기 위해 설립한 "새교수법연구회(1946. 10.)" 등이 구체적인 증거이다.

개항 이후 우리나라 학교와 교육의 전개과정을 범박하게 정리하자면 교육의 수단화와 도구화의 역사로 정리할 수 있을 것이다. 학교는 국가와 권력을 유지하기 위해 충성스럽고 성실한 국민들을 만들어 내는 공간이 되어야 했다. 배타적인 정치 이념이 노골적으로 또는 은연중에 교육 철학과 시스템(법과 제도)의 바탕에 깔려 있음을 알아야 한다. 일제 강점기의 신민화 교육과 조선인 차별주의 정책, 해방 이후 1980년대까지 득세했던 반공주의와 국가주의 교육기조 등은 구체적인 역사적 사실이다.

교육이 국가와 권력에 종속되는 이러한 현상은 고대 이래 근대식 학교 교육 시스템이 정립되기 전까지 일관되게 유지된 하나의 '본질'이었다. 근대 교육 시스템의 시원(始元)격에 해당하는 프러시아(독일)에서 92%의 학생들을 교육했던 초등학교(volksschule)의 목표는 지성의 발달이나 사고력 함양이나 인격의 성숙이 아니라 복종과 예속의 사회화였다. 학생들 대부분이 국가와 사회의 최하위 부속품 구실을 해야 했기에 스스로 생각할 줄 아는 똑똑한 사람이 될 필요가 없었다. 1819년 프러시아에서 시작된 현대식 의무교육에서 길러 내야 하는 인간상을, 독일 철학자 피히테(Fichte, 1762-1814)는 다음과 같이 제안했다.

1. 명령에 복종하는 군인

2. 고분고분하는 광산 노동자

3. 정부 지침에 순종하는 공무원

4. 기업에 요구하는 대로 일하는 회사원

5. 중요한 문제에 비슷하게 생각하는 대중들

19세기 중반쯤, 프러시아 의무학교 교육 시스템이 미국으로 전해졌다. 이와 비슷한 시기에 메이지 유신으로 서구화에 매진하던 일본이 근대적인 초등교육을 실시했다. 따라서 우리 교육의 출발점에는 일본과 미국을 거쳐 들어온 독일식 의무학교 시스템의 '정신', 곧 권력에 복종하고 기성 질서에 순종하며 국가와 사회에 우선시하는 철학이 자리 잡고 있다고 할 수 있다.

하지만 이러한 전 근대적인 사조에 물들지 않고 자신들의 정체성을 일관되게 유지할 수 있었던 유대인 교육은 현대를 살아가는 그리스도인들에게 반면교사가 되기에 충분하다. 유대인들의 교육은 국가와 권력에 종속되는 교육과 차원을 달리한다. 유대인 자녀 교육의 목적은 한마디로 표현한다면 "성결 교육(education in holiness)"이다. 하나님은 이스라엘 백성을 애굽에서 광야로 이끌어 낸 후 이스라엘 백성을 애굽과 분리시키셨다는 사실을 잊지 않게 하기 위해 교육하신다. 왜냐하면 이들의 교육 핵심은 언약 교육이다. "나는 너희의 하나님이 되고 너희는 나의 거룩한 백성이 되라." 유대인 교육은 한 마디로 '선민' 교육으로 요약할 수 있다. 거룩

(holiness)이란 용어 자체가 '하나님을 향한 분리(set-apart person for Yahweh)'라는 뜻이다. 유대인의 교육 목적 중 가장 중요한 부분을 세속화되지 않을 것이다.

기독교 교육의 목적도 한마디로 요약한다면 '그리스도의 형상을 닮아가게 하는 교육(Christlikeness)*이다. 그리스도의 형상은 곧 하나님의 형상이다.** 이를 신학적인 용어로 '성화의 과정'이라고 말한다. 쉽게 말하면 거듭난 기독교인은 세상을 향해 가던 자기의 발걸음을 되돌려서 하나님께로 가까이 나아가는 것이다.

2) 반면교사 유대인 교육

그리스도인들은 이러한 유대교의 전통을 반면교사로 삼아야 한다. 세계의 권력의 중심에 항상 유대인이 있고, 전 세계 인구의 0.2%에 불과한 유대인들이 노벨상 수상자의 약 27%를 차지한다. 전 세계 금융계와 은행 등 자본을 좌지우지하는 집단의 중심에도 유대인이 있다. 할리우드에서 영화의 제작자의 대부분 그리고 영화사 대부분이 유대인 계열이다.

---

* (엡 4:12-15) 이는 성도를 온전하게 하여 봉사의 일을 하게 하며 그리스도의 몸을 세우려 하심이라 우리가 다 하나님의 아들을 믿는 것과 아는 일에 하나가 되어 온전한 사람을 이루어 그리스도의 장성한 분량이 충만한 데까지 이르리니 이는 우리가 이제부터 어린 아이가 되지 아니하여 사람의 속임수와 간사한 유혹에 빠져 온갖 교훈의 풍조에 밀려 요동하지 않게 하려 함이라 오직 사랑 안에서 참된 것을 하여 범사에 그에게까지 자랄지라 그는 머리니 곧 그리스도라.

** (고후 4:4) 그중에 이 세상의 신이 믿지 아니하는 자들의 마음을 혼미하게 하여 그리스도의 영광의 복음의 광채가 비치지 못하게 함이니 그리스도는 하나님의 형상이니라.
(골 1:15) 그는 보이지 아니하는 하나님의 형상이시요 모든 피조물보다 먼저 나신 이시니.
(히 1:3) 이는 하나님의 영광의 광채시요 그 본체의 형상이시라 그의 능력의 말씀으로 만물을 붙드시며 죄를 정결하게 하는 일을 하시고 높은 곳에 계신 지극히 크신 이의 우편에 앉으셨느니라.

아이비리그 대학의 교수, 학생 30% 이상이 유대인이다.

이러한 결과가 가능한 것은 이들만의 교육이 있었기 때문이다. 유대인들에게는 『탈무드』, 『토라』라는 인문 고전이 있었고, 이를 근거한 밥상머리 교육, 하브루타 교육, 토론 교육 등, 그들만의 교육 시스템과 교육의 목적과 교육 철학을 가지고 있었다. 그 결과 유대인들이 전 세계에 그들만의 영향을 미치고 있다. 이들에게는 조상 대대로 내려오는 『탈무드』와 성경이 있으며, 이 『탈무드』에는 수천 년 동안 내려오는 유대인의 지혜와 교육의 전통이 담겨 있다.

유대인들의 대다수는 수천 년 동안을 자기 나라에서 살지 못하고 이집트, 앗시리아, 바벨론, 페르시아, 헬라, 로마제국까지 6대 제국의 박해를 받으며 떠돌이로 살아왔다. 그럼에도 그들이 역사의 뒤안길로 사라지지 않고 오히려 전 세계인의 주목을 받는 이유가 어디에 있을까? 그들은

1,878년 만에 팔레스타인에 이스라엘을 건국했고, 잊고 살았던 히브리어를 복원하였으며, 소수민족이면서도 세계의 정치, 경제를 배후에서 지배하고 있다. 그런 큰 힘이 어디에서 나오는 걸까?

유대인에게 지속적으로 큰 영향을 미쳐 오늘에 이르게 한 것은 이미 말한 바와 같이 국가 권력에 복종하고 기성 질서에 순응하는 교육이 아니라 선민 교육이다. 그 이유로 그들은 하나님과 유대인의 관계에 특별한 의미를 주기 때문이다. 그것은 이스라엘이 하나님께 충성하고 계명을 따르면 하나님이 그 대가로 그들을 지켜 주고 축복한다는 하나님과 이스라엘 민족과의 언약 교육이다. '선택받음'은 특권을 누린다는 것을 의미하기보다는 오히려 하나님의 뜻을 따라야 하는 특별한 의무를 갖는다는 것이다(렘 7:23).*

하나님의 선택된 민족이 된다는 것은 특권보다 큰 영적 책임과 많은 헌신을 해야 하는 규범을 지니게 됨을 뜻한다. 또한 하나님이 자신의 계시를 온 세상에 전하고 보존하기 위해 선택한 민족으로서 그에 걸맞은 영적인 힘을 발전시켜야 할 필연성을 지니게 됨을 의미한다. 이러한 전통은 바벨론 포로기 이후 디아스포라 유대인부터 지금까지 유대인들의 일상에서 발견된다. 이는 유대인들의 선민 교육이 얼마나 철저했는지를 보여 준다. 이들은 선민들로서 구별되는 세 가지 거룩이 있다.

---

* (렘 7:23) 오직 내가 이것을 그들에게 명령하여 이르기를 너희는 내 목소리를 들으라 그리하면 나는 너희 하나님이 되겠고 너희는 내 백성이 되리라 너희는 내가 명령한 모든 길로 걸어가라 그리하면 복을 받으리라 하였으나.

첫째, 사람의 거룩(선민), 둘째, 공간의 거룩(성전, 가정), 셋째, 시간의 거룩(안식일)이다. 이러한 구별됨의 전통들은 선민으로서 유대인이라는 일관된 정체성을 지니고 있을 뿐만 아니라 지금의 유대인들을 탁월함에 이르게 하는 요인으로 보인다.

유대인들만큼 민족의 정체성을 중요하게 여기는 민족도 없다. 유대인들은 뿌리 교육의 교본으로 쓰이는 것은 단연 『탈무드』와 『토라』이다. 유대인들은 12-13세가 되면 성인식을 치르는 데 성인식 이후 랍비로부터 토라를 받고 나서야 예배에 참여하고 양피지 두루마리로 된 유대교 성경인 『토라』와 "하프토라"를 읽을 수 있다. 유대인들이 디아스포라로 살면서 모국어인 히브리어를 배우는 목적도 토라를 읽기 위함이란다.

유대인 교사들은 그들에게 맡겨진 2세를 어떻게 하면 100% 유대교인이며, 100% 세계인으로 세울 수 있는지에 대하여 끊임없는 연구를 하고 있다. 가정, 회당, 학교 그리고 공동체 모두 각자의 영역에서 2세를 언약 백성으로 바르게 세우기 위한 노력을 하는데, 그들의 공동 목표는 하나님의 사람으로 바르게 세우는 것이다. 이러한 유대인 교육방식은 현대 그리스도인들의 교육이 나아가야 할 방향을 제시해 준다는 면에서 의미가 크다 하겠다.

3) 자아관을 찾아 가는 책 읽기

대한민국은 영토가 좁고 인구가 많다. 땅값이 비싸고, 아파트 값이 비싸다. 그래서 한국인들은 평생 일해서 아파트 평수 늘리는 데 인생의 대

부분을 소모한다고 해도 지나치지 않는다. 한국에서 신혼부부들은 결혼하고 나서, 평생의 꿈이 아파트 평수 늘리는 것이다. 평생 동안 직장에 다니며, 아파트 평수를 늘리고 늘리다가 죽는다. 한국처럼 땅값이 비싼 나라에서 아파트 평수 늘리기는 고역이며 평생 짐이요, 사무친 한이 되기도 한다. 11평 아파트 전세로 시작해서 수십 년 걸려서 30-40평 아파트를 마련해 그곳에서 노년을 보내다가 다시 한 평의 땅에 묻히는 것이 한국인의 인생 여정이 아닌가?

이처럼 한국에 수많은 젊은이들, 하나님의 사람들이 바로 이 세상 시스템 지배에 걸려 소모되어 가고 있다. 아름답고 위대한 하나님의 역사를 이루어갈 20대, 30대, 40대의 그리스도인들이 세상 시스템 지배로 인생을 소모한다. 그들은 거대한 시스템에 의해 돌아가는 세상에 저항하지 못한다. 초월하지도 못한다. 믿음으로 이기지도 못한다. 수많은 그리스도인 직장인들도 별반 다르지 않다. 끝없는 의자 뺏기 경쟁에 돌입해 앞만 보고 달려간다. 피터지게 투쟁하고, 투쟁하여 올라가고 또 올라간다. 올라가면서 차지하는 자리는 과거 다른 사람들이 앉아 있던 자리이다.

그리고 잠시 후 내려놓아야 할 자리이다. 인생이 연약하여 상대적 보상과 인센티브에 대해 나약해진다. 끝없는 의자 뺏기, 그 경주의 트랙에 들어가면 모두가 정신 없이 목숨을 걸고 상승을 추구한다. 그 트랙에 선수가 들어가면 끝없이 달리고 또 달리는 데 결코 빠져나오지 못한다.

영화 "내부자들"을 보면 배우 백윤식이 연기한 조국일보 논설주간 이강희가 이런 대사를 한다.

> 어차피 대중은 개, 돼지입니다. 거 뭐 하러 개, 돼지한테 신경을 쓰고 그러십니까? 적당히 짖어대다가 알아서 조용해질 겁니다.

요즈음 재벌들의 갑질 논란이 끊이지 않고 있다. ㄷ항공 ㅈ 부사장, ㅁ간장 ㄱ 명예회장, ㄷ산업 ㅇ 부회장, ㅍ베이커리 ㄱ 회장, ㅍ존 ㅇ 회장, ㅂ야크 ㄱ 회장, ㅊ 대표, ㅎ화 ㄱ 회장 등은 갑질 구설수로 여론의 몰매를 맞은 바 있다. 갑질 논란의 내용을 보면 이들은 대중들을 개, 돼지로 보는 것 같다는 생각을 지울 수 없다. 기득권을 틀어 쥔 기득권자들에게 대중은 자신들이 던져 주는 빵을 받아 먹는 존재라고 생각한다.

이러한 비극적인 현상은 현재 객관주의적 입시 중심의 교육제도와 무관하지 않다. 이를 극복하기 위한 대안은 무엇인가? 나는 누구인가? 나는 어디에 서 있는 존재인가를 끊임없이 질문을 던지는 인문학 독서 교육이 대안이다.

우리나라 사람들은 연평균 스마트폰을 매일 3시간, TV 시청 또한 매

\
기독교 세계관 렌즈로
인문학 읽기

일 3시간 이상을 한다고 한다. 그런데 책은 한 달에 한 권도 채 읽지 않는다고 한다. 한국인의 연평균 독서량은 성인은 9.1권, 성인 세 명 중 한 명은 1년에 한 권의 책도 읽지 않는다고 한다. 하물며 두뇌 혁명을 일으키는 고전을 읽는 사람은 몇 명이겠는가?

이러한 통계를 보면 그들이 왜 대중을 개, 돼지로 보는지 알 만하다. 우리가 식민지 시대부터 지금까지 식민의 뇌로 만드는 실업 교육을 받아 왔기 때문일 것이다. 일제 실업교육의 강조는 일제 통감부 시대부터 이루어졌다. 이는 증미황조(소네 아라스케) 부통감에 의해서 증명된다.

> 요컨대 한국 교육은 되도록 허를 버리고, 실을 취한다. 이치를 캐는 자들을 되도록 적게 하고 농공상 등, 실업에 종사하는 자들을 많이 만들어야 한다는 것이다.

이러한 식민 교육의 전통은 오늘날까지 그대로 이어 오고 있다. 현대의 공교육은 국민을 바보로 만들어 저급한 노동력 양성을 목적으로 한다고 해도 지나치지 않는다. 대표적으로 입시 교육, 취업 교육의 이념으로 나타나고 있다.

미국의 정치가이며 문학가인 존 아담스(John Adams)는 세상의 교육을 한 마디로 압축해 놓았다.

> 세상에는 두 종류의 교육이 있다. 하나는 어떻게 생계를 꾸릴지 가

르쳐 주고, 다른 하나는 어떻게 살지를 가르쳐 준다.

이는 복잡한 교육의 개념을 명쾌하게 정리해 놓은 말인 것 같다. 일단은 먹고 살아야 하니까 생계 수단을 위해 뭔가 돈벌이를 잘 할 수 있는 교육이고, 또 하나는 인간으로 태어나서 얼마만큼 가치 있게 살아가느냐에 대한 교육이다.

결국 우리 인간에게는 생계수단 확보와 철학적 가치관 정립을 위한 교육이 필요하다. 아주 의미 있는 말이라고 생각한다. 이 둘의 성격은 동전의 양면과도 같아 어느 것 하나도 무시하고 분리해서 생각할 수 없다. 이 두 가지를 균형 잡아서 살아가는 것이 현명한 삶의 태도라고도 볼 수 있다.

인문학 독서 교육은 이 두 가지 교육의 측면을 모두 충족시켜 준다. 왜냐하면 인문 고전은 유구한 역사성을 가지고 있기 때문이다. 인문 고전은 짧게는 100-200년, 길게는 1,000-2,000년 이상 살아남은 책을 말한다. 다시 말하면 시간과 공간을 초월한 천재들의 저작들이다. 노벨상 수상자들은 이 시대의 천재들이다. 그러나 불멸의 고전을 남긴 인문 고전의 저자에 비교한다면 그들은 기껏해야 평범한 사람들보다 머리가 좀 뛰어난 사람들이라 할 수 있을 것이다.

만약에 매일 1-2시간씩 위대한 인문 고전을 남긴 천재들에게 개인지도를 받는다면 나의 두뇌는 어떻게 될까? 인문 고전은 인류 역사를 다시 쓴 천재들의 정수를 담아 놓은 책이다. 레오나르도 다빈치, 정약용, 존

스튜어트 밀의 사례에서 보듯이 이들의 정수를 완벽하게 소화한다면 평범한 뇌가 서서히 천재의 두뇌로 변화하게 되거나, 그동안 억눌려 왔던 천재성이 서서히 빛을 발하거나, 평범한 사고방식이 천재적인 사고방식으로 두뇌 혁명을 가져올 것이다.

자아관이란 '나는 누구인가?'에 대한 인식이다. 우리는 엄마 배 속에서 우리가 누군지 알고 나오는 게 아니라 세상에 나와 성장하면서 자아관이 형성이 된다. 나는 어디로 와서 어디로 가는가? 인간은 일생동안 이에 대한 정답(바른 답. 正答. a correct answer)을 모르기 때문에 자기 나름대로 해답(어려운 일을 풀어서 답함. 解答. a solution)을 찾아가는 존재이다. 바른 자아관은 진리에 기초한 바른 답을 찾아가는 것이다.

관계적인 측면에서도 자아관이 매우 중요하다. 이는 사회적 동물인 인간이 타인과 상호관계를 맺는 기초가 되기 때문이다. 자기 이해가 부족한 아이가 부모로부터 양육을 받아 자아관의 골격이 형성된 이후에는 많은 사람들과 상호관계를 통해 살을 붙여 나가게 된다. 이때에 건강한 자아관을 갖는 것이 중요하다. 왜냐하면 이 자아관 위에 가치관, 사회관, 이성관, 결혼관, 가족관, 국가관, 세계관, 인생관이 형성되기 때문이다. 이때에 자신에 대한 관점(Perspective)인 자아관이 첫 단추 역할을 하게 된다.

자아관에 살을 붙여 나갈 때에 중요한 역할을 하는 도구가 바로 인문학 독서(讀書)다. 우리가 살아가면서 상호작용할 수 있는 사람의 반경은 물리적으로 한계가 있기 때문에 시공간을 초월하는 인문학 독서를 통해 타인의 상황이나 생각을 읽어 내는 일이 매우 중요한 것이다. 1인칭, 3인칭, 전지적 작가 시점 등 다양한 관점으로 독서하다 보면 사람과 사물 그리고 역사적 현상들을 보는 안목이 넓어진다. 이러한 읽기 행위를 통해서 커뮤니케이션 능력의 핵심이 되는 자기만의 관점 획득(Perspective Taking) 능력을 가지게 된다.

인문 고전 독서를 통해 타인의 경험을 간접적으로 획득하게 됨으로 세상에 대한 관념의 확장이 일어난다. 이것이 인문학 독서가 중요할 수밖에 없는 이유 중에 하나다. 특히 우리가 살아보지 못한 과거나 상황 그리고 다양하게 경험할 수 있는 효과적인 방법이기 때문이다. 세상을 움직이는 '리더'들은 명확한 자아관 위에 확고한 세계관과 인생관이 형성된 사람들이다. 열등감으로 점철된 자아관을 갖고 있는 사람은 자신 밖으로 관점이 확장되지 않기 때문에 소위 말하는 인생의 '동력'이 약하거나 '방향성'이 애매하게 되기 때문에 리더 역할을 할 수 없다.

4) 성경을 배경으로 하는 독서의 힘

우리나라에는 잘 알려지지 않았지만 칼뱅주의 신앙 부흥운동인 대각성 운동을 주도한 조나단 에드워즈(Jonathan Edwards, 1703-1758)는 벤자민 프랭클린보다 미국에 더 많은 영향력을 미친 사람으로 평가받는다. 프린스턴대학교의 학장을 지낸 새뮤얼 데이비스(Samual Davis)는 조나단 에드워즈를 가리켜 "미국이 배출한 가장 위대한 철학자"로 칭송했고, 세계적인 신학자 벤자민 위필드(Benjamin Warfield)는 "미국의 지식인 중 실제로

위대하다고 불릴 수 있을 만한 유일한 인물"이라고 평가했다.

우리말에 "될 성 싶은 나무는 떡잎부터 알아본다."고 하듯, 에드워즈는 어릴 때부터 달랐다. 6세에 라틴어를 배우기 시작해서 예일대학교에 입학하던 13세가 되기 전까지 성경을 원어로 읽을 수 있을 만큼 헬라어와 히브리어에 능통했다. 18세에 예일대학교와 대학원을 최우수 성적으로 졸업하고 20세에 그 대학 교수로 임명되어 학생들을 가르쳤다.

조나단 에드워드는 대학교 2학년, 13세 때에 존 로크(John Locke, 1632-1704)의 글을 읽고 큰 감명을 받았다. 그는 비상한 천재성으로 로크의 사상을 정확하게 이해하고 깊게 꿰뚫었다. 그는 숨을 거두기 전까지도 그 책을 손에 들고 몇몇 친구들에게 대학시절에 읽었던 그 책을 통해 말할 수 없는 기쁨과 위로를 얻었으며 그 책에 몰두하면서 얻은 만족과 기쁨은 새로 발견한 금은보화를 손에 가득 들고 있는 욕심 많은 구두쇠의 기쁨보다 더 크다고 고백하였다고 한다.

자신의 아들을 직접 지도하여 12세에 박사학위를 취득하게 한 것으로 알려진 칼 비테(Karl Witte, 1890-1883)의 『자녀 교육법』은 지금부터 약 200년 전에 독일의 한 시골마을에서 시작되었다. 칼 비테 목사가 장차 태어날 아이를 교육하기 위해 플라톤, 에라스무스, 존 로크, 장 자크 루소, 페스탈로치와 같은 훌륭한 위인들이 집필한 교육서적과 고대 그리스의 아테네와 로마 교육에 대한 교육문헌들을 연구하다가 만들어진 교육법이다. 인문 고전을 연구하면서 당시의 공립학교 교육이 인간 됨의 교육이 아닌 다른 교육을 이야기하고 있음을 깨닫고는 자신의 자녀를 그 '다른 교육'대로 홈 스쿨링으로 키우기로 결심하면서 만들어진 것이다. 결국 자신의 아들을 12세 때에 박사학위를 취득케하여 기네스북에 기록되었고, 지금까지 그 기록을 유지하고 있는 칼 비테는 새로운 자녀 교육을 창안한 것이 아니라 본래부터 있었던 인문학 독서 교육법을 재발견해서 자신의 자녀에게 적용하였던 것이다.

5) 탁월한 독서 전략가를 만난 밀(J. S. Mill)

세계에서 노벨상 수상자를 가장 많이 배출한 대학으로 유명한 시카고 대학은 존 스튜어트 밀의 인문학 독서법을 물려받았다. 존 스튜어트 밀은 어린 시절 아버지 제임스 밀(1773-1836)의 조기 인문 독서 및 토론교육에 의해 '만들어진 천재'였다. 밀이 경제학자이자 사상가로서 큰 족적을 남길 수 있었던 배경에는 아버지에 의한 조기 인문학 독서 교육이 있었던 것이다. 밀은 3세에 라틴어, 8세에 그리스어, 12세에 논리학, 13세에 경제학을 공부했다. 10세가 되기 전에 밀은 상상할 수 없을 정도로 수많은 인문 고전을 읽고 아버지와 토론을 벌였다. 『자유론』은 바로 아버지의 토론식 독서 교육 덕분에 세상에 나올 수 있었던 것이다.

아버지가 주도한 밀 가(家)의 자녀 교육에서 가장 인상적인 대목은 어린 시절부터 아들을 아버지의 서재에서 공부하게 한 것이다. 아버지와

아들이 같은 방에서 각자 자기 공부를 했다. 밀은 아버지의 방에서 함께 공부하며 외국어, 그리스 고전, 논리학, 수사학, 경제학 등을 차례로 섭렵했다. 우리나라에서도 고시에 합격한 한 학생은 아버지와 함께 서재에서 공부한 것이 비결이라고 했던 신문기사를 본 적이 있다. 또한 아버지는 고전과 철학 중심으로 인문 독서를 이끌었다. 고전과 철학 중시는 고대로부터 서양 귀족이 자녀 교육에 활용해 온 인문학 독서법이다.

고전과 철학은 모든 사유와 인간의 지혜, 상상력의 원천이다. 밀이 『자유론』과 같은 걸작을 쓸 수 있었던 비결은 3세부터 14세까지 11년 동안 역사와 철학, 수사학, 논리학 등 인문 고전을 폭넓게 읽은 덕택이었다.

밀 가에서 배우는 또 다른 인문 교육법으로는 책을 읽고 그 줄거리를 이야기하게 하는 것이다. 밀은 10세가 되기 전에 상상할 수 없을 정도로 수많은 인문 고전을 읽고 아버지와 토론을 했다. 밀은 책을 읽고 아버지에게 줄거리를 이야기하면서 지식을 넓힐 수 있었고 이후 사상가로 우뚝 설 수 있었다.

아버지는 아들이 스스로 문제와 씨름하도록 내버려 두었다. 날이 저

물면 그들은 산책하곤 했는데, 그동안 제임스는 아들이 그날 무엇을 읽었는지 또 어느 정도나 이해하고 있는지를 자기에게 설명하도록 했다. 책을 읽고 토론을 하며 형성된 비판적 사고 능력은 모든 학문의 기초가 된다.

밀은 나중에 자신의 어린 시절을 회상하며 "나는 소년인 적이 없었다."라고 말했다. 언제나 인문 고전에만 매달려야 했던 그는 또래 친구를 사귀어 보지도 못할 정도였다. 어린 그가 같이 어울릴 수 있는 사람들은 아버지의 친구들인 학자나 사회 저명인사들뿐이었다. 이렇게 어릴 때부터 비인간적으로 혹독한 교육을 받고 자랐으면서도 탈선하거나 정신쇠약에 걸리지 않고 위대한 학자로 성장한 것은 아버지와 같은 탁월한 독서 전략가를 만났기 때문이다.

6) 시카고대학의 기적

시카고대학은 인류 역사상 세 손가락 안에 드는 부자였다는 미국의 석유재벌 존 록펠러(John Davison Rockefeller, 1839-1937)가 세운 학교다. 이 대학은 설립연도인 1892년부터 1929년까지 삼류학교였다. 미국에서 제일 공부 못하고 가장 사고 잘 치는, 쉽게 말해 집안에서 내놓은 학생들이 주로 입학했던 학교였다. 그런데 이 학교가 1929년을 기점으로 혁명적으로 변했다. 노벨상 수상자들이 폭주하기 시작했던 것이다. 놀랍게도 1929년부터 2000년까지 이 대학 출신들이 받은 노벨상이 무려 73개(2017년까지 85명)에 이른다. 도대체 1929년도에 시카고대학에서는 무슨

일이 있었던 것일까?

1929년은 로버트 허친스(Robert Hutchins)가 시카고대학에 총장으로 부임한 해다. 그는 대학을 졸업한지 8년 만인 30살에 대학 총장이 되었다. 그는 존 스튜어트 밀식 독서법에 정통한 사람이었다. 그는 설령 바보일지라도 존 스튜어트 밀식 독서법(철학 고전 읽기)을 충실히 따른다면 아인슈타인이나 에디슨이 그랬던 것처럼 천재적인 두뇌를 가진 인재로 변화될 수 있다는 사실을 알고 있었다. 로버트 허친스 총장은 시키고 대학을 세계 명문 대학으로 키우겠다는 야심을 품고서 "시카고 플랜"을 도입했다. 즉 고전 100권을 달달 외울 만큼 철저하게 읽지 않으면 졸업을 시키지 않는다는 교육 정책이다. 허친스가 대학 개혁을 시작한지 85년이 지난 현재 시카고대학은 85명의 노벨상 수상자를 배출하는 신화를 낳았다.

인문학 독서 교육으로 신화를 만들어 가는 대학이 우리나라에 소개되었다. "우리는 왜 대학에 가는가?"라는 EBS 다큐멘터리에 등장하는 세인트존스대학은 학과(學科)나 전공(專攻)이 아예 없다. 커리큘럼이라고는 4년간 고전 100권 돌파가 전부다. 세인트존스대학 신입생 중 고교 성적이 상위 10% 안에 들었던 사람은 10% 내외다. 미국의 명문대 벨트인 이른바 아이비리그(Ivy League)에는 상위 10% 출신이 100%에 가깝다. 명백하게 우등생들과 열등생들의 경쟁이다.

그런데 입학한지 4년 후, 변화가 일어난다. 세인트존스에서는 학자 (學者)와 사상가(思想家)들이 쏟아져 나오지만 아이비리그에서는 월급(月給) 쟁이들이 쏟아져 나온다. 4년간 고전을 100권 읽는 일이 과연 쉬울까? 다큐멘터리에서는 100권'을'이라고 했지만 100권'이나'로 해 줘야 양심적이고 올바른 권유다. 산술적으로 4년에 100권을 읽는다는 것은 1년이면 25권이고, 2주일에 1권꼴이다. 도서 중 헤겔의 『정신현상학』과 『논리학』이 들어 있다. 이걸 2주 만에 읽고 이해하라고? 어이없어 할지 모르지만 따지고 보면 이것은 독서법의 문제이다.

시카고대학과 세인트존스대학의 비밀은 '고전'이나 '읽기'가 아니다. 그것은 '4년'이라는 정해진 시간이다. 죽순이 땅속에서 5–6년을 기다리는 것이 성장의 비밀이듯이 두뇌는 서서히 나아지지 않는다. 몰입하여 죽기 살기로 그 기간을 돌파하는 어느 시점에 머릿속의 창의적인 생각이 넘쳐흐르는 전혀 다른 형질의 인간으로 바뀌게 된다. 이것이 두 대학이 천재를 만들어 내는 비밀이다.

7) 기독교 세계관으로 통합하기

능력은 재능이 아니라 선택이라는 의미심장한 말이 있다. 사람은 누구나 아침에 눈을 떠서 잠자리에 들 때까지 알게 모르게 매 순간 선택을 하면서 살아간다. 언제 일어날지, 무엇을 먹을지, 무엇을 할지, 누구를 만날지 등, 사람은 보통 하루에 약 150번의 선택을 한다고 한다. 이러한 선택의 순간들이 모여서 성과로 나타난다. 그렇다면 이처럼 우리의 삶을 형성하는 선택의 순간에 우리의 결정을 이끄는 것은 과연 무엇일까?

능력을 낳는 선택은 바로 각자의 세계관에 근거한 어떤 표준에 기초해서 이루어지는 것이다. 이 세계관이란 세상을 바라보는 안목으로 '안경'에 비유할 수 있다. 파란 안경을 쓰면 온통 세상이 파랗게 보이고 빨간 안경을 쓰면 빨갛게 보이듯이 인본주의 안경을 낀 사람들은 세상을 자기중심적으로 볼 것이고, 물질주의자들은 세상을 생명이 없는 물질로, 하나님을 믿는 자들은 하나님 관점으로 세상을 바라보기 때문에 인간을 사랑의 대상으로 볼 것이다. 이렇듯 사람들은 같은 세상을 살면서도 실제적으로는 각자 세계관에 따라 다르게 사는 것이다.

알버트 그린(Albert E. Greene) 박사는 『기독교 세계관으로 가르치기』에서 자기중심적, 물질적으로 바라보고 있는 원인을 이 땅을 살아가는 그리스도인들이 마땅히 지녀야 할 기독교 세계관을 상실했기 때문이라고 보았다. 기독교 신앙의 계보를 잇고 있는 우리는 신앙교육은 받았지만 기독교 세계관에 근거해서 가르침을 받은 경험이 없고 다음 세대에 그러한 교육을 시키지도 못함으로 교회의 희망이 사라지고 있음을 경험하고 있다. 그러한 관점에서 그린 박사는 기독교 교육의 회복을 위해 기독교 교육자들이 어떻게 기독교 세계관을 가르칠 것인가에 대한 밑그림을 제공하고 있다.

이 시대는 한 마디로 인간의 이성과 과학적 사고가 모든 것의 기준이 되는 계몽주의 교육을 받아 절대적인 진리는 알 수 없고 진리는 오직 상대적이라는 포스트모더니즘이 지배하고 있는 시대라고 말할 수 있다. 그리하여 의미와 가치, 도덕과 초월 등은 사실과는 분리된 주관적이고 사적인 영역으로 축소되어 버렸다.

이와 같은 이원론에 빠지면 사실에 가치가 포함되어 있지 않다고 생각하기 때문에 진정한 가치는 사적인 영역, 즉 믿음이나 교회 안에서만 발견될 수 있다고 생각한다. 이런 사고 체계에서는 진리의 절대성을 부정하기 때문에 예수 그리스도라는 절대 진리를 주장하는 기독교의 주장이 점점 그 입지가 좁혀져 가고 있는 것이 현대의 모습이다.

이런 시대정신을 극복하기 위해 무엇보다 중요한 사실은 가치중립적이고, 의미, 도덕, 가치 등은 개인에 따라 다른 주관적이라는 이원론을 극복해야 한다. 인생은 총체적이며 인간의 존재는 통합적임을 이해해야 한다. 이런 통합적인 이해할 때 비로소 사실과 가치(의미)에 대한 이원론에서 극복되어 사실과 의미를 하나로 통합하여 바라볼 수 있게 된다.

이 점이 왜 중요한가? 일반 공교육에서는 사실만 주로 가르치고 그 사실이 갖는 의미는 가르치지 않는다. 왜냐하면 사실 속에는 가치가 포함되지 않았다는 전제가 깔려 있기 때문이다. 하지만 기독교적인 관점에서는 사실에 가치가 포함되어 있다고 본다. 하나님이 주신 모든 것에는 존재 목적이 있기 때문이다. 즉 일상의 삶에서 경험하는 모든 것들은 하나님이 주신 가치가 있다는 것이다.

기독교 교육을 생각할 때 또 하나 고려할 점은 '안다는 것(지식)이 과연 무엇을 의미하고 있느냐?' 하는 점이다. 우리는 보통 '과학적으로 증명된 객관적인 사실을 이해하는 것'을 '아는 것 또는 지식'이라고 생각한다. 하지만 과학적으로 증명 가능한 것만이 지식의 전부라면, 우리가 믿는 믿음은 어떻게 설명할 수 있을 것인가? 그리고 도덕적 가치나 초월은 어떻게 설명하거나 이해할 수 있을 것인가?

알버트 그린(Albert E. Greene) 박사는 "안다는 것은 상대방과의 인격적인 관계, 인격적인 계시 그리고 드러냄을 전제로 하고 있다."고 말한다. 이런 것들은 이성과 논리로 되는 것이 아니라 믿음과 신뢰로만 이해할 수 있다. 즉 참된 지식의 근본 전제는 믿음과 신뢰라는 것이다. 이것은 기독교와 같은 종교의 영역에서만 국한되는 것은 아니다. 모든 사상 체계가 사실은 어떤 믿음에서 출발하고 있기 때문이다. 우리가 객관적이고 중립적이라고 생각하고 있는 과학 또한 그런 전제 기반 위에서 구성되어 있음이 20세기 여러 과학 철학자들에 의해 밝혀지고 있다.

이런 관점에서 볼 때 우리가 배우는 학문과 신앙은 결코 분리될 수 없다. 참된 배움과 지식이란 믿음 위에서 출발을 함을 알아야 한다. 종교 영역뿐 아니라 일반 교과목 또한 믿음의 기반 위에서 그것이 어떤 의미를 갖는지를 항상 생각하며 가르쳐야 한다. 그렇지 않고 교과목의 사실만 가르치면 그것은 죽은 지식을 전달하는 것에 지나지 않게 된다.

지식은 통합되어야 한다

"구슬이 서 말이라도 꿰어야 보배"라는 말이 있듯이 시카고대학이나 세인트존스대학에서 4년 동안 100권을 읽는 것도 중요하지만 그것보다 더 중요한 것은 다양한 분야의 지식을 통합하는 작업이 더 중요하다. 서구 학문의 근본정신은 세계가 몇몇 자연법칙들로 설명될 수 있으리라는 믿음이 있었고, 계몽사상과 서구의 근대는 그런 정신에서 나왔다. 그러나 현대 사회가 되면서 전문지식은 점점 파편화되고 학자들은 자기 방에 틀어박혔다. 학문 분과들 사이의 벽을 깨는 것, 즉 지식의 '대통합'을 이루기 위한 방법으로 에드워드 윌슨(Edward Wilson, 1929~)은 '통섭'을 제안했다.

이런 관점에서 시사점을 중요하게 다루었던 영국의 작가이자 과학자였던 스노(Charles Percy Snow, 1905~1980)가 있다. 그는 1959년 봄, 케임브리지대학에서 한 '두 문화와 과학혁명'이라는 강연에서 "전 서구 사회의 지적 생활은 갈수록 두 개의 극단적인 그룹으로 갈라지고 있다."며 다음과 같이 주장했다.

> 한쪽 극에는 문학적 지식인이 그리고 다른 한쪽 극에는 과학자, 특히 그 대표적 인물로 물리학자가 있다. 그리고 이 양자 사이는 몰이해, 때로는(특히 젊은이들 사이에는) 적의와 혐오로 틈이 크게 갈라지고 있다. 그러나 그보다 더한 것은 도무지 서로를 이해하려 들지 않는다는 점이다. 이상하게도 그들은 서로 상대방에 대해서 왜곡된 이미지를 가지고 있다. 그들의 태도는 아주 딴판인데 심지어 정서적인 차원에서도 별반 공통점을 찾을 수가 없다.

\
기독교 세계관 렌즈로
인문학 읽기

이처럼 스노는 인문 사회과학을 전공한 사람들과 자연과학을 전공한 사람들 사이의 괴리와 상호 몰이해, 의사소통의 단절 등이 현대 서구문명의 중대한 장애물이자 심각한 위협이라고 우려했다. 스노가 우려했던 것처럼 심하진 않을망정 지금도 '두 문화' 사이의 단절에 대한 우려는 계속되고 있으며, 특히 한국에서 그렇다.

자연이 부재한 영혼의 문화, 정신이 부재한 물질의 문화는 결코 온전할 수 없다. 그렇기 때문에 스노는 온전함이 상실된 가난한 현실을 향하여 다시 근원적인 질문을 던진다. 왜 이 둘은 헤어졌을까? 왜 이 두 문화 사이의 교감은 단절되었을까? 이에 스노는 놀랍게도 '전문화된 교육'이 양자 사이의 분명한 경계를 그은 주범이라고 진단을 내린다.

그런데 놀랍게도 인류는 근대에 들어서 특수한 영역 내의 지식을 증대시켜 나아갈 수 있는 '전문화된 교육'을 발견하였다. 근대라는 프로메테우스(Prometheus, 먼저 생각하는 사람)는 신의 '비밀'을 인간의 손에 쥐어 주었다. '전문화된 교육', 그것은 진보의 속도를 가중시켰다. 그리고 산업혁명을 꽃피웠다. 또한 사회의 혈액인 '과학 혁명의 기반'을 열어 놓았다. 이것은 엄청난 사건이다. 근대 과학의 르네상스 없이 근대 문명의 발흥은 있을 수 없었을 것이다.

하지만 지극히 고결한 정신을 꿈꾸는 세대들이 기원하고, 추진하고, 헌신했던 지배의 순간은 축복이 저주로 옮겨 가는 전환점임을 발견한다. 그 결과로써 진보의 '속도'가 인간의 세계 이해의 '속도'를 추월하게 되었다는 점이다. 거기에서 인간은 어쩔 수 없이 자신의 것만 할 줄 아는 "모던 타임스"의 초라한 광대처럼 살 수밖에 없다. 보편적 지식의 탐구가 가능했던 19세기의 지적인 전통은 전문화된 20세기의 아카데미즘적인 전통으로 교체되었다. 그러하기에 이후의 인간은 단지 하나 이상의 지식이 없다. 이제 인간에 있어서 '과학 문화'와 '인문 문화'는 여기에서부터 양자택일의 대상으로 전락해 버린 것이다.

그러나 스노는 '전문화된 교육'에 의하여 야기된 양 문화 사이의 단절을 극복하는 대안을 다시 '교육'에서 찾는다. 즉 영국인 스노가 미국이나 소련의 교육 모델이 갖고 있는 긍정적인 부분을 적극적으로 수용해야 한다고 언급한다. 스노는 '전문화된 교육'에 의하여 '두 문화'의 단절이 야기되었다고 보지만, 그 단절을 극복하는 가능성 또한 '교육'에 두고 있다. 여기에서 나는 스노의 인간 이해를 발견한다. 인간은 산 채로 미라가 되기를 거부하는 존재라는 것이다. '전문화된 교육'의 폐해에 의해서 문화의 갈등이 야기되었지만, 두 문화 사이의 간극을 극복하는 인간의 가능성 또한 균형과 조화의 교육을 통하여 열릴 수 있다고 그는 보았던 것이다. 그렇기에 세계는 인간을 구속하지만, 인간은 세계의 구속을 넘어설 수 있는 존재이다.

4. 따름: 적응(adaption)과 유지(retainment)

그리스도에 속한 인간은 그리스도의 가르침에 종속되어 있다. 말씀은

기독교 세계관 렌즈로
인문학 읽기

오직 따라야 할 절대적인 기준이다. 반대로 세상 인간으로서 그리스도인들은 세상 법을 준수하고 세상의 다양한 소명들과 직무들을 이행해야 할 의무를 가진다. 여기에서 그리스도인들은 바른 세계관, 즉 기독교 세계관이 필요하다. 기독교 세계관은 모든 학문을 담아내는 그릇과 같아서 이원화된 학문을 통합한다. 이 세상에 그리스도인으로서 어떻게 적응할 것이며, 그리스도인으로서 신분을 어떻게 유지할 것인가? 이에 대한 문제는 기독교 세계관이 정립된다면 어렵지 않게 해결될 것이다. 구약성경의 전통을 이어가는 유대인들의 삶은 뚜렷한 세계관이 있기에 두 왕국을 살아가는 그리스도인들에게 좋은 반면교사가 되기에 충분하다.

1) 성경의 전통에서 희망을 찾아라

유대인의 삶의 주제는 디아스포라 신분에서 어떻게 하면 하나님의 백성으로 살 것인가에 대한 고민이 있었다. 그리스도인들은 영적인 측면에서 보면 디아스포라이다. 그리스도인들도 어떻게 하면 하나님의 백성으로 정체성을 잃지 않고 살 수 있을 것인가에 고민이 있어야 하는 것은 유대인들과 동일한 과제이다. 그러기 위해서는 교회, 학교, 가정이라는 구조 속에서 소금의 성질과 같이 바닷물에 녹지만 자신의 속성을 잃어버리지 않는 것처럼 세상에서 적응하면서도 하나님의 백성으로서 정체성은 일관되게 유지하고, 빛처럼 탁월하게 살 수 있을까 하는 지혜를 찾아야 할 것이다.

이들을 통해서 교육의 희망을 성경의 전통에서 찾아야 한다는 것을 배운다. 성경적인 전통을 지금까지 원형을 유지하고 있는 정통파 유대인들에게서 발견할 수 있다. 우리가 통상적으로 생각하는 것처럼 유대인이라고 해서 모두가 유대교를 믿는 것은 아니다. 통계에 의하면 유대인 중에서 정통파 유대인은 6%에 불과하고 머리에 '키파'라는 소위 빵모자를 쓰고 다니는 사람들은 약 30%에 지나지 않는다고 한다. 그 나머지 64%는 유대교에 전혀 관심이 없는 세속적인 유대인에 속한다는 것이다. 이 36%가 유대교의 교육 문화를 선도하고 있는 것이다.

이들에게는 공간보다 시간이 더 중요하다. 유대인들은 기도를 드릴 때 일요일에는 "오늘은 안식일에 대해서 첫 번째 날이다."라고 제창한다. 화요일에는 "오늘은 안식일에 대해서 두 번째 날이다."라고 제창한다. 즉 똑같은 말을 월요일부터 금요일까지 각 요일에 해당하는 말을 바꾸어 가면서 하는 것이다. 안식일이라고 하면 글자 그대로 푹 쉬는 날이라고 우리는 생각한다. 그러나 유대인의 안식일은 또 다른 중요한 뜻이 있다. 곧 이날은 교육의 날인 것이다. 안식일에 가정에서 나누는 화제는 오로지 교육에 관계된 것들뿐이다. 아버지는 한 주일 동안 자녀의 교육이 어떤 과정으로 진행되었는지 세심한 주의를 기울인다. 아버지는 아들에게 거의 학교 공부에 대한 것만 질문한다. 지난 한 주일 동안 무엇을 얼마나 배웠느냐고 묻는다. 이것으로써 아들은 학교 공부를 복습함과 동시에 아버지 앞에서 시험을 보는 셈이 된다.

유대인들은 기도 책을 읽으려고 글을 배운다는 말이 있다. 유대인 거리(게토)에서 사람이 가장 많이 모이고 드나드는 곳은 도서관이다. 그러나 그 곁에 있는 기독교인 거주 지역에서 사람들이 가장 많이 드나든 곳은 술집이다. 오랜 세월 동안 유럽에서는 많은 사람이 글을 읽지 못했다. 유럽인에게는 초등학교에서 글을 깨우쳐 주는 의무 교육이 최근에 생긴 일이지만 유대인에게는 이미 몇 천 년 전부터 그렇게 해 온 것이다.

2) 생존 수단-적응(adaption)과 유지(retainment)

성경에 나오는 다양한 디아스포라 사건들은 어떤 예상치 못한 일과 견딜 수 없는 고통에 의해 이루어져 왔다. 우리의 하나님은 다양한 자연적인 재앙이나 역사적인 사건들을 통해 강제로 그의 백성들을 흩으시고 옮기셨다는 사실에 주목해야 할 것이다. 하나님은 대기근을 통해 야곱과 그의 아들들을 애굽으로 인도하셨다. 그 후 하나님은 이스라엘 백성들을 노예로 전락시키셔서 문명화된 애굽을 떠나 광야 생활을 하게 하셨다. 때때로 하나님은 끔찍한 전쟁을 통해 유대인들을 바벨론 제국을 넘어 흩어 놓으셨다. 신약에서 하나님은 심한 핍박을 통해 기독교인들을 로마제국 전역으로 흩으셨다.

유대인들이 포로 생활을 하는 동안에 향후 그들의 삶을 지배하게 될 중요한 관습과 제도들이 만들어졌다. 유대인들은 일상생활에서 성전에 모여 야훼 하나님께 제사 드리는 것이 절대적 비중을 차지하고 있었다. 그런데 이국 땅에서는 예배드릴 성전이 없었으므로 성전 예배 대신에 일정 장소에 모여 "토라(Tora)"를 읽고 '기도'하는 종교 의식이 자리 잡게 된다. 성전 예배가 중심인 유대교가 자연스럽게 종교 의식이 중심이 되는

유대교로 바뀐 것이다. 이 과정에서 그들의 종교 생활을 지도하는 "랍비
(rabbi, 선생)"라고 부르는 종교지도자 계층이 생기고 의식을 갖는 장소인
'시나고그(synagogue)'라고 하는 회당도 일반화되어 갔다.

그들은 이 기간에 민족의 순수성을 유지하기 위해 이방인과의 혼인을
금하고 정체성을 유지하기 위해 율법과 유일신 신앙을 더욱 철저히 지켰
다. 그리하여 이런 것들이 어우러져 유대인의 정형화된 이미지가 형성되
고, 유대교도 하나의 종교로서 모습이 구체화되었다. 또한 그들의 경전
인 구약성경도 정비가 되고 모습이 갖추어지기 시작했다. 이후 유대인에
게는 이 네 가지, 랍비, 회당, 토라, 기도만 있으면 그곳이 어디든 관계없
이 자신들의 정체성을 지킬 수 있다는 관념이 형성되었다. 적응과 유지
의 조화가 이후 모든 디아스포라 생활의 기초가 되었다.

3) 회당은 생활의 중심지

회당에 가면 우리에게 익숙한 세 가지가 없다. 교육관이 없고, 식당이
없고, 주차장이 없다. 주차장이 없다는 것은 이들의 생활 중심이 회당이
라는 사실이 감추어져 있는 것이다. 이스라엘이 바벨론에게 멸망하여 예
루살렘 성전이 무너진 이후에 유대인들의 정신 상태는 공황에 빠졌다.
하나님이 거하시는 성전이 힘없이 무너지는 것을 보면서 하나님에 대한
신앙을 다시 한 번 진지하게 생각하게 되었다. 더욱이 자신의 두 눈으로
확인한 바벨론은 상상할 수 없을 정도로 어마어마하였다. 문명의 발상지
인 바벨론에 끌려온 초라한 유대인들의 모습을 상상해 보라. 이들의 신

앙은 뿌리부터 흔들리게 되었다.

그들은 지금까지 지켜 왔던 신앙을 근본적으로 돌이켜 보기를 시작하였다. 그들이 생존하는 길은 신앙을 지키고 보존하는 일이라고 생각하였다. 비록 성전은 없어졌지만 그들만의 회당을 만들고 성경을 읽으면서 유대교를 새롭게 정리하였다. 그리하여 회당은 유대교의 중심이 되었고, 유대교를 전수하는 교육기관이 되었다. 유대교는 성전 중심에서 회당 중심으로, 제사 중심에서 예배 중심으로, 의식 중심에서 교육 중심으로 바뀌었다. 유대교는 회당에서 자녀 교육에 집중하였다. 그것이 포로생활에서 신앙을 유지할 수 있는 디아스포라의 유일한 생존의 길이었다.

유대교 회당에는 안식일 수업과 평일 수업이 엄격하게 구분되어 있다. 유대교 회당이나 유대인 가정에서 랍비가 아니면 성경을 가르칠 수 없다. 특히 2세들이 어릴수록 성경은 더더욱 랍비가 가르쳐야 한다고 강조한다. 왜냐하면 어린 시절에 성경을 잘못 알게 되면, 바르게 고치기 어렵기 때문이라고 유대교 교사들은 강조하여 말한다. 그러므로 유대인 가정에서 부모는 자녀들과 함께 성경을 읽을 뿐이지, 그 말씀의 내용을 해석하여 가르치지는 않는다. 이처럼 유대인들은 성경 교육을 강조하는데 적어도 1년 동안 회당에 정기적으로 출석하면 성경을 한 번 읽게 된다.

4) 유대인의 고난 교육

유대인들은 자신들이 겪은 고난의 역사를 후손들에게 교육시키는 것에 온갖 정성을 쏟는 민족이다. 그들은 민족의 절기를 통하여 민족의 수

난과 영광을 후손들에게 교육한다. 왜냐하면 유대인은 자신들이 당한 고난의 역사를 감추기보다 철저하게 가르치며, 기억하도록 하여 자손 대대로 전수하기 위함이다. 유대인들은 결혼식에서 유리컵을 깨는 순서가 반드시 들어간다. 즐거운 결혼식에 왜 유리컵을 깨는가? 두 가지 이유 때문이다. 첫째, 조상들이 하나님 말씀에 불순종하였을 때에 성전이 허물어지고 역사가 실종되었던 것을 기억하기 위해서다. 둘째, 깨뜨려진 유리 조각들을 원상 복구할 수 없듯이 결혼도 물릴 수 없는 영원한 것임을 다짐하기 위해서다.

유대인 자녀들에게 지금까지 변함없이 어느 곳에 있던지 절기 교육을 통해서 유대 민족이 당한 고난의 역사를 가르친다. 대표적인 절기가 유월절이다. 그들은 애굽에서의 종살이를 벗어나게 된 첫 번째 유월절에서 수천 년이 지난 지금에도 그날을 맞으면 누룩을 넣지 않고 구운 떡인 고난의 떡을 먹으며 유월절을 지킨다. 유월절이란 민족적인 절기 예식을 통하여 회상하고 오늘을 반성하며 내일의 교훈을 얻으려는 것이다.

기독교 세계관 렌즈로
인문학 읽기

토론 과제

1. 비움: 지식의 방향을 점검하라

■ 학교 교육의 실제와 학교 밖에서 기대하는 교육의 실제를 소프트 스킬(Soft Skill-무형의 스킬)과 하드 스킬(Hard Skill-전문 스킬)로 정의할 수 있을 것이다. 이 문제를 통합할 수 있는 방안에 대해서 논의해 보자.

■ 내 자신이 교육을 통해서 얼마나 많은 지식을 쌓느냐에 관심을 갖기보다는 지식을 바라보고 그것이 나를 어디로 인도하고 있는지를 질문하는 것이 중요하다. 현대 교육이 나를 어디로 이끌고 가는가를 숙고하는 것이 왜 중요한가?

■ 객관주의를 추구하는 교육은 교사 상호 간, 교사와 학습자, 학습자들 간, 교실 안과 교실 바깥 세계 등, 교육 현장에서도 모든 것이 단절된 상태에 놓이게 된다. 바람직한 교육의 방향은 어떻게 설정해야 하는가?

■ 고등 교육을 추구하는 모두에게 공통점은 다른 사람들의 삶을 어느 정도는 바꾸기를 원하는 권력욕을 지니고 있다는 점이다. '세계가 곧 조작의 대상'이라는 환각적인 윤리는 어떤 열정으로 바뀌어야 하는가?

2. 채움: 가르침과 배움의 영성

■ 우리를 파멸로 이끌어 가는 지배욕, 지금까지의 이런 지식과는 전혀 다른 종류의 지식이 있음을 보아야 한다. 그것이 무엇인가를 설명해 보라.

■ 파머는 가르치고 배우는 이들은 그들 앞에 놓인 주제(subject)를 '마스터' 해야 할 대상으로서가 아니라 함께 대화를 나눌 상대로 볼 수 있어야 한다고 말한다. 우리는 왜 객관주의의 교육론과 같은 함정에 빠진다고 생각하는가?

3. 지움: 기독교 세계관과 인문 독서

■ 개항 이후 우리나라 학교와 교육의 전개과정을 범박하게 정리하자면 교육의 수단화와 도구화의 역사로 정리할 수 있다. 학교는 국가와 권력을 유지하기 위해 충성스럽고 성실한 국민들을 만들어 내는 공간이 되어야 했다. 그리스도인들은 이러한 시대적인 공교육 상황에서 어떻게 반응해야 하는가?

■ 우리 교육의 출발점에는 일본과 미국을 거쳐 들어온 독일식 의무학교 시스템의 '정신', 곧 권력에 복종하고 기성 질서에 순종하며 국가와 사회에 우선시하는 철학이 자리 잡고 있다고 할 수 있다. 유대인들은 수천 년 동안 디아스포라로 살아오면서 세상의 교육으로부터 자신들의 민족 정체성을 지킬 수 있는 힘이 어디에 있다고 생각하는가?

■ 교회 교육은 신앙을 교육하는 것이다. 지식을 전달하는 학교식 교육방식이 교회 교육에 그대로 들어왔다. 그 결과 교회 내에 어떤 결과로 나

기독교 세계관 렌즈로
인문학 읽기

타나는가?

■ 존 스튜어트 밀(J. S. Mill)과 시카고대학의 변혁은 결국은 탁월한 독서방
법론에 있다는 것을 알게 되었다. 이들의 독서방법론의 특징에 대해서
논의해 보라.

■ 기독교 교육은 삶의 현장에서 하나님 말씀, 예수 그리스도의 도를 따라
살아가는 진정한 그리스도인을 길러 내는 것이다. 그러나 이 시대는 한
마디로 인간의 이성과 과학적 사고가 모든 것의 기준이 되는 계몽주의
를 지나서 이제는 절대적인 진리는 알 수 없고 진리는 상대적이라는 포
스트모더니즘이 지배하고 있는 시대라고 말할 수 있다. 이러한 시대적
인 조류에 사로잡히지 않기 위해서는 우리의 교육방식은 어떻게 대처
해야 한다고 생각하는가?

4. 따름: 적응(adaption)과 유지(retainment)

■ 유대인들은 책의 민족이라고 한다. 위 글을 읽고 이들의 탁월함 그리
고 우리와 비교해서 특별한 점, 우리와 다른 점 그리고 수많은 수난 가
운데에서도 선민으로서 자신들의 정체성을 잃지 않고 유지하는 비결에
대해서 논의해 보라. 유대인들의 교훈은 이 시대를 사는 그리스도인들
에게 어떤 교훈을 주는가?

3부

훌륭한 사람을 PLANTING하라

1. 비움: 두 왕국을 살아가는 사람들

1) 전문가인가? 사람인가?

현대는 바야흐로 전문가 시대이다. 전문가의 사전적 정의는 "어떤 분야를 연구하거나 그 일에 종사하여 그 분야의 상당한 지식과 경험을 가진 사람"을 말한다. 문제는 상당한 지식과 경험을 가진 사람에서 '상당한'이라는 표현의 '넓이와 깊이'이다. 넓이는 초기의 제너럴리스트(generalist)처럼 그 분야의 테마나 주제에 대해 여러 복합적인 지식과 경험을 가지고 있는 사람이며, 깊이는 한 주제에 대해 전문성을 갖고 있는 사람을 말한다.

미국 하버드대학교 역사상 첫 여성총장이 된 길핀 파우스트(Catharine Drew Gilpin Faust)는 취임사에서 "교육은 사람을 목수(전문가)로 만드는 것이라기보다는 목수를 사람으로 만드는 것입니다."라고 말했다. 교육은 전문가를 양성하기 이전에 사람이 되게 하는 것이 우선이라는 말일 것이다. 목수뿐만 아니라 제대로 된 사냥꾼이나 어부를 만드는 것도 중요하지만 우선 사람 중심의 교육이 먼저 되어야 한다는 의미를 담고 있다.

이에 반해서 기독교 교육학자 페리 다운즈(Perry G. Downs)는 기독교 교육의 목적을 '믿는 자들이 그리스도를 닮아 가도록 돕는 것'으로 정의한다. 그리스도를 빼놓은 어떠한 목적도 '기독교 교육'의 목적이 될 수 없다는 것이다. 그것은 기독교 존재의 뿌리가 그리스도이시기 때문일 것이다. '그리스도를 닮아 가도록 돕는다는 것'은 그리스도인 삶의 변화에 초점을 두는 것이다. 그리스도인의 삶의 최상의 모델이 되시는 그리스도를 본받는 삶은 그리스도인의 전인적인 삶의 교육과정이다. 즉 그리스도가 그리스도인의 삶에 관계하고 영향을 줌으로서 하나님을 섬기면서 자신의 행복을 얻는 그리스도인의 자아실현에 충실하게 하는 것이다.

그리스도가 빠진 공교육의 실상은 어떤가? 중, 고등학교뿐만 아니라 대학교육도 기계적인 전문인 양성만을 강조하고 있다. 대학들의 슬로건을 보라. 글로벌 전문가 양성에 초점을 맞추어 있다. 신막스주의자인 보울즈(bowles)와 진티스(gintis)는 미국의 학교는 보편적 가치를 가르치지도 않고, 인재를 공정하게 선발하지도 않는다고 지적한다. 오히려 학교는 자본가 계급의 필요에 상응하는 인성과 가치관 및 의식을 가르쳐 이윤의 극대화와 자본의 축적을 꾀한다고 학교 교육의 갈등론을 주장하였다. 갈등론적 관점에서 학교 교육은 지배계층이나 기성세대에 의한 교육이 진행되므로 순기능보다는 역기능적 학교 교육이 진행될 수 있다고 보고 있다.

이러한 교육의 조류가 바로 기독교 세계관 부재에서 왔다는 것을 알아야 한다. 오늘의 우리 사회에서 지식 교육을 외면하고 인성 교육에 치중하라고 한다면 그것은 한 인간의 실패를 뜻하는 것으로 이해한다. 개성과 인간성이 말살되고 지식 교육에 치중해 오로지 성적으로만 인간을 등급화 함으로 수많은 청소년들이 좌절 속에서 병들어가고 있고 사회를 점점 피폐화시키고 있다. 지식 교육과 맞먹는 인성 교육으로 균형을 잡아 줄 때 이 파국을 모면할 뿐만 아니라 이상적인 사회를 이룰 수 있을 것이다.

2) 두 왕국에서 살아가는 사람들

그리스도인들은 두 왕국에서 살아가는 사람들이다. 개신교의 창시자 루터는 하나님은 세상에 두 정부, 두 질서를 통해 인류를 다스린다고 말했다. 우편의 나라는 교회라면 좌편의 나라는 정부이다.* 곧 하나님은 교회를 통해서 영적 정부를 말씀과 성령으로 다스리고, 세상 정부는 법과 칼로써 세상 나라를 다스린다.

영적인 정부 혹은 교회는 구원 사업을 위하여 존재하는 하나님의 오른편 나라이다. 이것은 비가시적으로, 내면적으로 우리의 영혼을 통치한다. 이 나라는 인간의 외적 삶과는 상관없이 영원한 구원을 목적한다. 하나님은 인간 마음속에서 은밀히 역사하여 인간을 죄로부터 벗어나게 하

---

* (빌 3:20) 그러나 우리의 시민권은 하늘에 있는지라 거기로부터 구원하는 자 곧 주 예수 그리스도를 기다리노니.

고 믿음을 통해 의롭게 만든다. 루터가 누차 강조하는 대로, 인간은 행위를 통해서가 아니라, 오직 믿음을 통해서만 하나님 나라에 들어갈 수 있기 때문이다.

다른 한편 세상 나라 혹은 세상 정부는 하나님의 왼편 나라다. 하나님은 악을 처벌하고 세상의 평화를 유지하기 위하여 세상 정부를 세웠다. 이 정부를 통하여 하나님은 자신이 창조한 인간의 일상적 삶을 가능하게 만든다. 하나님은 이 목적을 위하여 칼과 법을 세상 정부에게 위탁하였다. 그러므로 세상 정부는 오직 외적인 질서요 힘의 권세다. 그것의 일차적 기능은 세상에서 법과 정의를 관철함에 있으니, 이것이 없이는 인간의 삶은 불가능해질 것이다. 이 정부는 오직 인간의 외적 행동을 통치할 따름이고 영혼의 문제에 관여할 수 없다. 그럼에도 영적 정부와 세상 정부는 대립 관계에 있다고 볼 수가 없다. 루터는 누차 두 질서를 혼동해서는 안 됨을 강조하면서, 두 질서는 상호 관계에 있음을 강조한다. 두 질서는 모두 하나님에 의해 세워졌으며 각 질서는 하나님의 목적을 이룸에 있어서 필수적이기 때문이다.

그리스도인들은 이 두 왕국을 통합하는 지혜를 가져야 한다. 이에 대해서 예수님은 초대 교회가 국가에 대하여 어떤 입장을 취해야 하는가를 보여 주셨다. 마가복음 12장 13절 이하에 보면, 예수께 와서 조세의 의무를 이해함이 옳은지에 관해 묻는 바리새인들에게 예수님은 "황제의 것을 황제에게 바치고, 하나님의 것은 하나님께 바치라."고 대답한다. 여기서 예수님은 하나님의 영역과 국가의 영역을 분리하지 않는다. 인간은 오히려 하나님의 형상이요, 소유요, 하나님의 권세 아래 속한다. 여기서 언급되지 않았을지라도 황제조차도 인간이기에 결국 하나님의 권세 아래 있다는 것을 담고 있다.

그러므로 하나님의 질서 옆에 또 다른 질서가 있을 수 없다. 먼저 하나님에게 복종함이 우선이다. 국가는 하나님이 허락하는 한에서, 세상에 존립하는 것이다. 예수님은 정치 현실을 부정하려 하지 않는다. 세상은 인간이 하나님과 이웃을 얼마나 섬기는가를 입증하는 무대, 그 이상도 그 이하도 아니다. 바울 사도도 로마서 13장 1절 이하에서 세상은 하나님의 창조물이며, 이성적으로 하나님을 섬기는 장소로 이해하고 있다. 이 섬김은 이 세상 삶의 모든 영역에서 입증되어야 한다. 여기서 사도 바울의 시선은 교회의 벽을 넘어서고 있다. 교회는 세상 속에 있다. 사도는 이 세상이 바로 하나님이 자기 아들을 보낸 세상임을 지시하고 있다. 그러므로 그리스도인들도 이 세상에서 하나님의 질서의 일부분인 국가의 권위에 복종함이 바람직하다.

여기서도 국가는 하나님께서 허락하는 한에서 존립하는 세상의 일부분이다. 하나님의 창조물일 뿐이다. 그리고 그리스도인들은 이 세상에서 이웃을 섬기도록 부름 받았다는 것이다. 세상은 하나님 나라의 도래와 더불어 그 의미를 잃을 것이다. 그러므로 그리스도인의 자유를 핑계하여 국가 질서를 부정하는 것은 그릇되다. 신약성경은 거듭하여 인내와 복종을 말한다. 이것은 자포자기를 뜻하는 것이 아니라 그리스도를 뒤따르는 고난의 길로 이해된다.

3) 교육의 주도권을 회복하라

교육에 있어서 교육의 주도권을 누가 가지고 있느냐는 매우 중요한 문제이다. 교육이 이념과 신념을 갖기 때문이다. 이런 개념들이 너무 강해지면, 교육에는 자기의 생명까지도 포기하게 만드는 힘이 있다. 지금 교육의 주도권은 국가가 틀어쥐고 있는 것이 현실이다. 교회는 여기에서 비켜나 있다. 그리스도인들은 국가가 하나님의 권세 아래에 있음을 알아야 한다. 가령 국가시험에는 하나의 답, 국가가 원하는 답만 존재한다. 국가가 주로 하는 주입식 공부가 공부의 전부가 될 수밖에 없다. 왜냐하면 각자의 의견은 국가에게 중요치 않기 때문이다. 다른 의견을 형성하기 위한 동기도, 생각할 필요도 생기지 않는다. 사고력을 향상시키는 인문학 교육은 국가주의에서는 오히려 방해가 된다. 국가가 원하는 교육은 교사의 논리를 따라가고 수용할 수 있을 정도의 사고력만 요청한다.

> 늘 시키는 대로 살아왔습니다. 별로 선택권이 없었습니다. 내 마음대로 하는 듯 했지만, 돌이켜 볼 때 정작 내 맘대로 한 것은 별로 없습니다. 안 하면 안 되는 규범과 법질서 등 강제조항들이 늘 통제해 왔습니다. 내가 결정권을 가지게 될 때 즈음에는 나도 어느덧 체제에 물들고 타성에 젖어 원래 가졌던 순수함은 온데간데 없습니다.

위 문단은 인생과 교육의 공통점을 제기하고 있다. 이 둘은 기가 막히게도 정확하게 일치한다. 인생과 교육의 공통분모가 많다는 정도의 지각을 뛰어넘어 이 정도면 양자가 같은 것이 아닌가? 이러한 태도는 학교 교육으로부터 왔다. 실제상의 물리적인 학교 공간은 말할 것도 없고, 인생이라는 학교에서도 역시 늘 수동적인 태도와 양식으로 그렇게 우리는 훈육되어 길들여져 왔다. 주인을 물지 않는 애완견을 훈련시키듯이 말이다. 우리의 노정은 학교에서 그리고 삶의 일상에서 수동적이고 소극적인 모습으로 점철되어 있다. 다람쥐 쳇바퀴 돌듯 아주 규칙적으로 일말의 오차나 실수 없이 정확하게 시간표를 반복해야 한다. 그 틀과 규칙을 깨는 것은 일탈이고 범죄이다.

국가주의(Statism)는 국가를 가장 우월적인 조직체로 인정하고 국가 권력에 사회생활의 전 영역에 걸친 광범위한 통제력을 부여하는 사상이다. 보통 국가주의는 개인의 사생활을 침해하지 않는 부분으로 흘러가는 정책주의로 가야 한다. 국가주의가 경제발전이나 국가 방어와 같은 측면에서 좋을지는 몰라도 문화 발전이나 복지 등을 저해시킬 수도 있음을 알아야 한다. 개인의 사생활보다 국가의 권위와 필요성과 가치를 우위로 두게 되는 것이다. 국가주의에서 학교는 물론 사회 전체에서 소수의 피해 정도는 무시하고 전체가 우선한다는 기본 전제가 깔리게 된다. 기독 지성인들은 하나님 나라를 실현시킨 데서 이러한 국가주의 교육에 대해 냉철한 비판적 의식을 가져야 한다.

그러면 교육의 내용물은 누가 만드는지를 아는가? 그 사회를 지배하고 있는 지배층이 만드는 것이다. 그들은 교과서 내용을 두고 지배층들의 자기 생각을 넣기 위해서 싸운다. 교과서 내용이 지배층의 기득권 유지에 얼마나 중요한지를 잘 알기 때문이다. 지배자들은 교과서에 자신들의 의도를 담아내려고 한다. 그래서 친일의 역사라 할지라도 그들의 역사는 항상 미화된다. 극단적으로 말하면 지배자들이 원하는 것을 학교 교과서에 여과 없이 삽입되는 것이다. 그러면서도 교육비는 그들이 내는 것이 아니라 소비자인 국민들이 지불한다. 기업도 그렇게 하지 않는다. 회사는 회사의 철학을 담아내는 사원 교육을 할 때 회사에서 월급까지 준다. 실제로 초기 국가들은 그렇게 했다.

이러한 공교육 상황에서 기독교 세계관의 관점을 가진 비판적 사고는 들어설 여지가 없다. 비판적인 사고를 하지 않는 사람은 사고할 능력을 키울 수 없을 뿐만 아니라 사고하는 것, 그 자체를 싫어한다. 아마 이렇게 길들여진 관습으로 인해 우리를 불행하고 고통스럽게 하는 불합리하고 모순된 일들이 우리 일상에서 반복하게 한다. 그리스도인들은 국가나 기업이 선전하는 논리의 모순을 발견하고, 반박하고 거부할 수 있는 비판적 사고력이나 주체적 사고력 없이 학교 교육에 세뇌되고 대중문화에 동화된 이러한 현실에서 해방되어야 한다. 교육이 정체성을 형성하는 문제라면 그리스도인들은 기독교 세계관을 가지고 학교 교육의 주체의 일원으로 교회나 가정에도 참여하여야 한다.

4) 기술인가? 용기인가?

기술인가? 용기인가? 이 갈등은 칼과 창으로 전쟁하던 고대 사회나 정보화 시대를 살아가는 21세기나 동일하게 직면하는 문제이다. 이 말을 현대의 상황으로 전환한다면 다음 세대를 생존하기 위한 전략으로 변호사나 의사와 같은 전문가로 키울 것인가? 아니면 옳음을 알고 그것을 실천할 수 있는 정의로운 사람으로 키울 것인가의 문제이다.

이러한 근본적인 문제를 제시한 플라톤의 작품들이 이천 년이 지나서도 여전히 현대인들에게 읽히고 있는 데는 그럴 만한 이유가 있어서다. 시대를 넘어 동서양을 넘어 어느 누구에게나 문제의식을 제시하고 이에 대해 다시 한 번 깊이 생각하게 한다는 점에서 플라톤의 작품들은 그야말로 시공을 뛰어넘는 영원한 고전이다. 특히 플라톤이 남긴 고전 『라케스』에서 "자녀를 어떻게 교육할 것인가?"와 "참된 용기란 무엇인가?"를 다룬다.

『라케스』는 시대적 상황을 가지고 대화를 시작한다. 아테네 시민 뤼시마코스와 멜레시아스는 당시 유명한 장군이었던 니키아스와 라케스를 초청해서 "중무장 전투술" 시범을 함께 본 이후 자신들이 장군들과 함께 이 시범을 본 이유를 말해 준다. 즉 자신들은 온 힘을 다해서 자식들을 '돌보기'로 결심했는데, 자식들에게 무엇을 가르쳐야 하는지 알고 싶어 한다. 구체적으로 중무장 전투술을 배우는 것이 자식들의 성장에 얼마나 도움이 될 것인지 문의한다.

'중무장 전투술' 시범을 보고 나온 뤼시마코스와 멜레시아스는 전투술이 자녀에게 가르칠 만한 가치가 있는 것인지를 놓고 토론한다. 아테네의 명망 높은 정치인으로서 많은 이들의 존경을 받았으나 자식 교육에는 소홀하였던 그들은 자연스레 자식 교육에 관심이 많았지만 다음 세대를 어떻게 양육해야 하는지에는 확신이 없었던 그들은 소크라테스를 만나 조언을 구한다. 소크라테스는 "교육이란 젊은이들의 영혼을 위해 실시하는 것이며 '영혼의 보살핌'에 대해 전문가의 의견에 따라야지 다수의 의견에 따라서는 안 된다."고 말한다.

자녀가 잘 살기 위한 '기술', 즉 의사나 변호사와 같은 전문가 양성에 주력하고 있는 현실 속에서 '이건 뭔가 아닌 것 같은데…' 하면서도 시류를 거스를 수 없어서 자식을 입시 경쟁의 대열에 밀어 넣는 부모들은 당시 뤼시마코스와 멜레시아스와 다르지 않다. 소크라테스가 이 두 명의 학부모와 함께 나누는 대화를 들으면 그동안 잊고 지내 왔던 '참 교육'에 대해 다시 한 번 생각하는 시간을 가질 수 있다.

소크라테스가 정의한 대로 교육의 궁극적인 목적이 '영혼을 보살피는 것'이라면 교육은 영혼이 '덕'을 갖추게 하는 것이다. 우리는 '덕'이라는 것이 무엇인지 알아야 한다. 소크라테스는 '덕'이라는 것이 무엇인지 전체를 다 살핀다는 것은 어려우므로 그 가운데 하나인 '용기'에 대해 살펴보자고 제안한다. 소크라테스의 제안에 따라 니키아스와 라케스라는 당대 아테네의 유명한 두 장군이 진정한 '용기'가 도대체 무엇인지에 대해 자기 생각을 말하고 소크라테스가 이에 반론을 제시한다.

경험적인 면을 강조했던 라케스와는 달리 니키아스는 용기를 '지적인 측면'으로 새롭게 정의한다. 그는 용기를 "두려워 할 것들과 대담하게 할 수 있는 것들에 대한 앎"이라고 정의한다. 하지만 그의 대답은 결국 "모든 시점에 있는 모든 좋은 것들과 나쁜 것들에 관한 앎"이 되고, 이것은 용기라기보다는 '덕' 전체를 가리키는 것이 되어 버린다. 결국 소크라테스를 포함해서 모두는 대화편이 끝날 때까지 처음에 제기했던 질문, 젊은이들의 영혼을 위해 '무엇을 가르쳐야 하는가?'와 '용기란 무엇인가?'에 대해서 정확한 답을 찾지 못한다.

오늘날 사회는 가히 전문가 사회라 할 만하다. 전문가들에게는 부와 명성이 따른다. 우리는 일상에서 문제가 터지면 제일 먼저 전문가를 찾는다. 우리는 전문가의 의견과 견해를 경청하면서 그들이 제시하는 문제 해결 방안이나 결론에 전적으로 의존할 때가 많다. 현대인들은 전문가들에게 사회와 개인의 삶을 맡기고 의심과 검증조차 하지 않을 때가 많다. 그래서 유능한 전문가들이 늘어날수록 각 개인은 점점 더 무능력해져 진정한 위기가 닥치면 스스로 아무 일도 하지 못하는 무력한 사회의 일원이 된다. 이것이 전문가 시대의 함정이다.

20세기의 가장 급진적인 사상가이자 휴머니스트로 불리는 이반 일리치(Ivan Illich)는 "전문가들이 우리를 불구로 만든다."고 주장했다. 그는 『학교는 죽었다』를 써서 이른바 교육 전문가들을 비판했고, 『병원이 병을 만든다』를 통해 의료 전문가들의 폐해를 지적했다.

우리가 살아가기 위해서는 생존의 도구인 기술과 옳음을 알고 실천할 수 있는 용기가 필요하다. 시대마다 생존 현장에서 초점이 다를 수 있다. 하지만 기술도 필요하지만 기술이 탁월한 사람들이 그 기술을 유용한 곳에 사용하기보다는 테러나 전쟁과 같은 파괴적 도구로 많이 쓰이는 것을 보면 용기보다는 기술을 우선시하는 경향이 주류를 이루고 있음을 부정할 수 없다. 이런 사회는 병들 수밖에 없다.

용기란 대상을 무엇으로 하든 두려움을 이겨 내야 할 상황을 간파하고, "영혼의 인내"를 바탕으로 극복해야 할 대상에 맞서 두려움을 이겨 내며 고통을 감내하는 실천적 행동이 아닐까. 이 이야기는 2000년이 넘는 시간적 거리를 가지고 있고, 물리적으로 직접적인 전투가 보이지는 않지만, 그들이 고민한 용기에 대한 정의는 무한 경쟁의 시대를 살아가는 지금에도 필연적인 과제이다. 어쩌면 지금이야말로 '자리를 지키면서 떠나지 않는 것(실천적인 면)'은 무엇이고, '두려워할 것들과 대담하게 할 수 있는 것(이론적인 면)'은 무엇인지를 고민하는 다음세대 교육이 절실하게 필요한 시기인 것 같다.

2. 채움: 훌륭하게 키워라

1) 훌륭함이란─탁월한 사람

누구든지 훌륭한 것을 좋아하고 추구하지만 훌륭함, 즉 아레테(Arete)를 어떻게 정의할 수 있는가는 서로가 다를 수밖에 없다. 일반적으로 훌륭함(Arete)이란 사람이나 사물이 가지고 있는 탁월성, 유능성, 기량, 뛰어남 등을 의미하는 말이다. 이를테면 발이 빠른 것은 발의 아레테이고, 토지가 비옥한 것은 토지의 아레테이다. 예수님의 말씀에 의하면 토양의 아레테는 땅에 떨어진 씨가 30배, 60배, 100배의 열매를 거두는 토양이다. '훌륭하다'의 사전적인 의미와도 같은 맥락이다. '썩 좋아서'는 '나쁘지 않다'라는 말로 해석할 수 있다면 어떤 사람이 임무를 완벽하게 '완수', '끝냈다'는 의미가 훌륭함이다.

하지만 말로는 흙수저, 금수저 차별이 없어야 한다고 떠들면서 우리의 의식 속, 뿌리 깊은 곳에는 '좋은 것, 나쁜 것', '훌륭한 사람, 그렇지 않은 사람' 이원론적으로 나누어 정의하고 있다. 사람들에게 자신이 내린 주관적인 훌륭한 사람을 권력자, 재력가 등으로 정의하여 그 아래 종속되어 노예와 같은 삶을 살도록 은연중에 자신을 세뇌를 하고 있는 것이 현실이다.

플라톤이나 아리스토텔레스는 도덕적인 의미에서의 덕목이나 덕성(德性)에 이 말을 적용하였다. 덕은 매사에 좋게 하는 것이다. 좋은 생각, 좋은 말, 좋은 행실 등은 덕(德)이다. 아레테는 사람의 경우에는 '사람다움', 곧 사람으로서의 '훌륭함(goodness)'을 의미하고 우리는 이를 곧잘 '덕(virtue)'으로 일컫기도 한다.

아레테, 곧 덕의 반대말은 '카키아(kakia)'이다. '나쁜 상태'를 이르는 말이다. 자동차의 카키아는 자주 고장이 나는 상태일 것이고, 토지의 카키아는 척박한 토지 상태이다. 인간의 카키아는 마땅히 해야 할 일을, 마땅한 방식으로 수행하지 못하는 악한 상태일 것이다. 성경적으로 말하자면 '하나님 사랑과 이웃 사랑'에 실패한(극단적인, 자기중심적인) 삶, 즉 죄의 세력에서 벗어나지 못한 삶을 이르는 말이다. 죄 혹은 타락에 대해 생각할 때마다 위대한 유대인 신학자, 아브라함 조수아 헤셸(Abraham Joshua

Heschel, 1907-1972년)의 말이 떠오른다. 그는 하나님 없이 독자적으로 (original) 태어난 인간이 다른 이들을 모사(copy)하며 사는 것을 일러 타락이라 했다. 물질이 주인 노릇하는 오늘 하나님이 부재하는 세계는 우리를 끊임없이 타락의 길로 밀어 넣는다.

그리스의 운동 정신은 호메로스 영웅들이 추구한 훌륭함(Arete) 정신이 바탕이 되었다. 핀다로스(Pindaros)가 말하는 위엄과 겸손함이 결합된 아이도스(eidos, 형상을 인식론 관점에서 표현하는 용어)가 내재되어 있었다. 여기에 플라톤이 교육에서 강조한 신체와 정신의 조화로움도 모두 포함되어 있었다. 플라톤은 신체와 정신의 조화로운 발전이 가지는 중요성을 강조한다. 체육을 통해서 신체를 단련하고 음악으로 정신을 다스려서 조화로운 시민을 양성해야 한다는 것이다. 음악의 영향은 특히 디아도우메노스 (Diadumenos, 폴리클레이토스의 조각 작품: 승리의 띠를 머리에 두른 사람)의 움직임처럼 율동적인 균형을 연상케 해 준다.

그러므로 영혼의 조화로움은 단순한 육체의 아름다움보다 더 깊은 결과를 가져온다. 고대 올림피아 제전경기에서는 종교적인 신성함, 철학자들의 영향, 문학의 우승자 예찬, 예술에 나타난 인체의 완벽함, 음악적인 리듬과 조화 등이 함께 어우러졌다. 올림피아 제전경기는 한마디로 탁월성을 갖춘 전인(全人)을 추구하였기 때문에 역사에서 가장 숭고한 이상으로 남아 있는 것이다.

하나님께서는 천지 만물을 창조하실 때마다 보기에 좋게 창조하셨다. 빛에 창조(창 1:4), 뭍과 바다 창조(창 1:10), 채소와 열매 맺는 나무(창 1:12),

빛과 어둠을 나뉘게 하시고(창 1:18), 물고기와 모든 생물을 창조하시고 (창 1:21), 땅의 짐승들을 창조하셨다(창 1:25). 카키아는 나쁜 것을 보고(창 1:31). 선(善)에 대립되는 것으로 나쁘고 부정한 것이나, 인간에게 유익을 주지 못하며 해롭고 바람직하지 못한 것, 또는 결핍이나 부족함 등을 의미하는 광범위한 개념이다.

2) 네 가지 덕-조화로운 사람

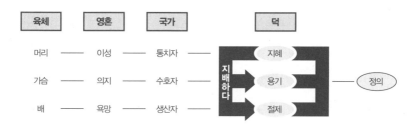

소크라테스는 덕에 대해서 아레테(arete), 즉 우수하고 훌륭한 상태라고 조화로운 영혼의 상태라고 정의하였다. 바람직한 삶이 잘 사는 것이요, 잘 산다는 것은 선한 것이라 이야기했던 그는 덕을 쌓기 위해서는 그것이 무엇인지를 먼저 잘 알아야 한다고 말했다. 덕에 대한 여러 가지 정의 중에서 중국 전국시대의 사상가인 장자(莊者)가 내린 정의가 재미있고 쉽게 설명되어 있어 덕에 대한 이해를 돕기 위해 이를 소개하고자 한다.

재주는 빨랫줄에 걸린 속옷과 같고, 덕은 장롱 속에 넣어 둔 속옷과 같다. 재주란 높은 산들바람만 스쳐도 대낮 하늘 밑에서 창피한 줄을 모르고 오가는 사람들의 눈앞에서 한껏 나풀거린다. 그러나 장롱 속의 덕이란 남의 시선을 피하여 그것을 입는 사람에게 추위를 면하게 해 주려고 항상 기다리고만 있을 뿐이다. 좋은 일을 했다 하여 생색을 내는 것은 무슨 꿍꿍이속이 있었음을 말하는 것이므로 뭇사람들의 고마운 마음을 얻지 못한다.

장자에게 덕이란 무엇인가? 고마운 마음을 얻게 하는 것이 덕이다. 덕은 마음을 가볍게 하고 입을 무겁게 하며 귀를 두텁게 하고 눈을 밝게 한다. 그리하여 뭇사람들로부터 참 고마운 마음을 얻게 한다. 그러나 덕이 마음속에서 나와 입을 통해 바람을 탈 때는 반나절 양지쪽 햇볕에 불과할 뿐이다.

플라톤이 말하는 덕은 사람다운 존재론적인 덕이다. 플라톤의 존재론적 덕은 4주덕을 말한다. 네 가지 덕(사주덕)이란 지혜, 용기, 절제, 정의라는 덕을 말한다. 지혜와 용기, 절제 이 세 가지 덕이 조화롭게 이루어져야 정의를 이루는 데 이 정의가 실현된 사람을 조화로운 사람, 사주덕을 갖춘 사람으로 본다. 플라톤은 이것을 이상국가론과 부합시켜 영혼을 설명하는 데까지 나간다. 지배계층인 철학자는 머리에 담당하는 지혜의 덕이 있어야 하고 수호계층인 군인은 가슴을 담당하는 용기의 덕이 있어야 하고 노동계층인 평민은 배를 담당하는 절제의 덕이 있이 있어야 이상국가, 즉 정의로운 국가가 된다는 것이다.

그는 국가를 커다란 인간으로 보고, 국가도 통치자, 군인, 생산자, 세 가지 계층으로 구성되며, 이 계층들에게는 이성, 격정, 욕구와 같은 덕의 조화에 의해 '올바름(정의)'을 달성할 수 있다고 보았다. 이 세 계층이 조화롭게 역할을 다하면 정의로운 이상국가가 실현되고 이것을 개인에게 적용되면 훌륭한 사람이 되는 것이다.

소크라테스는 알지 못함, 즉 '무지'를 악으로 간주한다. 사람들은 악이 반드시 거칠고 험악한 모습을 하고 있을 것이라고 생각하나 사실 세상에서 만나는 가장 대표적인 악의 형태는 바로 '무지함'이다. 독재자들과 같이 무지함으로 인해 선택과 판단을 제대로 하지 못하고 그 결과 자신과 타인을 고통 속으로 몰아넣는다.

플라톤의 입장을 계승한 아리스토텔레스는 사주덕이 아닌 지적인 덕과 품성적인 덕, 중용을 주장한 철학자이다. 지적인 덕은 중용의 상태가 무엇인지 알 수 있는 지식의 덕으로, 이로써 중용을 실천하여 이것이 습관화 될 때 나타는 덕이 바로 품성적인 덕이라고 한다. 여기에서 플라톤이 말하는 사주덕에 대해서 살펴보자.

정의–올바른 사람

올바른 상태는 이 나라를 구성하는 세 부류의 사람들(통치자, 수호자, 생산자)이 저마다 '자신에게 맞는 자신의 일을 함(제 할 일을 함, oikeiopragia)'으로써 실현을 보게 된다는 결론에 이르게 된다.

플라톤은 인간의 영혼이 이성, 감성, 의지의 세 부분으로 성립되어 있다고 설명한다. 이들 영혼의 세 부분은 각각 특유의 기능을 충분히 영위함으로써 각자의 덕을 실현하는데, 예로서 국가를 통치하는 지배 계급인 이성의 덕은 지혜이고, 국가를 방어하는 수호자 계급인 의지의 덕은 용기이고, 농업·공업·상업 등에 종사하는 생산자 계급인 감성의 덕은 절제이다.

여기서 의지와 감성의 부분은 이성에 복종해야 조화와 질서가 이루어지고, 이때 영혼의 정의가 실현된다. 이 정의, 지혜, 용기, 절제 네 가지를 주덕이라고 한다. 다시 말해 이 세 계급은 일신상의 목적을 위해서 일해서는 안 되고, 진리와 선의 실현, 다시 말해서 정의가 넘치는 이상 국가를 위해 일해야 한다. 따라서 국가를 형성하는 시민의 모든 계급이 각각 자기의 본분을 지켜 타인의 본분을 침해하는 일 없이 자기 특유의 임무를 충분히 수행함으로써 전체적 통일이 달성될 때 국가적 정의가 실현된다는 것이다.

지혜-탐구하는 사람

플라톤은 위대하다는 아테네 시민들이 세기의 현자 소크라테스를 죽일 정도로 어리석다는 사실에 충격을 받았다. 소크라테스가 간파한 대로, 지식이나 정보의 부재가 사람을 어리석게 만드는 것이 아니었다. 어리석음은 가지고 있는 지식이나 정보(fact)를 바탕으로 이성적인 판단을 할 수 있는 능력, 즉 지혜가 없을 때 나타나는 현상이기 때문이었다. 그가 개발한 enlenkos(Socratic Method) 방식은 소크라테스의 물음에 대답하는 사람이 자기 스스로 습관에 얽매여 있는 자신의 모순을 깨달을 수 있게 하였다. 무식한 것, 지식의 부재는 배우면 되지만, 어리석은 것, 지혜의 부재는 단순히 배운다고 없어지는 것은 아니다. 지식은 무식을 없앨 뿐이지만 지혜는 어리석음을 제거한다. 소크라테스의 명언 중 대표적인 것은 바로 이것이다.

> The unexamined life is not worth living.
> (탐구하지 않은 인생은 살 가치가 없다.)

성경에서 말하는 지혜는 사물의 도리나 선악을 잘 분별하는 마음의 작용을 말한다. 지혜는 하나님이 주시는 은사이며, 학습을 통해 얻어지기도 한다(시 111:10). 종종 인격화되어 '예수 그리스도'를 가리키기도 한다(고전 1:30). 하늘로부터 나는 지혜는 성령의 계시를 통해 깨달아진다(고전 2:10; 약 3:17). 그래서 야고보는 지혜가 부족한 자는 후히 주시고 꾸짖지 아니하시는 하나님께 구하라고 권했다(약 1:5).

> **왕상 3:11** 이에 하나님이 그에게 이르시되 네가 이것을 구하도다 자기를 위하여 장수하기를 구하지 아니하며 부도 구하지 아니하며 자기 원수의 생명을 멸하기도 구하지 아니하고 오직 송사를 듣고 분별하는 지혜를 구하였으니.

용기-소신 있는 사람

용기는 수호자 집단 내의 군인들이 갖추는 덕목으로서 두려운 것에 대한 소신(doxa)을 언제나 지키는 능력이다. 시가, 즉 독서 교육, 체육 교육을 통해서 그런 능력을 배양하도록 해야 한다. 즉 아이들로 하여금 마치 물감을 받아들이듯이 법률을 잘 받아들이도록 교육해야 한다. 그것은 두려운 것이나 여타의 것에 대한 소신이 물들지 않아 쾌락이나 고통, 공포 등 어떤 것에 의해서도 탈색되지 않도록 하기 위한 것이다. 그런 능력을 갖춘 자들이 수호자가 될 때 국가 전체가 용기의 덕목을 갖추게 된다. 이들은 벌써부터 세계관 교육의 중요성을 인식하고 있었다.

시가 교육(인문학, 독서 교육)을 받으면 훌륭한 것과 그렇지 못한 것에 대해 민감하게 알아본다. 추한 것들은 싫어하고 아름다운 것들은 반겨서 혼(魂) 속에 받아들이게 된다. 그래서 그 근거를 알기 전에 추한 것들을 비난하고 미워하다가 그 근거를 접하게 되면 근친성 때문에 그것을 알아보고 반기게 된다. 그렇기 때문에 훌륭함(aretē)에 관한 내용으로서 가장 좋은 것을 아이들이 듣게 하고 그렇지 않은 것들은 배제해야 한다. 시인들을 비롯한 모든 장인들은 좋은 성품의 상(eikōn)을 작품 속에 새겨 놓도록 해야 하며 그렇게 하지 않는 사람은 작품 활동을 금지시켜야 한다. 그래서 젊은이들이 어릴 적부터 아름다운 작품들을 대하면서 자신들도 모르는 사이에 아름다운 것과 친해지고 닮도록 해야 한다. 이러한 면에서 유대교육처럼 어려서부터 성경을 탐독하는 훈련이 필요하다. 왜냐하면 성경은 이런 면에서 바른 기준을 보여 주고 있기 때문이다.

성경에서 용기있는 자의 이상형으로 다윗을 제시한다.

삼상 16:18 소년 중 한 사람이 대답하여 이르되 내가 베들레헴 사람 이새의 아들을 본즉 수금을 탈 줄 알고 용기와 무용과 구변이 있는 준수한 자라 여호와께서 그와 함께 계시더이다 하더라.

구약에서 다윗이나 다니엘, 에스더가 용기가 있는 사람이라면 신약에서는 베드로, 바울이나 스데반과 같은 사도행전의 인물들이다.

행 20:22-24 보라 이제 나는 성령에 매여 예루살렘으로 가는데 거기서 무슨 일을 당할는지 알지 못하노라 오직 성령이 각 성에서 내게 증언하여 결박과 환난이 나를 기다린다 하시나 내가 달려갈 길과 주 예수께 받은 사명 곧 하나님의 은혜의 복음을 증언하는 일을 마치려 함에는 나의 생명조차 조금도 귀한 것으로 여기지 아니하노라.

절제-자기 자리를 지키는 사람

절제(sophrosyne)는 밀집대형을 기본 전술로 하는 군대에서 나온 말이다. 원래 '대오를 잘 갖추는 것'에서 나온 말이다. 대오를 갖추려면 개인이 자기 멋대로 해서는 안 되고 늘 함께 가는 사람들을 염두에 두어야 한다. 또 그렇게 대오를 잘 유지해야 전투에서 승리하고, 전투에서 승리해야 개인이나 나라가 보존될 것이다. 그러므로 개인이 자기 자리를 잘 지킴으로 공동체와 잘 조화를 이루는 능력이 절제의 근본이다. 그렇게 해야 조화로운 상태라고 말할 수 있다.

성경에서 말하는 절제도 동일한 유래를 가진다. 절제는 교회 공동체와 민족 공동체와 밀접한 관계를 가진다. 절제는 '엥크라테스(삼가는)'에서 파생된 말로서, 자제하며 삼가하여 자신을 다스릴 수 있는 능력(갈 5:23; 벧후 1:6)을 일컫는다. 성경은 방종에 빠지지 않도록 이성으로 감정을 조절하고 자기 자신을 다스리는 것으로 묘사한다.

> **고전 9:25** 이기기를 다투는 자마다 모든 일에 절제하나니 그들은 썩을 승리자의 관을 얻고자 하되 우리는 썩지 아니할 것을 얻고자 하노라.

3) 행복(eudaimonia)−자기 역할을 다하는 사람

교육을 받은 사람이건 그렇지 않은 사람이건, 지위가 높건 낮건 모든 사람은 행복을 원한다. 그리고 우리 인간은 모두 행복할 권리가 있다. 행복은 부(富)나 어떤 것을 소유하는 것과 관계가 있기도 하겠지만 행복은 궁극적으로 인간의 영혼의 문제이다. 행복과 불행은 영혼에 속한다는 것을 고대인들은 알고 있었다. 고대의 위대한 철학자 헤라클레이토스는 이런 의미에서 다음과 같이 말한다.

> 만약 행복이 육체를 즐겁게 하는 것이라면, 우리는 완두콩을 먹이로 갖고 있는 황소가 행복하다고 말해야 할 것이다.

또한 세네카는 그의 저서 『행복한 삶에 대하여』의 첫 문장을 이렇게 시작한다.

모든 사람은 행복하게 살기를 원한다. 그러나 인생을 행복하게 하는 것이 무엇인가를 인식하기에 그들은 모두 눈먼 사람들이다.

헬레니즘 후기의 세계관 행복론은 세 가지 줄기로 나뉘었다. 스토아 학파는 '이성(Nus, Logos 혹은 φρόνησις)'을 통해서, 에피쿠로스 학파는 '감정(Pathos 혹은 Aisthesis)'을 통해서 그리고 회의주의 학파는 앞선 두 학파가 상대 학파를 향해 전개하는 반론을 수용한다면 그 당연한 귀결로 여길 수 있는 바와 같이 인간에게서 더 이상 기대할 수 있는 실현 능력이 없으니, 차라리 '우연(τύχη)'을 통해서 행복을 성취할 수 있다고 내다보면서 제각기 입장을 견지했다.

정의로운 사람의 삶과 그렇지 못한 사람의 삶 중 어느 쪽이 더 행복한가의 문제는 간단한 문제가 아니다. 이것은 우리가 어떤 삶의 방식을 선택할 것인가의 문제와 직결되기 때문이다. 소크라테스는 정의로운 사람이 부정의한 사람보다 더 행복하다는 결론을 내린다.

어떤 것의 기능(ergon)이란 그것만이 해낼 수 있는 일 또는 다른 어떤 것들보다도 그것이 가장 잘해 낼 수 있는 일(눈, 귀, 단검의 기능은 각각 '보는 것', '듣는 것', '자르는 것')이다.

일을 해내는 것들은 자기 특유의 훌륭함(*aret*)에 의해서 자신의 기능 (일)을 잘해 내고, 나쁜 상태(*kakia*)에 의해서는 나쁘게 해낸다.

기쁨은 행복의 중요한 요소이기는 하지만 '행복=기쁨'의 등식이 항상 성립하는 것은 아니다. 상을 받을 때는 기쁘지만, 그 기쁨은 시간이 흐르면 사라진다. 가령 복권에 당첨될 때의 기쁨이 아무리 크다고 할지라도 오래가지 않는다. 기쁨은 시험을 잘 보거나, 게임에서 이기거나, 맛있는 식사나 쇼핑을 하는 것과 같은 사건에서 느끼는 일시적인 감정이다. 이러한 즐거운 일이 매일매일 반복된다고 해서 꼭 행복해지는 것은 아니다. 사람은 상황에 금방 적응하기 때문이다. 즐거움을 계속 느끼려면 즐거움을 야기하는 자극이 더욱 커져야 한다. 그렇지만 현실은 그럴 수 없다. 어제보다 맛있는 음식을 매일매일 계속 만들 수는 없으니까….

많은 현대인들의 행복관은 개인적인 즐거움이나 안락함으로 생각하지만, 고대 그리스에서 행복관은 풍족하고 행복한 삶을 나타내는 의미로 쓰인 에우다이모니아(*eudaimonia*)라는 말로 정의한다. 즉 자기에게 주어진 의무를 완수한 상태를 말한다. *eudaimonia*는 'eu(좋은)+daimon(영혼)'이라는 의미이다. 당시의 삶은 개인적인 삶이 아니라 공동체적인 삶이었다. 소크라테스가 감옥에 갇혔을 때 도망갈 기회가 있었음에도 사약을 마시고 죽었던 것은 공동체에서 따돌림 당하는 것이 죽음과 같은 의미였기 때문이다. 그러나 지금은 소크라테스의 죽음에 공감할 사람은 별로 없을 것이다.

\
기독교 세계관 렌즈로
인문학 읽기

세상은 이렇게 말한다. "행복은 수완가에게 온다. 즉 자신에게 방해가 되는 모든 사람을 밀어내는 사람, 자신이 원하는 것을 자신이 원하는 시기에 자신이 원하는 곳에서 자신이 원하는 방식으로 얻는 사람이다. 그래서 행복은 남성적이다. 행복은 자신의 일을 하는 것이다. 행복은 자신이 얻을 수 있는 모든 즐거움을 움켜쥐는 것이다. 부자는 행복하다. 귀족은 행복하다. 유명한 사람은 행복하다. 인기가 있는 사람은 행복하다." 그러나 예수님은 그렇게 말씀하지 않는다. 산상설교 첫머리에 전체적인 핵심이 제시되어 있다. 그것은 참 복, 참 행복, 참 기쁨, 참 즐거움 그리고 하나님의 상급을 아는 것이다.

예수님의 행복론은 인간을 그 존재의 바닥에서부터 감동시키는 성품을 가리키는 것이다. 복이 있다는 것은 하나님과 예수 그리스도와 밀접하게 관련되어 있다. 하나님과 그리스도의 성품에 참여하는 자만이 행복을 완전히 경험할 수 있을 것이다. 하나님의 성품에 참여하는 것을 제쳐두고 복이나 행복을 누린다는 것은 있을 수 없다. 예수님과 똑같은 성품과 똑같은 지복, 똑같은 내적 만족, 마음 깊은 곳의 똑같은 행복을 누릴 수 있다. 인간은 하나님의 형상으로 창조되었기 때문이다.

4) 인문학 독서 교육으로 지도자들을 키워라

그리스어에서 무시케(*mousike*)는 오늘날 학문과 예술을 포괄하는 말로 교양 교육 또는 시민 교육을 가리킨다. 그러나 흔히 그것은 시가(詩歌)로 번역되는데 오늘날로 말하면 인문학 독서 교육이다. 당시에 글쓰기가 시의 형식으로 쓰였다고 생각되기 때문인 듯하다. 그들에게 시가 교육은 근본적으로 영혼을 위한 교육이다. 플라톤에 따르면, 시가의 리듬과 화음(*harmonia*)은 영혼의 내면에 가장 깊숙이 들어가 영혼을 가장 강력하게 사로잡는다고 믿었다. 만약 어떤 사람이 올바르게 교육받는다면 고상한 사람이 될 것이나, 그렇지 않다면 이와 반대의 사람, 폭력적이고, 무질서하고, 통제가 되지 않을 것이다.

인문학 독서 교육을 제대로 받은 사람은 아름다운 것들을 칭찬하고 즐거워하며, 이를 영혼 속에 받아들여 아주 훌륭한 사람이 된다. 그렇지 않으면 부모의 강요에 의해서 어려서부터 이유를 알기도 전에 이미 추한 것들을 비난하고 싫어하다가 마침내는 이유를 알게 될 때 비로소 받아들일 수 있다. 인문학 독서 교육의 목적은 아름다움에 대한 사랑이다.

그리스도인들에게 인간이 가장 훌륭하게(올바르게) 살기 위해서는 각자의 성향을 발견하여 그에 맞게 살아가야 한다. 그것은 통치자의 성향(혼)을 지닌 사람은 통치자로, 목수의 성향을 지닌 사람은 목수로 살아가는 것처럼 각자 자신이 지닌 성향에 맞춰 살아가는 것을 말한다. 그리고 이들은 한 가지 일에만 종사할 때 가장 훌륭하게 일을 해내므로 한 가지 일에만 종사하도록 해야 한다. 이렇게 각자의 일에 충실한 사람들은 점차 성향에 따른 분업의 효용성 때문에 조그만 공동체를 만들게 된다. 이것이 최소한의 나라이다.

이에 따라 '성향(*physis*)에 따른' 분업의 효용성 때문에 생기게 된 공동체는 '최소 필요 국가'에서 시작하여 '호사스러운 나라'로 확대되어 감으로써, 온갖 직업을 갖는 많은 사람이 사는 나라가 될 수밖에 없다 보니, 마침내는 영토 확장의 필요성이 대두된다. 결국 같은 상황을 맞게 되는 다른 나라와 전쟁을 하게 될지도 모를 경우에 대비하지 않을 수 없게 되어, 나라를 지키고 다스릴 수호자들, 오늘날로 말하면 군인들이 필요하게 된다. 이들이 수행해야 할 일은 다른 어떤 부류의 사람들이 맡을 일보다도 더 중요하며 그만큼 더 전문성을 요하는 것이므로, 이에 적합한 성향의 아이들을 선발해서 교육하는 일이 중대한 문제로 제기된다. 먼저 착수하게 되는 교육은 시가(詩歌) 교육, 즉 인문학 독서 교육이었다.

인문학 독서 교육은 모방을 유발한다. 수호자들은 모방, 즉 묘사하는 상황에 맞추어 행동과 말투 등을 흉내 내는 것에 능한 사람들이 되어야 하는가, 그렇지 아니한가? "수호자들이 다른 일체의 '전문기술(장인의 솜씨)'를 포기하고서, 엄밀한 뜻의 '자유의 일꾼(구현자)'들이어야만 한다. 그리고 이들은 국가를 수호하는 일에 기여하는 것이 아닌 그 밖의 어떤 것에도 매달려서는 안 되며 어떤 것도 모방해서는 안 된다. 그러나 모방을 할 경우에도, 이들에게 어울리는 것들을, 즉 용감하고 절제 있고 경건하며 자유인다운 사람들을 그리고 이와 같은 모든 것들을 어릴 때부터 모방해야 한다. 그러나 그 밖에 어떠한 창피한 것도 모방하려 해서는 안 되며, 이런 걸 모방하는 데 있어서 능한 사람들이 되어서도 안 된다."고 했다. 이들의 지도자들의 교육 철학은 하나님 나라를 추구하는 그리스도인에게 많은 통찰력을 준다.

소크라테스는 "시가와 관련된 것은 아름다운 것에 대한 사랑"이라 하면서 시가 교육의 중요성을 강조했다. 그리고 또한 다양성과 단순성의 폐해와 장점을 말하였는데, 만약 다양성이 시가와 체육에 있다면 각각 무절제와 질병을 낳고, 단순성이 시가와 체육에 있다면 혼의 절제와 몸의 건강을 낳는다고 하여 단순성을 강조하였다.

여기서 '시가 교육'은 곧 '시민교육', 교양교육이다. 이는 시가 교육을 통해서 청소년이 건전한 인격 형성과 함께 건전한 생각, 즉 그런 '의견'이나 '판단' 또는 '소신(doxa)'을 갖게 하고 이를 지키며 실천할 수 있도록 하는 교육이기 때문이다. 어찌 보면, 단련과 주입의 과정이다. 끊임없이 부딪치는 사태들에 대해서 이 주입된 소신에 의해서 생각하고 판단한다고 믿었다.

플라톤은 이상 국가와 이상적인 인간이 만들어지기 위해서는 교육, 특히 수호자에 대한 시가 교육이 중요하다고 생각하였다. 수호자는 국가를 위해 헌신하며, 국민 전체의 행복을 자신의 행복으로 여기는 사람으로서, 장차 나라의 지도자가 될 사람이다. 그래서 플라톤은 공공 정신이 투철한 수호자를 양성하고 교육하는 데 많은 관심을 두었다. 특히 시가 교육, 즉 음악 교육, 문학 교육과 체육 교육이 장차 수호자가 될 젊은이들에게 중요하다고 주장하였다.

고대 사람들도 시가 교육, 오늘날로 말하면 인문학 독서 교육은 탁월한 사람, 조화로운 사람, 탐구하는 사람, 소신 있는 사람, 자기 자리를 지키는 사람뿐만 아니라 행복한 사람 즉 자신의 역할을 잘하는 사람, 더 나가서 하나님의 성품을 닮아 가는 사람을 세우는 좋은 도구가 되었다. 우

기독교 세계관 렌즈로
인문학 읽기

리에게 이러한 좋은 전통을 이어받아서 인문학 독서 교육을 어떻게, 가령 산파술과 같은 방법론을 익혀서 하나님 나라를 세우는 지도자로 양육할 것인가에 과제만 남아 있는 것이다.

3. 지움: 훌륭함을 PLANTING 하는 독서 전략

1) 그리스도인들의 자녀 교육

그리스도인들은 자녀 교육을 어떻게 시킬 것인가? 기계적인 전문인 양성만을 목적으로 하는 대학교육이나 공교육에 맡길 것인가? 아니면 좀 더 낫다고 생각하는 인간을 진정한 인간답게 만드는 전인교육기관에 위탁할 것인가? 바울은 갈림길에 서 있는 현대의 그리스도인들에게 "(롬 12:2) 너희는 이 세대를 본받지 말고 오직 마음을 새롭게 함으로 변화를 받아 하나님의 선하시고 기뻐하시고 온전하신 뜻이 무엇인지 분별하도록 하라."고 권고한다.

예나 지금이나 부모들의 고민은 다르지 않은 것 같다. 바로 어떻게 하면 아이들을 훌륭하게 키울 수 있을까라는 문제. 하지만 현재 아이들을 훌륭하게 키우는 문제는 오직 더 높은 성적에만 초점이 몰려 있는 상황이다. 좋은 말로 전문인, 최고의 기술자로 키우기를 원한다. 그러면 최초의 학교가 발생했던 플라톤 시대 사람들은 자신의 아이들에게 무엇을 가르쳤을까? 학교라는 개념이 없었던 그 시대에 사람들은 자식들에게 무엇을 가르치려고 했는지 알게 된다면, 우리가 상실한 교육의 개념을 회복하여 새롭게 방향을 설정할 수 있을 것이다.

2) 정의—훌륭한 사람, 탁월한 사람

목수가 좋은 집을 짓기 위해서는 먼저 나무를 잘 알아야 하듯이 훌륭한 사람, 탁월한 사람을 세우기 위해서는 하나님께서 창조하신 인간 이해가 선행되어야 한다. 바울 사도는 데살로니가전서 5장 23절에서 인간을 육체와 혼과 영이 있는 존재로 보았다.

> **살전 5:23** 평강의 하나님이 친히 너희를 온전히 거룩하게 하시고 또 너희의 온 영과 혼과 몸이 우리 주 예수 그리스도께서 강림하실 때에 흠 없게 보전되기를 원하노라.

이 말씀을 분석해 보면 '평강의 하나님'이라고 한 것은 하나님이 예수 그리스도를 통하여 인간을 포함한 모든 피조물과 당신 사이에 평화를 이

룩하신 평화의 근원이시기 때문이다. '너희로 온전히 거룩하게 하시고'에서 '온전히'의 헬라어 '홀로텔레이스'는 그리스도인의 성품이 최종적으로 완전하게 됨을 가리킨다. 이러한 '성화(Sanctification)'는 내주(內住)하는 성령의 역사의 결과이다(롬 15:16). 영과 혼과 몸, 인간의 보편적 구성 요소가 온전히 정의, 즉 조화를 이룰 때에 비로소 온전함을 이룰 수 있고 그 결과 평강이 성취되는 것이다.

우선 몸은 순수하게 물질적인 부분, 즉 육신(body)은 다섯 가지 기능, 즉 오감을 가리킨다. 우리 사람의 영(spirit)은 세 부분, 곧 양심(conscience), 교통(fellowship), 직감(intuition)으로 구성된다. 양심은 우리로 옳고 그름을 감지하게 하며 또 그에 따라 우리를 책망하거나 옳다고 한다. 우리는 교통을 통하여 하나님을 접촉하고 그분과 교제할 수 있다. 그리고 직감을 통해 하나님은 우리에게 직접적이고 특별한 느낌 또는 우리의 이성, 환경, 상황, 선례를 넘어선 인식을 주신다. 이러한 세 가지 영의 기능, 양심(롬 9:1, 8:16), 교통(요 4:24), 직감(고전 2:11)은 성경에 명백히 묘사되어 있다.

사람의 인격을 나타내는 혼(soul)도 영과 마찬가지로 세 부분, 즉 생각(mind), 의지(will), 감정(emotion)으로 이루어져 있으며, 하나님 말씀은 이를 뚜렷하게 입증하고 있다. 성경은 생각이 혼의 일부분임을 일관되게 보여 주고 있다.* 육적인 사람은 가장 낮은 단계를 사는 사람이고, 혼적

*   예를 들어, 시편 기자는 "내가 주께 감사하옴은 나를 지으심이 심히 기묘하심이라 주께서 하시는 일이 기이함을 내 영혼이 잘 아나이다(시 139:14)."라고 하였다. 의심할 바 없이 지식은 생각에 속한다. 그뿐 아

인 사람은 그럴듯해 보이지만 자신의 힘에 의지하여 사는 사람이다. 영적인 사람이 되어야만 하나님과 교통하며 높은 차원의 삶을 유지하고 그분의 뜻대로 살 수 있는 것이다. 이러한 성경적인 인간 이해가 분명해야 인문학 독서 교육의 가치를 실현할 수 있다.

그래서 시가 교육은 영, 혼, 육의 부분을 모두 각각 특성에 알맞게 다루어야 훌륭함에 이르게 할 수 있다. 그러면 영, 혼, 육에 초점을 맞추어서 탁월한 그리스도인으로 양성하기 위한 독서 교육 내용을 분류하면 다음과 같다.

3) 비전-기독교 세계관 독서

기독교 세계관 독서는 관점독서이다. 정독, 속독, 속독 후 소감 작성, 앎에서 삶으로 실천과 같은 다양한 독서 방식 중에 하나가 관점(觀點) 독서이다. 관점 독서 방식에는 두 가지가 있다. 첫 번째 방법은 저자의 관

니라 예레미야애가 3장 20절 또한 "내 마음이 그것을 기억하고 내가 낙심이 되오나(원문 참조)"라고 말한다. 기억하는 것은 생각의 또 다른 기능이다. 이러한 구절들이 분명히 지적하는 인지하고 기억하는 혼의 부분이 바로 생각이다.의지 또한 혼의 일부분이다. 욥은 의지에 대하여 많은 것을 말하였는데, 예컨데 그는 "이러므로 내 마음이 뼈를 깎는 고통을 겪느니 차라리 숨이 막히는 것과 죽는 것을 택하리이다(욥 7:15)."라고 하였다. 그는 또한 "내 마음이 이런 것을 만지기도 싫어하나니…(6:7)."라고 하였다. 선택하는 것과 거부하는 것은 둘 다 혼의 한 부분인 의지의 기능들이다. 우리는 말씀으로부터 감정이 혼의 일부분임을 볼 수 있다. 아가 1장 7절에서 술람미는 그녀의 사랑하는 이에게 "내 마음으로 사랑하는 자야 … 내게 말하라."라고 말한다. 사무엘하 5장 8절은 다음과 같이 그 반대의 감정을 기록한다. "그날에 다윗이 이르기를 누구든지 여부스 사람을 치거든 물 긷는 데로 올라가서 다윗의 마음에 미워하는 다리 저는 사람과 맹인을 치라 하였으므로 속담이 되어 이르기를 맹인과 다리 저는 사람은 집에 들어오지 못하리라 하더라." 또한 시편 86편 4절에서 다윗은 감정의 변화를 체험하였는데, 그는 "주여 내 영혼이 주를 우러러 보오니 주여 내 영혼을 기쁘게 하소서."라고 하였다. 사랑과 미움과 기쁨은 분명히 감정의 표현이므로 감정이 혼의 세 번째 기능임은 분명하다.

기독교 세계관 렌즈로
인문학 읽기

점을 취하는 독서이다. 저자의 관점이 무엇인지를 살피며, 그것이 타당했을 때에는 설사 그 관점이 내 관점을 무너뜨리는 것이더라도 과감히 받아들이고, 더 나아가 내 안에서 발전시켜 보는 것이다. 소설의 경우는 각 등장인물의 관점으로 상황을 바라보게 되는데 이를 통해서 다양한 관점을 갖게 하는 유익이 있다. 특정한 관점을 가진 주인공은 어떠한 행동을 유발하는가를 살피는 독서법은 매우 유용하다.

도스토예프스키의 『카라마조프가의 형제들』에서 등장하는 세 명의 형제들의 관점을 비교하면서 읽기에 좋다. 심오한 사상과 다양한 주제 등, 내용면에서뿐 아니라 그 분량도 방대한 편이다. 독특한 개성과 사상을 대변하는 인물들이 빚어내는 비극적인 사건을 통해 도스토예프스키는 삶과 죽음, 사랑과 욕정 등 인간 존재의 근본 문제를 다루고 있지만, 가장 핵심적인 주제는 바로 하나님과 믿음, 즉 유신론적 관점, 무신론적인 관점에 대한 것이라고 볼 수 있을 것이다. "신은 있느냐 없느냐?" 절대자에 대한 믿음 유무에 대한 표도르의 질문과 각기 상반된 이반과 알렉세이의 대답에 따른 이들의 행동은 이 작품 전체를 관통하는 커다란 이슈로 제시함으로 한 사람의 세계관이 한 사람의 운명에 얼마나 지대한 영향을 미치는가를 보여 주고 있다.

두 번째 방법은 독자가 특정 관점을 갖고 책을 읽는 것이다. 선(先) 지식이 후(後) 지식을 지배한다는 말이 있다. 먼저 배운 지식이 후에 입력되는 지식을 판단하는 기준이 된다는 것이다. 가령 진화론을 먼저 배운 아이들은 창조론을 수용하기가 쉽지 않다. 아이들이 먼저 읽는 책은 백지 같은 마음에 지도를 그리는 일과 같다. 선 지식이 생각의 지형을 변화시켰기 때문이다. 이러한 책의 위험성은 이미 말했듯이 플라톤이 시가 교육을 시킬 때, 가장 유의했던 사항이기도 하다. 유대인들도 어린 아이들이 일반 교육을 받기 전에 토라 교육을 선행하는 것도 동일한 맥락이다. 왜냐하면 관점, 즉 세계관은 실재(reality)를 나타내는 지도와 같기 때문이다. 지도들이 다 그렇듯, 세계관이라는 지도 역시 정확한 지점을 딱 들어맞게 짚어 주기도 하지만 경우에 따라서는 엄청난 판단 착오를 불러오기도 한다. 그래서 "세계관 탐색적 독서법"으로 글을 읽을 때는 먼저 글이나 말을 통해 명확하게 드러난 사실부터 치밀하게 살펴야 한다.

제임스 사이어의 『어떻게 천천히 읽을 것인가』는 본래의 책 읽기의 방식에 변화를 줌으로서 독자로 하여금 책 읽기의 근본적인 목적을 생각하게 하였다. 독자는 책 속에 담겨져 있는 세계관을 파악하는 일이 중요하다. 책에는 저자의 세계가 담겨져 있기 때문에, 그 세계에 들어가서 종합적인 유익을 얻되, 결정적으로는 나의 세계관을 저자의 세계관과 견주어서 비판적으로 평가할 수 있어야 한다. 이것이 바로 제임스 사이어가 말하는 책 읽기의 목적이라고 지적한다. 그는 이러한 책 읽기가 가능하기 위해서 우선적으로 혹은 습관적으로 '천천히 읽는' 연습이 필요하다는 것을 강조한다.

기독 지성인들은 이 두 가지 독서법을 섭렵해야 한다. 첫 번째 독서법은 세상을 향한 시각을 확장해 주고, 두 번째 독서법은 다양한 혼합주의 함정에서 벗어나게 한다. 그러면 기독교 세계관적 관점을 가지고 독서를 한다는 것은 어떤 것을 의미하는가? 그것은 영적 독서이다. "너는 어디에 있는가?(창 3:9)", "너는 어찌하여 내가 악하게 여기는 일을 하였느냐?", "네가 무엇을 보느냐?(암 7:8)", "무엇이 선한가?(미 6:8)", "너의 아우 아벨(형제)은 어디에 있느냐?(창 4:9)", "모든 것을 버리고 고향(문화)을 떠날 수 있는가?(창 12:1)", "네 이름이 무엇이냐?(창 32:27-28)" 나는 누구인가? 인간은 만물의 척도인가? 존재론적인 문제, "너는 나를 누구라 생각하느냐(마 16:16)", 만물의 근원 문제, 구원의 문제, 영적 독서는 이와 같은 하나님의 질문에 인간이 결단하고 나가야 할 방향을 제시한다.

'질문(質問)'은 이 단계에서 다음 단계로 넘어가기 위한 문지방이며, 미지의 세계로 진입하게 해주는 안내자다. 위에서 제시한 하나님께서 말을 걸어오시는 질문은 결국 궁극적인 목적지에 이르게 할 것이다. 우리는 매순간 전혀 경험해 보지 못한 미지의 세계로 들어선다. 질문은 지금껏 매달려온 신념이나 편견을 넘어 낯선 시간과 장소에서 마주하는 진실한 자신을 찾기 위해 통과해야만 하는 문이다. 이 질문은 외부에서 오기도 하고, 자기 자신을 관찰하는 데서 오기도 한다. 이 같은 질문에는 마력이 존재한다. 새로운 삶을 찾으려 어둠의 골짜기를 헤맬 때, 사람을 통해서든 자연을 통해서든 들려오는 목소리에 귀 기울이는 영적 독서는 사람의 운명을 한순간에 바꾸어 놓기도 한다.

4)인격-마음을 밝히는 성품 독서

비전 독서가 관점 독서라면 성품 독서는 문사철(文史哲)을 통한 성품 독서이다. 성품 독서는 인격을 변화시키는 독서이다. 올바른 지식을 통찰함으로 자신을 변화시키는 것이다. 공자는 사람의 인품을 크게 세 가지로 나누었다. 첫째는 도덕을 인생의 목표로 삼는 사람들로서 이는 공자 자신이 추구하던 고매한 인품이었다. 둘째는 명예와 권력을 인생의 목표로 삼는 것으로 이는 보통 사람들이 추구하는 인품이었다. 그리고 셋째는 부귀와 재물을 인생의 목표로 삼는 것으로 이른바 저속한 사람들이 추구하는 인품이었다. 진평공은 나이를 초월한 인문학 독서의 당위성을 이렇게 말했다.

> 어린 시절부터 부지런히 공부하는 사람은 이제 막 솟아오르는 아침 태양처럼 앞날이 창창하고 중년에 공부를 시작하는 사람은 정오에 내리쬐는 태양처럼 비록 반나절밖에는 그 빛을 내리쬘 수 없지만 무척이나 강렬한 빛을 머금는다고 했다. 노년에 이르러서야 공부를 시작하는 사람은 촛불과 같아 감히 태양빛과는 견줄 수 없겠지만 캄캄한 어둠 속에서 앞을 못보고 헤매는 것보다는 천 배, 만 배 낫다고 생각한다.

동양 고대의 초·중등 교육기관인 '소학'에는 8세에서 14세의 아이들이 입학하여 공부했다. 이때 교육과정은 크게 6가지로 전해진다. 바로 '육예(六藝)'라고 하는 것이다. ① 예절, ② 음악, ③ 활쏘기, ④ 말타기, ⑤ 글자의 원리, ⑥ 수학, 6가지 과목을 배우는 과정이 '소학 과정'이다. 이는 오늘날에 초등학교에 해당된다. 이렇게 '지덕체'의 기본적인 소양교육을 마친 학생 중에서, 왕이나 귀족의 자녀, 혹 뛰어난 인재가 15세 이상 또는 20세 이상이 될 때 진학하여 배우던 고등 교육기관이 바로 '태학'이다. 이때부터 비로소 인문학을 공부하는 것이다.

사서삼경 중에 하나인 '대학'은 우리에게 '수신제가 치국평천하(修身齊家治國平天下)'라는 구절로 유명한 책이다. 그런데 수신(修身)에 앞서 4단계가 더 있다. '격물치지 성의정심 수신제가 치국평천하(格物致知 誠意正心 修身齊家 治國平天下)' 사서삼경을 공부할 때 가장 먼저 접해야 할 학문이 대학이란다. 대학은 바로 학문하는 목적과 자세를 제시하고 있기 때문이다. 격물치지(格物致知)란 격물(格物)은 사물의 이치를 쉬지 않고 연구하며 끝까지 따지고 파고들어 추구하여 목적에 도달하는 것을 이르는 말이다. 우리가 살아가는 세상의 이치가 어디에서 부터 오는 것인가를 확인하여 뜻을 찾아야 된다는 것이다. 치지(致知)란 격물의 과정을 거쳐서 어떤 사물의 도리를 깨달아 파악 하는 완성의 단계라 생각한다.

성의정심(誠意正心)에서 성의(誠意)는 치지 과정에서 어떤 이치를 깨닫게 되니 성의 곧 자신의 몸과 뜻을 바르고 진실하게 가꾸려는 노력이 필요하며 마음에 품은 뜻을 실행함에 있다는 것이다. 정심(正心)은 성의 과정에서 자신과 마음의 뜻을 다하게 되니 정심 곧 바른 마음을 쌓게 되고 행동으로 이어진다는 것이다.

수신제가(修身齊家)에서 수신(修身)이란 정심에서 마음을 바로 새롭게 잡으니 악을 물리치고 선을 행하며 마음과 행실을 바르게 닦아 수양함에 있다는 것이다. 제가(齊家)란 수신에 있어 마음과 행실을 바로 닦으니 자신의 마음을 다스리니 집안을 바르게 다스리게 된다는 것이다. 치국평천하(治國平天下)에서 치국(治國)이란 제가 과정에서 집안을 잘 다스리니 나라를 잘 다스릴 수 있게 된다. 평천하(平天下)란 나라를 다스리니 천지를 다스리고 천지를 다스리니 나라의 난리를 평온케 하는 능력이 길러져 하늘의 이치 아래 하나님의 뜻과 목적의 평화를 이루어 드릴 수가 있다는 것이다.

태학 과정에서 배우는 인문학은 마음을 밝히는 학문일 뿐만 아니라 하나님의 뜻을 이 땅에 실현하는 학문이다. 옛날 15세는 인격의 기본 소양을 닦는 '소학(小學)'을 마치고 '대학(大學, 태학)'에 들어가는 나이었다. 그래서 공자는 15세를 '학문에 뜻을 세우는 나이'라고 본 것이다. 그렇다면 '대학'에서 배우는 학문은 무엇이었을까? 대학은 나라를 경영할 인재를 배양하는 곳이다. '양심'을 온전히 계발하여 나를 닦고 나서 남을 다스림(섬김, 봉사), 즉 '수기치인(修己治人)'의 실질적인 능력을 배양하는 곳이 바로 대학이었다.

'인의예지(仁義禮智)'의 덕목을 갖춘 우리의 '양심'을 온전히 계발할 수 없다면 '수기치인(修己治人)'은 불가능하다. 나와 남을 둘로 보지 않는 마음인 측은지심(惻隱之心)을 배양하고 양심에 걸리는 일을 혐오하는 수오지심(羞惡之心)을 배양하며, 나와 남의 조화를 추구하는 사양지심(辭讓之心)을 배양하고, 옳고 그름을 명확히 분별하는 시비지심(是非之心)을 배양하여 수기치인의 능력을 배양하는 것이 지도자의 학문이다. 그래서 15세에 진정으로 '양심을 밝히는 학문'에 뜻을 확립하게 된다(입지[立志]).

　30세가 되면 대학을 졸업하고 사회에 진출하게 되었다는 것은 '양심을 밝히는 학문'이 확립되었다는 의미가 된다. 그래서 30세를 학문이 확립된 나이라고 본 것이다. 대학을 졸업할 나이가 되었기에, 양심에 따라 나와 남을 경영하는 학문의 뼈대가 확립된 것이다. 그러나 양심을 밝히는 학문, 인문학은 사회에 나가 실전 경험을 쌓을 때 비로소 온전해지고 정밀해진다.

5) 실력-전문성을 계발하는 실학 독서

　세계관을 확립하는 독서가 유대인들의 교육의 특징이라면 마음을 밝히는 성품 독서는 자기를 변화시키는 독서로 동양 교육의 특징이다. 전문성을 계발하는 실학 독서는 서양의 실용사상에 기초를 둔 학문으로서 세상을 변화시키는 독서라 할 수 있다. 실학 독서는 한 분야에 전문성을 계발하는 독서이다. 정약용은 실학 독서에 대해서 이렇게 말했다.

> 실학에 마음을 두고 옛사람들이 나라를 다스리고 구했던 글들을 즐겨 읽도록 해야 하나. 마음에 항상 만백성에게 혜택을 주어야겠다는 생각과 만물을 자라게 해야겠다는 뜻을 가지고 있은 뒤라야만 바야흐로 참다운 독서를 한 군자라고 할 수 있다.

　정약용 선생의 생각은 영국의 사회 비평가인 존 러스킨(John Ruskin,

1819-1900)의 생각과 비슷하다. 러스킨은 예술은 도덕적 윤리적 사회적 기준이 되어야 한다고 주장했다. 반면에 『잃어버린 시간을 찾아서』를 쓴 프랑스의 소설가 마르셀 프루스트(Marcel Proust, 1871-1922)는 예술은 도덕적 임무를 띠고 사회정의 실현하는 도구가 아니라 진리를 발견하고 개인의 삶을 영원으로 승화할 수 있는 유일한 해법이라고 생각했다.

실학 사상이 집약되어 있는 것으로 평가되는 작품으로 조선 후기에 박지원(朴趾源)의 한문소설 『옥갑야화(玉匣夜話)』이다. 이 책의 주인공 허생은 남산 묵적골에 살고 있던 몰락 양반이다. 그는 독서인(讀書人)이다. 두어 칸짜리 초가집은 비바람을 가리지 못할 만큼 초라했지만, 허생은 글공부만 할뿐 돈벌이에는 통 관심이 없는 답답한 인물이었다. 삯바느질로 생계를 꾸려 가던 아내는 견디다 못해 차라리 나가서 도둑질이라도 해오라고 면박을 주었다. 이에 자존심이 상한 허생은 10년을 채우리라 결심했던 글공부를 집어치우고 7년 만에 집을 뛰쳐나오고 말았다.

막상 집에서 나오기는 했지만 과거를 보기에는 실력이 모자라고, 장인 노릇을 하기에는 기술이 없어 막막하기는 매한가지였다. 허생이 궁리할 수 있는 마지막 방법은 장사치 노릇을 하는 일이었다. 장사는 특별한 기술이 없어도 될 것이라 생각하였기 때문이다.

하지만 문제는 자금이었다. 누구에게 돈을 빌릴까 궁리하던 허생은 서울에서 제일 큰 부자를 수소문하였다. 마침 어떤 이가 변 씨 성을 가진 사람이 제일 부자라고 귀띔해 주었다. 허생은 호기롭게 바로 변 씨를 찾아가 장사 밑천으로 만금을 빌려 달라고 요청하였다. 변 씨는 차용증 하나 받지 않고 만금을 빌려 주었으며, 허생은 감사하다는 말 한마디 없이 돈을 받아 유유히 사라졌다.

허생이 변 씨에게 빌린 돈이 은인지 동전인지는 명확하지 않지만 동전으로 본다면 현재 가치로 약 2억 원이 된다. 은이라면 8억 원에 해당한다. 변 씨에게서 빌린 만금으로 돈을 벌 궁리를 하던 허생이 착안한 방법은 매점매석이었다. 허생은 물품 유통의 중심지인 안성에 머물면서 우선 대추, 밤, 감, 배, 감자, 석류, 귤, 유자 등의 과일을 두 배로 값을 쳐서 모두 거둬들였다. 허생이 과일을 모두 사들이자 온 나라가 야단이 났다. 그토록 중요하게 생각하는 제사상에 올릴 과일을 구할 수가 없었기 때문이다. 그러자 상인들이 이번에는 거꾸로 열 배의 값을 주고 과일을 다시 사 갔다. 허생이 많은 돈을 벌었음은 물론이다. 아홉 배를 남겼으니 재산은 10만 냥으로 불어났다.

그렇게 많은 이익을 남겼다면 장사를 그만두고 고향에 돌아갈 법도 한데 허생은 거기에서 그치지 않았다. 매점매석에 재미를 붙인 허생은 이번에는 제주도로 들어가 망건의 재료인 말총을 모두 사서 모았다. 조선시대에는 성인이라면 모두 상투를 틀고 망건을 써야 했으므로 이 역시 매점매석할 가치가 충분한 품목이었다. 허생의 예측은 그대로 적중하여 이번에는 망건 값이 열 배로 치솟았다. 말총을 사들이는 데 얼마나 들었는지 알 수 없지만 어림잡아도 허생의 재산은 수십만 냥으로 불어났다. 지금의 상식으로는 도저히 이해할 수 없는 광경이다.

그는 물건을 사는 것마다 많은 이윤을 남겨 많은 돈을 벌었다. 가는 곳마다 인심도 얻었다. 물욕으로 타락하지 않았다. 그가 성공할 수 있었던 비밀은 과거를 위한 공부가 아닌 실학 독서 7년에 있었다. 그는 독서를 통해서 조선사회의 상황을 꿰뚫고 있었다. 그가 선택한 물건품목을 보라. 그것을 적절하게 매매할 타임을 보라. 그리고 당시의 다른 도매업자들과 충돌하지 않은 것을 보라. 무역제도가 없는 조선의 경제적인 상황에서 수요와 공급의 물량을 정확하게 인지하고 있었다. 도매시장의 관습, 당시 나라의 법률 등을 모두 읽어 내고 있었던 것이다. 만약 그가 목적한 10년이라는 기간 동안 독서한다는 목적은 채우지 못했지만 7년간의 독서를 통해서 돈을 벌 수 있는 능력뿐만 아니라 돈을 벌어야 할 이유를 확실하게 알고 배웠다. 그가 비록 남산골에 방 두 칸짜리 오두막에서 앉아 가난뱅이 신분을 면치 못하고 있었지만 창문을 통해서 세상을 "앞아서 삼천리(三千里), 서서 구만리(九萬里)"를 보고 있었다. 이와 같이 실학 독서는 세상을 바꾸기 위한 세상 읽기 독서법이다. 세상을 좀 더 살 만한 곳을 바꾸기 위해 고투한 것은 옛사람이나 지금 사람이나 다를 게 없다.

이러한 실학 독서는 현대로 이어진다. 페이스북 창시자 마크 주커버그 (Mark Zuckerberg)는 그리스 라틴 고전을 원전으로 읽는 것이 취미다. 스티브 잡스(Steve Jobs) 또한 인문 고전을 즐겨 읽으며 그것에서 창조의 아이디어를 잉태했다. 일본의 소프트뱅크 리더 손정의 또한 대학 시절 손자병법을 수없이 읽었다. 세계를 주름잡는 지도자들은 자신들의 성공 비결이 인문학 독서에 있음을 강조한다. 왜 그런가? 인문학을 통해 배운 인간에 대한 깊은 이해와 성찰이 결국은 자신의 분야에서 최고가 될 수 있는 역량을 발휘하게 했다는 주장이다.

실학 사상의 대표주자 정약용의 실학 독서 뒤에는 다산이 개발한 삼박자 독서법이 있다. 그의 정치, 경제, 법률, 산업, 의료와 같은 위대한 업적 뒤에는 탁월한 독서 전략이 있었던 것이다. 안계환의 『다산의 독서 전략』에 다산의 삼박자 독서법이 소개되어 있는데, 그것은 '정독(精讀)'과 '질서(疾書)'와 '초서(抄書)'다.

'정독'이란 글을 아주 꼼꼼하고 세세하게 읽는 것을 말한다. 한 장을 읽더라도 깊이 생각하면서 내용을 정밀하게 따져서 읽는 것이다. 관련 자료를 찾아보고 철저하게 근본을 밝혀내는 독서법이다. '글에 집중하고 한 가지 사실을 공부할 때는 관련된 다양한 다른 책들을 함께 읽어 균형 잡힌 시각을 갖되, 그중 대표되는 책을 여러 번 깊이 읽어 그 뜻을 정확히 이해해야 한다.'고 다산은 말한다.

'질서'란 책을 읽다가 깨달은 것이 있으면 잊지 않기 위해 적어 가며 읽는 것을 말한다. 즉 메모하며 책을 읽는 방법이다. 언제 어디서나 책을 읽을 때면 메모지를 갖추어 두고 떠오르는 생각이나 깨달은 것이 있으면 잊지 않기 위해 재빨리 적어야 한다. 질서는 독서를 할 때 중요한 질문과 기록을 강조하고, 학문의 바탕을 세우고 주견을 확립하는 데 도움을 주는 자발적이고 적극적인 독서법이다. 다산은 기록을 중요하게 여겼는데, 흔들리는 배 위에서도 쉴 새 없이 붓을 들어 메모하고 또 시를 지었다. 특히 경전 공부를 할 때 의심했던 부분에 대한 답을 얻게 되면 그 순간 놓치지 않고 메모하고 기록했다고 한다.

'초서'란 책을 읽다가 중요한 구절이 나오면 이를 베껴 쓰는 것을 말한다. 아들 학유에게 보낸 편지 글에서 초서의 방법을 자세히 말하고 있다.

> 독서할 때는 어떻게 해야 하느냐? 한번 쭉 읽고 버려둔다면 나중에 다시 필요한 부분을 찾을 때 곤란하지 않겠느냐? 그러니 모름지기 책을 읽을 때는 중요한 일이 있거든 가려서 뽑아서 따로 정리해 두는 습관을 길러야 할 것이다. 허나 책에서 나한테 필요한 내용을 뽑아내는 일이 처음부터 쉬운 일은 아닐 것이다. 먼저 마음속에 무엇이 중요하고 무엇이 내게 필요한 내용인지 일정한 기준이 있어야 하지 않겠느냐? 곧 나의 학문에 뚜렷한 주관이 있어야 하는 것이란다. 그래야 마음속의 기준에 따라 책에서 얻을 것과 버릴 것을 정하는 데 곤란을 겪지 않을 것이야. 이런 학문의 중요한 방법에 대해서는 앞서 누누이 말했는데 너희가 필시 잊어버린 게로구나. 책 한 권을 얻었다면 네 학문에 보탬이 되는 것만을 뽑아서 모아 둘 것이며 그렇지 않은 것은 하나 같이 눈에 두지 말아야 한단다. 이렇게 하면 100권의 책도 열흘간의 공부에 지나지 않을 뿐이다.

초서는 이처럼 주제를 정하고 필요한 부분을 발췌하며 이를 조직함으로써 자신만의 지식을 얻을 수 있는 방법이다. 다산은 초서를 함으로써 600권이란 엄청난 양의 책을 쓸 수 있었다. 책을 읽는 목적이 분명해야 텍스트에 대한 경중을 구별할 수 있고 취사선택도 쉬워진다. 이것이 실학 독서의 배경이다. 다산은 초서를 할 때 주제 정하기-목차 정하기-뽑아서 적기-엮어서 연결하기의 4단계를 거쳤는데, 거기에 경험을 버무리면 하나의 실용 작품이 나오는 것이다.

이제는 읽기만 하는 죽은 수동적인 독시 교육은 그쳐야 한디. 제대로 읽고 말하고 표현할 줄 사람이 새로운 세상을 이끈다. 수많은 사람들이 새로운 시대를 살기에 독서 말고는 방법이 없다고 독서를 강조한다. '제4차 산업혁명' 시대를 살아갈 아이들이 지식과 정보를 머릿속에 입력만 하는 기존의 수동적 독서 방식으로는, 급변하는 사회가 필요로 하는 인재가 되기 어렵다. 질문에 답만을 찾는 방식으로는 '초연결'과 '초지능'을 통해 모든 분야의 경계가 허물어지는 시대에 적응하기가 힘들기 때문이다. 새로운 세상에는 스스로 생각하고 그것을 표현하며 새로운 것과 연결하는데 정약용 선생의 삼박자 독서법은 실학 독서의 핵심전략이다.

6) 훌륭함에 이르게 하는 인문학 독서 교육

10대 이전의 독서는 사상가를 만들고, 20대 이전의 독서는 지도자를 만들고, 20대 이후의 독서는 전문가를 만든다는 말이 있다. 이 말은 10대 이전의 독서는 세계관을 형성시키는 시기이고 20대 이전의 독서는 경험에서 습득된 지식에서 벗어나 올바른 지식을 통찰함으로 자기를 확장시키는 시기이기 때문이다. 20대 이후에는 사회에서 자신의 역할을 찾는 시기라는 특성 때문이리라. 요즘 20대에 대학에서 하는 공부를 보라. 모두가 의사, 변호사와 같은 전문성을 계발하기 위한 공부가 아닌가? 이제는 그 이상, 사상가나 지도자와 같은 영역으로 확장할 사상적 토대를 만들 시간이 이미 지난 시기가 된 것이다.

유대인들에게 조기에 세계관과 지혜 교육 그리고 일인일기(一人一技) 교육과 같이 학문하는 태도는 주목할 만하다. 이들은 아이가 처음으로 토라와 탈무드를 익힐 때 그 책에 꿀을 발라 아이에게 입맞춤을 하게 한다. 그 이유는 토라와 탈무드의 말씀이 꿀보다 달고 또한 독서가 꿀처럼 달콤하다는 것을 가르쳐 주는 데 있기 때문이다. 이는 10대 이전에 인문학을 공부하기 전에 관점 독서, 즉 세계관 교육을 우선적으로 시도하고 있는 것이다.

이들은 탈무드에서 자녀 특히 남자 아이에게 기술을 가르치지 않는 것은 도둑질을 가르치는 것과 같다는 말이 있다. 유대인들은 어느 누구를 막론하고 남자 아이라면, 어떤 상황에 처해도 먹고 살아갈 수 있는 일인일기(一人一技), 한 가지 기술을 갖게 했다. 마이모니데스(Moses Maimonides, 1135/1138-1204)라는 중세 최고의 랍비는 의사였다. 예속에 맞선 자유의 철학인 스피노자(Baruch de Spinoza)는 렌즈 깎는 기술자였다. 평생 토라와 탈무드를 연구하는 랍비들도 반드시 자기 생계를 위한 하나의 기술을 배우게 했다. 특히, 유대인들이 자기가 사는 지역 사람들로부터 핍박을 받아 언제 쫓겨날지 모르기 때문에, 그들이 배우는 기술은 의식주에 관련된 생계형 기술이나, 금은 세공이나 렌즈 가공 기술 같은 작고 가벼운 기술이 많았다.

유대인들의 토라 교육의 가장 중요한 점은 대답을 위한 독서가 아니라 질문 독서이다. 토라의 내용을 암기하는 것이 아니라 그것을 읽을 때 우리 마음속에 일어나는 질문을 만드는 일이다. 그리고 그 질문을 가지고 일상의 삶에서 그 질문에 대한 답을 찾아보면서 생활에 적용해 보는 실천력까지 요구한다. 그런 의미에서 인문학 교육은 실천으로 귀결되어야 한다. 이러한 전통들은 헬라인들도 '시가를 통한 교육(양육)이 가장 주요한 것은 리듬과 선법(화음)이다. 이러한 시가 교육은 혼의 내면으로 가장 깊숙이 젖어들며 우아함을 대동한다는 것을 알았기 때문이다. 그리고 산파술로 알려진 질문학습 방법도 유대인들과 다를 바가 없다. 이러한 전통은 불행하게 산업사회로 진입하면서 실용주의 사상이 지배적인 사상으로 자리를 잡음으로 파괴되고 말았다.

헬라인들이나 유대인들이 공히 훌륭함에 이르게 하기 위해서는 독서를 도구로 삼았다. 책은 인류가 남겨 준 유산이기 때문이다. 하지만 책을 읽는 것 그 자체보다는 책을 어떻게 다루느냐, 독서 전략이 중요하다. 관점 독서, 마음을 밝히는 수기치인(修己治人) 독서, 전문성을 계발을 위한 실학 독서는 한 인격의 영(spirit)과 혼(soul)과 육(body)의 정의를 이루는 중요한 독서 교육이다. 이러한 내 안에 정의를 이루는 독서는 지식을 아우르는 지혜와 옳음에 대한 용기, 허생처럼 탐욕을 절제하는 덕목을 이루게 하여 한 인격을 훌륭함에 이르게 할뿐만 아니라 세상을 이롭게 한다. 따라서 바른 독서 교육은 영혼을 가장 강력하게 사로잡기 때문에 바르게 독서 교육을 받는다면 고상한 사람으로, 세상 문화의 도전에 자기결정력으로 응전한 모세, 다니엘, 예수, 바울과 같은 문화 창조자, 즉 이 세상을 변화시킬 창조적 소수(creative minority), 하나님께서 그루터기로 사용하신 렘넌트(remnant, 남은 자), 탁월한 사람으로 세워질 것이다.

4. 따름: 벤자민 프랭클린의 삶

벤자민 프랭클린을 인문 독서 교육을 통해서 훌륭함에 이르는 모델로 제시하고자 한다. 『대영백과사전』에서 10여 쪽에 기술된 벤자민 프랭클린의 이야기는 다음과 같이 시작된다.

> 벤자민 프랭클린은 18세기의 미국인 가운데 조지 워싱턴 다음으로 저명한 인물일 것이다.

그는 미국의 독립 시기에 활동한 워싱턴(1732. 2. 22.-1799. 12. 14.), 패트릭 헨리(1736. 5. 29.-1799. 6. 6.), 제퍼슨(1743. 4. 13.-1826. 7. 4.)보다 적어도 한 세대는 먼저인 사람이며 독립전쟁 당시 이미 환갑이 넘은 나이였다. 그러나 그가 현재까지의 모든 미국인에게 준 정신적 영향은 위에 든 세 사람보다 크다고 생각한다. 그 이유가 무엇일까?
그가 저술한 『덕의 기술』에 이런 글들이 나타난다.

> · 성공은 돈이나 지위가 아니라 그 사람의 선행으로 판단해야 한다.

- 사람은 덕 있는 삶, 스스로 만족하는 삶을 살 때에만 행복하다.
- 덕을 쌓기 위해서는 좋은 계획과 끊임없는 노력이 필요하다.
- 올바르게 번 돈만이 은혜이다.
- 올바른 생각 속에서 올바른 행동이 나온다.
- 건강은 되찾기보다는 지키기가 훨씬 쉽다.
- 진실과 정직이 부족하면 모든 것이 부족하다.
- 이웃과 잘 지내라.
- 모든 인간관계에서 가장 중요한 것은 가족이다.

그의 책을 통해서 알아본 플랭클린의 삶은 신앙에 기초한 소명을 가지고 있으며, 진정으로 좋아하며, 사회와 인류를 윤택하게 하는 일을 선택하고, 그 일을 이루기 위해서 끊임없이 계획하고 노력하며, 돈을 쫓기보다는 돈을 통한 사회의 베푸는 것에 더 많은 시간을 할애하고, 항상 건강한 몸과 정신을 유지하기 위해 노력하며, 바람직하고 윤택한 인간관계를 위해서 비난과 비판보다는 칭찬으로 사람들을 대하고 가족들에게 신실한 그런 삶이였다.

프랭클린의 전기를 보면 "미국은 어떻게 큰 나라가 되었는가?"라는 의문을 어느 정도 풀 수 있다고 생각한다. 근면에 대한 믿음, 성실성, 올바른 이익의 추구 등 자본주의가 타락하지 않고 발전할 수 있는 모든 조건을 철저히 믿고 있으며 아주 평범한 말로 자연스럽고 설득력 있게 타이르고 있다. 이러한 사람들을 신봉(信奉)하는 사회가 부를 쌓아 자본주의를 성장시키는 것은 당연하다고 생각한다.

누구나 꿈꾸는 그의 인생 역전 프로젝트가 가능했던 근원적인 힘은 인문 독서를 통한 철저한 근검절약의 실천이다. 13가지의 덕목과 규율을 정하고 '자연스러운 습관'으로 갖기 위해 덕 목표를 만들어 스스로 게으름을 채찍질했다. 결국 밑바닥 인생에서 시작해 오직 노력만으로 자수성가했다.

인간 형성의 가장 중요한 시기인 청소년기에 있어서 인문학 독서는 올바른 삶을 보여 주고, 인도해 주는 정신적인 행위라고 할 수 있다. 어떻게 보면 청소년기의 인문학 독서는 가장 소중한 정서적 체험이며 교양적인 체험인 것이다. 그것은 이 시기의 인문학 독서에서 받은 강한 인상이 어른이 되어서도 잊지 못하고 일생동안 하나의 계시처럼 항상 마음의 심층부에 남아 있게 되고, 이것이 원동력이 되어 한 개인의 일생과 운명을 바꾸어 놓을 정도로 강한 영향력을 가지게 될 것이다.

토론 과제

1. 비움: 두 왕국을 살아가는 사람들

- "교육은 사람을 목수(전문가)로 만드는 것이라기보다는 목수를 사람으로 만드는 것입니다." 이 말이 담긴 의미를 기독교 세계관의 관점으로 생각해 보라.

- 그리스도인들은 두 왕국에서 살아가는 사람들이다. 그래서 교육의 주도권을 누가 가지고 있느냐가 매우 중요하다. 교육적인 측면에서 유대 공동체의 위대함에 대해서 생각해 보자.

- 최초의 학교가 발생했던 플라톤 시대 사람들은 자신의 아이들에게 기술인가? 용기인가? 이 둘을 두고 고민했던 것 같다. 현대인들에게 기술은 무엇이고, 용기는 무엇인가? 현대인들은 이 둘을 어떻게 조화시킬 수 있을까?

2. 채움: 훌륭하게 키워라

- 그리스의 운동 정신은 호메로스 영웅들이 추구한 훌륭함(Arete) 정신이 바탕이 되었다. 그리스인들의 훌륭함이란 무엇이며, 그 훌륭함에 이르기 위해 어떤 노력을 해야 하는가?

3. 지음: 정의, 비전, 인격, 실력

- 탁월함, 훌륭함에 이르기 위해서 그리스도인들에게 배울 수 있는 지혜
  는 무엇인가?

4. 따름: 벤자민 프랭클린의 삶

- 미국하면 링컨, 워싱턴, 제퍼슨, 마틴 루터 킹 목사와 같은 인물들을 생
  각하는데 벤자민 프랭클린은 어떤 면에서 미국을 상징하는 인물이 되
  었다고 생각하는가?

기독교 세계관 렌즈로
인문학 읽기

4부

기독교 세계관 렌즈로 인문학 읽기

1. 비움: 죽느냐 사느냐

1) 죽느냐 사느냐

구약성경 에스더서에서는 하만의 세계관과 모르드개의 세계관이 충돌하고 있다. 하만은 운명을 자신의 야망과 능력과 갖가지 노하우와 사람들과의 관계에서 이루어지는 처세술로 인식하는 인물이다. 이런 세계관은 이스라엘을 제외한 고대의 모든 세계에 팽배한 세계관의 한 부분이었다. 이런 세계관에서 신(神)은 자신의 처세술로 이용할 하나의 도구에 지나지 않는다. 신에게 제사하고 제물을 바치고 봉사하는 신앙의 행태조차도 그 신을 이용하거나 자신의 의도대로 인생을 움직이려는 자기중심적인 태도에서 나오는 세계관이다.

다른 하나의 세계관은 모르드개와 에스더에게서 나타나고 있다. 자신들이 현재 처해 있는 위치와 형편, 지위와 할 일들은 하나님의 뜻과 의도에 따라서 진행되고 있다는 세계관을 가지고 있다. 자신에게 처한 상황이 아무리 불리한 상황이라 할지라도 현재의 자신들이 처한 이 악한 이 상황이 하나님의 선하심을 반영하기 위하여 존재한다는 세계관이다. 그 것은 모르드개가 에스더에게 "네가 왕후가 된 것이 이 일을 위함인지 아 느냐?"라고 묻는 것에서 이들의 세계관은 분명해진다. 에스더가 왕후가 된 것은 하나님의 선하신 섭리를 이루기 위해서라는 것이다. 모르드개는 하만이라는 인물을 통해서 시작되고 있는 모든 유대 민족을 죽이겠다는 위협은 하나님의 선하심을 보이시기 위한 하나님 계획의 일환으로 보는 세계관을 가지고 있다.

"죽으면 죽으리라."는 에스더의 단호한 결단을 들은 삼촌 모르드개나 유대인들의 반응은 매우 충격을 받았을 것이다. 자신들의 삶이 단순히 힘들어지거나, 어려워지거나 곤란한 상황 정도가 아니라 더 이상은 어떻 게 해 볼 수 없는 절망의 순간이 왔기 때문이다. 본문 속에서 유대인들에 게 벌어진 사건은 매우 충격적이고 경악스러운 일이었다. 마치 대한민국 에서 오늘 하루 동안 주일 예배를 드리러 온 사람들은 모두 죽여도 되며, 그들의 집은 방화해도 되고, 재산을 몰수하고 직장을 박탈당해도 된다고 허락하는 법이 제정된 것이다.

에스더 입장에서 보면 자신도, 자신이 직면해 있는 상황도 매우 어렵 다. 비록 황후로 있다고 해서 편안한 상황만은 아니었다. 오히려 모르드 개가 생각하는 것보다 더 이해하기 어렵고 힘든 상황일 수도 있다. 그러 나 분명한 것은 모르드개가 에스더에게 전한 말이다.

"지금 당신의 위치가 이날을 위한 것인지 어찌 알겠는가?"

기독교 세계관 렌즈로
인문학 읽기

그 말은 당신의 현재 위치와 현재 형편과 지금의 극도의 고통이 하나님께서 준비한 일인지 모르는가? 이 말은 에스더에게 죽음을 받아들이도록 요청하는 것이다. 에스더는 모르드개의 요청에 '죽으면 죽으리라'는 결단을 내릴 때, 그녀는 이미 죽음을 경험한 것이다. 에스더의 세계관과 모르드개의 세계관이 일치되지 않으면 경험할 수 없는 사건이었다. 그녀가 비록 육체적 죽음을 맛보지 않았다 하더라도 그에게는 이미 죽음이 지나간 것이다. 그에게 있어서 이후의 시간은 죽음에서 다시 살아난 것과 같은 그런 순간인 것이다. 이같이 세계관은 인생의 방향을 제시한다.

성경에는 단지 두 세계만이 존재한다. 한 세상은 모르드개나 에스더가 속한 하나님의 세계이고 또 다른 세상은 하만이 속한 시저(Caesar)의 세계이다. 하나는 하나님이 만물과 모든 상황의 주(主)라는 세계관이고 다른 하나는 그분이 주(主)가 아니라는 세계관이다. 이 두 세계는 서로 가는 길이 다르다. 주님은 예루살렘에 들어가는데 어린 새끼 나귀를 타고 입성하셨지만 시저가 루비콘 강을 건널 때에는 군마를 타고 입성한 것처럼 말이다. 시저의 길은 위세 당당하게 힘을 앞세워 진군하며 정복하여 이 땅의 제국을 이루는 방법이다. 하지만 주님이 가신 길은 하나님의 뜻이 하늘에서 이루어진 것처럼 땅에서도 이루어지는 그 세계를 이루기 위한 길이었다.

이분법적으로 보는 세계관은 철학에서는 '하나이거나 다양함'이고, 과학에서는 물질이냐 비물질이냐, 보이느냐 보이지 않느냐를 의미한다. 신학에서는 일시적이냐 영원하냐, 하늘의 것이냐 땅의 것이냐를 논하고,

실존주의는 본질보다 실존의 세계를 강조하고 공산주의는 보이는 세계를 강조한다. 힌두교, 불교, 이슬람은 이 세상은 실재가 아니며 실재는 보이지 않는 세계 안에 있다고 말한다. 합리주의에서는 측정할 수 있으면 실재라고 말한다.

하지만 성경의 하나님은 '대립하는 것'은 없다고 말씀하신다. 만물이 그 안에 함께 선다. 하나님 나라에서 교회는 만물의 머리이고, 그리스도는 교회의 머리가 되시기 때문이다. 모든 것은 그분으로 말미암아 창조되었고 그분을 위해 창조되었으며, 예수 그리스도의 피 흘림으로 그분과 화목하게 되었다.

성경은 이 두 나라를 이분법적 사고로 멀어진 하나님 나라의 요소를 다시 결합시켜야 한다고 말씀한다. 예수 그리스도 아래 우리가 빛의 나라에서 살 유일한 방법은 주 되신 예수 그리스도 아래 모든 것을 통합하는 것이다. 성스러운 것과 세속적인 것을 나누려는 이분법적인 어두운 생각도 없애야 한다. 그분은 하늘의 하나님도 땅의 하나님도 아니다. 그분은 하늘과 땅의 하나님이시다. 하나님은 보이는 것보다 보이지 않는 것에 더 관심을 두지 않으신다. 그분은 과학과 기도의 하나님이다. 인간 피조물을 구속하실 뿐 아니라, 물질 피조물도 구속하신다. 모든 새, 모든 종(種), 모든 식물을 돌보신다.

2. 채움: 구조와 방향

1) 세계관(world-view)이란?

　일반적으로 세계관(world-view)은 이 세계를 바라보는 눈, 즉 세상을 보
는 관점(perspective)을 지칭하는 말이다. 가령 '성공이란 무엇인가?'라고 했
을 때 그에 대한 대답은 사람마다 다르다. 어떤 사람은 돈을 많이 버는
게 성공이라고 말하기도 하고 어떤 사람은 자신에게 주어진 미션을 이루
는 것을 성공이라고 한다.

　인류는 두 차례의 세계대전을 겪으면서 전래의 상투적 대립구조 속
에서는 더 이상 인류의 공생공영을 추구할 수 없다는 자성이 일면서
새로운 생존 패러다임을 모색하기에 이른다. 새뮤얼 헌팅턴(Samuel P.
Huntington)은 『문명의 충돌』에서 세계를 우리가 알고 있는 개별 국가가
아닌 서방과 라틴아메리카, 이슬람, 힌두교, 유교, 일본 등 7-8개의 문
명들로 나누고, 국가 간 무력 충돌이 발생하는 것은 이념이나 이해관계
의 차이가 아니라 전통, 문화, 종교적 차이 때문이라고 설명한다. 그는

문명의 충돌로 생기는 분쟁을 해결하기 위해 서로의 차이와 다양성을 존중하는 관용의 자세를 가져야 하고, 모든 문명권에서 통용될 수 있는 자유, 평등, 인권, 공동체에 대한 헌신 등의 정신적 가치 체계에 대한 합의와 공유를 모색해야 한다. 또한 문명의 다양성을 수용하면서 동질성을 모색하는 작업을 통해 새로운 패러다임인 지구 공동체 윤리를 마련해야 한다고 말함으로 새로운 세계관의 틀을 제시하고 있다. 그는 문명의 충돌은 이해관계의 충돌이라기보다는 세계관의 충돌로 바라본 것이다.

에스더나 모르드개, 이들과 대립되는 하만의 싸움은 두 사람 간의 충돌이 아니라 두 세계관의 충돌이다. 그러면 이들이 가지고 있는 세계관은 어떻게 형성되었는가?

세계관은 들었던 이야기, 만나는 사람, 경험한 것들, 보는 것들을 통해서 자연스럽게 형성이 된다. 모르드개는 베냐민 사람 기스의 증손이며, 시므이의 손자이며, 야일의 아들이다(에 2:5). 바벨론 왕 느부갓네살이 예루살렘에서 유다 왕 여고냐와 백성을 사로잡아 갈 때에 모르드개도 함께 사로잡혀 갔던 사람이기에 유대인들이 가지고 있는 세계관을 그대로 전수받았다. 모르드개의 삼촌의 딸 에스더는 부모가 없으므로 모르드개가 자기 딸같이 양육하였다. 에스더는 모르드개의 가르치는 대로 행하여 바사 왕 아하수에로 왕비가 되었다. 에스더는 모르드개를 통해서 유대인의 세계관 영향을 받았기에 개인의 운명보다는 자신의 민족의 운명을 먼저 생각했을 것이다. 그녀는 자신이 처한 상황을 한 개인의 상황으로 보지 않고, 하나님의 섭리 가운데 하나의 장면으로 본 것이다.

반면에 하만은 아하수에로 왕의 총리대신인데, 아각 사람 함므다다의 아들이다(에 3:1, 9:24). 부친의 이름은 바사이다. 아각은 아라비아 부족 아말렉 왕의 칭호이다. 그러므로 그는 아말렉 사람의 왕가의 자손이기에 그의 세계관은 아말렉 세계관을 가지고 있을 것이다. 그에게 에스더나 유대인들은 자신의 길을 가는데 장애물일 뿐이다. 이들의 싸움은 두 세력 간의 싸움이 아니라 두 세계관의 충돌이라고 보아야 한다.

우리가 영화나 텔레비전 드라마, 쇼 프로에서 보고, 듣는 매체에는 모두 세계관이 담겨 있다. 우리는 이야기를 보는 것이 아니라 이야기에 담겨 있는 세계관을 보는 것이다. 그래서 미디어를 통해 세계관이 전달되기 때문에, 미디어에 노출되어 있는 아이들은 그들이 보고 있는 미디어 세계관의 영향 하에 놓이게 된다.

그뿐만 아니라 수업시간에 듣는 선생님의 가르침, 친구들과의 만남과 대화를 통해서 세계관이 형성된다. 세계관은 사람마다 너무도 천차만별이고 우리가 바른 분별력을 가지지 않는다면, 잘못된 세계관에 동화될 것이다. 영화 속의 범죄를 실제로 옮기는 자들이나 외모 지상주의, 폭력, 살인을 동원하는 대중 매체들에게 자신의 시간과 공간을 함부로 내어 주는 일은 위험하다.

"미디어나 통신 기술은 단순한 기계 장치가 아니다. 모두 세계를 열어 주는 창"이라고 말한 언론학자 맥루한(Marshall McLuhan)의 말처럼 미디어는 그 자체가 메시지요 세계를 보는 창이다. 책이나 스크린, 모니터가 모두 창처럼 네모반듯하게 생긴 것은 우연이 아닐 것이다. 그래서 청소년에게 미디어를 보거나 책 읽는 것을 사려 깊게 접근하는 것이 중요하다. 왜냐하면 특히 청소년 시기는 세계관이 형성되는 시기이기 때문이다.

세계관은 그 사람의 삶의 방향을 결정하고 삶의 가치를 결정하게 되는 머나먼 바다를 항해하는 배의 키와 같은 역할을 한다. 세계관은 단순히 나의 취향을 결정하는 것이 아니라, 삶 전체의 방향성을 결정하는 운전대이다. 그래서 세계관 문제는 중요하다. 우리 자신에게 올바른 세계관이 형성될 때만이 우리의 삶은 참 인간다운 삶을 살 수 있을 것이고, 한번 뿐인 우리의 인생을 낭비하지 않고, 바른 인생 설계를 해 나갈 수 있을 것이다. 그러므로 그리스도인의 비전은 오늘날 세상의 가치관에 물들지 않고, 기독교 세계관을 통해 형성되어야만 한다.

2) 기독교 세계관이란 무엇인가?

하나님은 인류를 창조하셨으며 인간의 범죄로 인해 타락했으나, 예수 그리스도의 십자가 사역으로 말미암아 구속사가 시작되었다. 창조부터 구속까지 일련의 과정은 각각의 독립된 사건이 아니라 하나님의 예정된 구속사에 포함된 연속성을 지닌 하나님의 이야기다. 따라서 전체적인 과정을 동일한 관점으로 봐야할 필요가 있다. 이러한 이유에서 『창조·타락·구속』은 올바른 세계관을 바탕으로 어떻게 현상을 바라보고 살아갈 것인가에 대한 방향성을 제시한다.

만일 창조 진리만 강조되고 타락과 구속이 빠진다면 자연신론이나 이신론에 근접할 것이고 타락만 강조하는 세계관은 불교와 같이 세상을 부

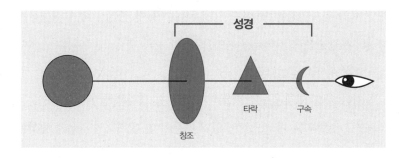

정하는 관점을 줄 것이다. 구속만을 강조하는 관점은 세상의 존재 이유
나 역사의 의미를 제대로 읽어 내지 못할 것이다.

성경은 세상과 인간의 창조에 관한 이야기가 그 첫 번째 주제로 시작
하여 어떻게 죄와 악이 세상에 들어왔는지에 대한 내용이 그 뒤를 따른
다. 아울러 예수 그리스도가 이 세상을 구원하신 구속 사건이 이어진다.
이 주제들을 통해 세계와 역사의 존재 의미는 하나님 나라의 완성임을
보여 준다.

이 창조·타락·구속·완성이라는 관점을 통해 우리는 세상 속에서 천
국을 볼 수 있다. 또한 이 진리를 통합적으로 이해하여 세상과 삶을 볼

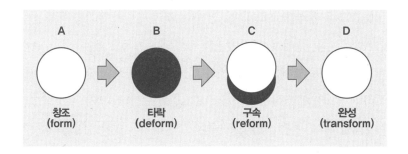

때 존재와 역사의 의미도 바로 알게 된다. 이 세 진리가 함께 작동하는 성경의 세계관은 철저히 일원적이다. 음과 양의 대립, 선과 악의 근원이 별도로 존재하지 않는다.

하지만 다른 세계관들은 통합적이지 않다. 그것은 한 세계관 내에 궁극적으로 상반되는 여러 초점이 있기 때문이다. 대표적인 경우가 세상을 선과 악, 성과 속, 자연과 문화, 자연과 은총, 자연과 치유와 같은 이원론적 관점에서 보는 것이다. 이런 세계관들은 세상을 하나의 통합된 관점으로 설명하거나 의미를 주지 못한다.

> **롬 12:2** 너희는 이 세대를 본받지 말고 오직 마음을 새롭게 함으로 변화를 받아 하나님의 선하시고 기뻐하시고 온전하신 뜻이 무엇인지 분별하도록 하라.

그리스도인의 삶의 기초는 첫째, 변화를 받아 새롭게 되며 하나님의 뜻을 분별하는 것과 둘째, 이 세상을 본받지 않는 것이다. 이는 세계관의 변혁을 말하는 것이기도 하다. 일단 형성된 세계관은 바꾸기가 매우 힘든데, 그것은 세계관 교육이 말로만 되는 것이 아니라 문화를 통해 전수받기 때문이다. 그래서 타 세계관과 구별되는 기독교 세계관을 구축하는 것이 중요하다. 세계관은 우리가 의식적으로 변화된 삶을 그리기 전에 이미 우리에게 주어지는 하나의 밑그림과도 같다. 우리는 그 밑그림을 토대로 해서 나머지 부분을 맞추어 그려 나가는 화가와도 같다. 그래서 우리는 세상을 제대로 바라볼 안목을 갖추어야 한다. 성경의 진리를 통해 예수님을 따라 세상을 보는 안목, 즉 기독교 세계관으로 다양한 세계관을 달고 있는 인문학을 정복하는 훈련이 필요하다.

3) 기독교 세계관의 구조

기독교 세계관이 제안하는 질문은 궁극적인 실재는 무엇인가(형이상학)? 인간에게 앎(지식)이 가능한 까닭은 무엇인가(인식론)? 옳고 그름의 기준은 무엇인가(윤리론)? 계시인가, 합의인가, 혹은 인간 권력 의지의 반영인가? 인간 역사는 의미가 있는가? 역사의 방향은 있는가? 이런 의제를 다룬다.

창조(Creation)-나는 누구인가?

1일	2일	3일	
빛	하늘과 물	땅과 수목	안식
4일	**5일**	**6일**	
해, 달, 별	새와 물고기	육축, 인간	

세계관 공부에서 가장 먼저 직면하는 질문은 "만물은 어디로부터 기원하는가?"이다. 기독교 세계관은 하나님께서 이 세계를 창조하셨다는 사실을 받아들임으로 시작된다. 창조 사실은 기독교 세계관의 근본적 기초이다. 이 세상이 그저 있게 되었다거나, 우연히 있게 된 것이 아니라

하나님이 창조하셨다는 사실(창 1장)의 역사성을 받아들이는 것이다.

위의 표에서 알 수 있듯이 하나님의 창조는 매우 질서 있게 이루어졌다. 1–3일은 주변 환경이나 주거 공간을 창조하셨고, 4–6일은 그러한 주거 공간에 거주하는 것을 창조하셨다. 그리고 모든 환경을 다 조성하신 후에 인간을 맨 마지막에 그리고 다른 피조물들과는 달리 하나님께서 자신의 '형상'과 '모양'을 따라 논리적으로 질서있게 창조하신다. 그래서 인간은 '창조의 면류관'이다.

하나님께서 창조하신 것은 모든 것이 선한 것이다. 그래서 하나님께서 지으신 후에 기뻐하시며 매우 좋다고 하셨던 것이다. 타락하기 이전까지 인간과 모든 만물은 하나님의 법 안에서 참 안식을 누리며 살았다. 그 안에는 어느 것도 하나님을 인정하지 않고 하나님을 모른다고 하는 것이 전혀 없고, 사람과 모든 만물이 기쁨으로 하나님을 순종하였던 곳이었다. 만물은 그 자체로 하나님의 영광을 반영하였고, 아담도 역시 하나님의 대리자로써 바른 지성을 사용하여서 하나님의 뜻을 따라 피조계를 아주 지혜롭게 다스렸다. 시편 8편에서 저자는 이 하나님의 그토록 신비롭고 장엄한 창조에 감탄하여 그 창조의 진리를 노래하고 있다.

> **시 8:1–4, 표준새번역** 주 우리 하나님, 주님의 이름이 온 땅에서 어찌 그리 위엄이 넘치는지요? 저 하늘 높이까지 주님의 위엄 가득합니다.
>
> 어린이와 젖먹이들까지도 그 입술로 주님의 위엄을 찬양합니다. 주

님께서는 원수와 복수하는 무리를 꺾으시고, 주님께 맞서는 자들을 막아 낼 튼튼한 요새를 세우셨습니다.

주님께서 손수 만드신 저 큰 하늘과 주님께서 친히 달아 놓으신 저 달과 별들을 내가 봅니다.

사람이 무엇이기에 주님께서 이렇게까지 생각하여 주시며, 사람의 아들이 무엇이기에 주님께서 이렇게까지 돌보아 주십니까?

우리는 미디어를 통해서 입양아들이 혈육을 확인하려고 고국을 찾는 눈물겨운 사연을 본다. 인간은 자신이 누구인지 뿌리를 확인하지 않고는 견딜 수 없는 것은 인간의 본능 때문이다. 나는 어디로부터 왔는가? 나는 누구인지, 무엇을 위해 사는 존재인지는 사람들의 영원한 질문이며, 이는 모든 사람이 추구하는 것이며 모든 문화와 시대의 종교와 철학과 예술에 묻어 있는 질문이다. 창조 진리는 바로 인간 근원과 목적에 대한 물음에 답을 준다(창 1:26-28; 시 8편).

> **창 1:26** 하나님이 이르시되 우리의 형상을 따라 우리의 모양대로 우리가 사람을 만들고 그들로 바다의 물고기와 하늘의 새와 가축과 온 땅과 땅에 기는 모든 것을 다스리게 하자 하시고

> **시 8:4-5** 사람이 무엇이기에 주께서 그를 생각하시며 인자가 무엇이기에 주께서 그를 돌보시나이까 그를 하나님보다 조금 못하게

하시고 영화와 존귀로 관을 씌우셨나이다.

네덜란드의 신학자 스킬더(K. Schilder)는 "인간은 분명한 사명을 부여받은 사역자"라고 말한다. 땅을 '정복하고' 만물을 '다스림'은 인간의 주권적인 지위를 보여 주시고, 자연을 일구어 문화를 만드는 사명을 가진 일꾼이다. 역사는 인간에 의해 만들어지고, 하나님과 더불어 창조를 완성으로 끌고 나갈 역사의 대리인이다. 그래서 인간의 활동은 창조질서와 하나님의 계획을 존중하는 가운데 이루어져야 하고 창조가 하나님 말씀에 대한 순종이듯, 문화와 역사도 그에 순종해야 한다.

인간의 다스리는 특권은 자연을 '돌볼' 책임과 같이 온다. 문화 명령에 나타나는 '정복과 다스림'은 이기적인 지배가 아니라 자연을 경작하며 돌보고 가꾸고 풍성하게 하기 위한 것이다. 거기에는 현대 문화의 특성인 지배와 착취, 탐욕스러운 낭비와 파괴가 정당화될 여지가 없다. 특히 하나님의 뜻을 존중하는 가운데 이루어지는 문화 개발은 더욱 그럴 수 없다. 인간은 환경 속에서 하나님의 일을 하며, 그분과 함께, 또 그분을 위하여 일하는 일꾼이 되는 것이다.

인간은 상상, 이해, 분석, 종합, 직관, 느낌을 통해 세상을 파악하고, 솜씨와 재능을 발휘하여 개발함으로써 그 소명을 감당해야 한다. 온 세상에 가득한 하나님의 영광을 풀어 드러내고 반영하여 그분께 찬양을 돌린다. 문화는 인간의 의도가 담긴 자연의 변형 또는 조작 행위 전체다. 반드시 고급한 것만 아니라 원시적이고 유치한 것도 포함된다. 또 역사적으로 누적된 모든 활동의 결과를 말한다. 문화는 결코, 어떤 이들이 잘못 생각하는 것처럼 타락 이후 인간들이 만들어 낸 것도, 타락 이후 죄악을 억제하기 위해 고안된 처방전도 아니다. 문화의 기원은 창조에 있다.

타락(Fall)-무엇이 잘못되었는가?

세계는 각종 범죄와 전쟁, 환경오염, 인종 차별, 성 차별 등, 어두운 소식들이 각종 매스컴의 사회면을 채우고 있다. 어느 누구도 오늘 우리의 사회를 보고 "보기에 좋다."고 말하지 않을 것이다. 왜 이렇게 되었을까? 구조의 문제에서 기인하는가? 아니면 인간의 본성의 문제에서 기인하는가? "단결하고 투쟁하라!"라고 외친 엥겔스와 마르크스는 그것만이 인간사회의 필연적인 구조적 결함이 양산해 낸 '시시한 약자'들의 '시시한 강자'들에 대한 유일한 존재적 증명일까?

권력자의 독단이나 자의를 배격하고, 국가 권력의 행사는 국민의 의사를 대변하는 국회에서 만든 법률에 근거해야 한다는 근대 입헌 국가의 정치 원리인 법치주의가 근본적인 대안일까? 라인홀드 니버(Reinhold Niebuhr, 1892-1971)는 『인간의 본성과 운명』(*The Nature and Destiny of Man*) 1권에서 인간은 하나님의 형상을 지닌 존재로서 그 증거인 자기 초월의 능력을 지니고 있다고 말한다. 이 능력 때문에 인간은 도덕적인 존재이면서 동시에 교만에 빠지기도 하고 역설적인 존재로 파악했다.

지금의 세상은 창조된 그대로가 아니다. 타락 이후의 세계는 첫 창조 세계와 연속성뿐 아니라 불연속성도 가진다. 현실은 문제와 비정상적인 것들로 가득하다. 세상은 아름다운 곳이지만, 다른 한편으로는 죄와 악으로 물든 비극적인 곳이기도 하다. 타락한 세상 속에서 인간은 갖은 고통에 시달린다. 죄악과 고통을 이해하지 못하고는 세상을 바로 알 수 없다. 하지만 악의 문제에 대한 답은 쉽게 찾아지지 않는다. 죄와 악은 죽음과 더불어 인간이 직면하는 최대의 미스터리 가운데 하나다.

세상에서는 죄와 악의 근원을 흔히 구조적인 결함에서 찾는다. 구조적 결함이란 세상과 인간성이 본래 문제가 있다고 보는 것이다. 이런 관점은 하나님의 흠없는 창조, 온전한 창조를 부정하는 것이다. 환경과 팔자소관, 부모와 사회를 탓하는 것이 이에 해당된다. 세상이 악한 것이 구조적인 결함 때문이라면 인간에게는 책임이 없다. 과연 이 세상에도 구조적인 결함이 있는 것인가? 『창조·타락·구속』을 쓴 앨버트 월터스(Albert M. Wolters)는 '구조와 방향'이라는 개념을 가지고 이 질문에 답한다. '구조'란 하나님이 세상을 만드시고 운행하시는 방식이다. '방향'이란 하나님으로부터 세상을 맡아 운영하는 인간의 태도를 말한다. 세상이 죄악에 빠진 것은 구조에 결함이 있어서가 아니다. 악은 인간 태도, 즉 방향이 잘못되어 나타나는 것이다.

인간 타락이 악의 원인이라는 관점은 성경에만 있는 특별한 진리다. 타락은 본래 세상 어디에 악 또는 악의 씨앗이 있어서 일어난 것이 아니다. 성경은 결코 선과 악이 본래부터 존재했다는 이원론을 이야기하지 않는다. 악은 철저하게 후천적이다. 그것은 인간이 하나님과 맺은 언약을 깨뜨린 순간 세상에 나타났다. 죄와 악이 본래 있었던 것이며 구조적인 것이라는 주장은 인간이 할 수 있는 최대의 변명이다. 아담은 무엇이 잘못되었는지를 묻는 하나님 앞에서 하나님이 주신 여인을 탓했다. 여인은 다시 뱀의 사악함을 핑계로 들었다(창 3:12-13). 이러한 변명이 곧 죄와 악을 구조화하는 대표적인 예라고 할 수 있다. 이 아담의 구조를 탓하는 태도는 결국 여인과 뱀을 만드신 하나님을 죄의 원인으로 만든다.

죄악이 세상의 구조를 망치는 것이 아니다. 죄악으로 인해 세상의 본질이 바뀌거나 다른 세상이 생기는 것이 아니라는 말이다. 세상은 타락이전에도 이후에도 단 하나이다. 달라지는 것은 세상과 인간이 나아가는 방향 그리고 그 가운데 달라진 삶의 자세다. 타락과 죄악에 대한 오해는 세상의 문제를 바로 파악하는 데 어려움을 준다. 성경이 말하는 타락은 실정법을 어기거나 관습을 깨뜨린 정도의 문제가 아니다. 성경은 타락이 삶의 근본과 관련되었다고 말한다. 소위 '법 없이도 살 만한 사람'도 죄인이며 악에 빠져 있다. 그들 역시 정도의 차이일 뿐, 생명의 근원에서 멀리 떨어진 삶을 살고 있다. 진리와 선과 아름다움의 기준이 되는 하나님의 법도를 벗어난 자들로 살아간다.

이 때문에 인간의 죄악은 자율(自律, autonomy)에 뿌리를 두고 있다고 말하는 것이 성경적인 판단이다. 하나님은 법이다(창 2:17). 인간은 다른 피조물들과 같이 그 법 아래 순종함으로 존재한다. 물론 인간은 다른 피조물과 달리 자유 의지를 가지고 순종한다. 타락은 법 아래에 있어야 할 존재가 스스로 법의 제정자가 되기를 원한 데서 일어났다. 타락의 핵심은 하나님의 통치권을 의지적으로 거부하고 인간의 주권을 내세우는 것이다. 인간이 자의적인 결단으로 하나님을 배신하고 자신의 판단대로 살기로 결심한 것이다. 타락은 궁극적이며 절대적인 기준이 하나님에게서 인간 자신에게로 옮겨졌음을 뜻한다.

아담과 하와에게는 충분히 옳고 그름을 분별하여 좋은 것을 택할 수 있는 의지가 있었다. 지금처럼 늘 죄악 속에서 잘못된 선택으로 기우는 본성을 타고난 우리와는 상황이 달랐다. 최초의 인간은 하나님의 부르심에 응답할 때 자신이 누구인지 아는 존재였다. 그러나 그가 '하나님의 피조물'이라는 사실은 스스로 깨닫지 못한 것이 분명하다. 이는 다른 피조물과 의논하거나 비교해서 얻을 수 있는 통찰이 아니다. 이런 모든 궁극적인 문제는 계시 외에는 답을 얻을 수 없다. 타락으로 인해 인간은 하나님의 명령을 의지적으로 불복종하는 방향으로 나아가게 되었고, 그리하여 자신의 모든 사고와 행위에서 하나님을 기쁘시게 할 수 있는 동력을 모두 상실했다.

타락한 인간은 그의 핵심적 기능인 지·정·의가 왜곡되고 비뚤어졌다. 몸은 정욕에 사로잡혔다. 벌거벗음이 부끄럽게 느껴진 것은 그 때문이었다. 인간관계는 불신과 남을 탓하는 태도로 파괴되었다. 모든 것이 망가져 버렸다. 신학에서는 이것을 가리켜 전적 타락, 전적 부패, 전적 무능력(total depravity)이라고 한다. 이 말은 인간이 자신의 능력을 모두 상실했다는 말이 아니라 그 능력을 바르게 행사할 수 있는 의지를 상실했다는 말이다.

인간 타락은 세상의 역사와 문화 전체에 근본적인 영향을 미쳐서(창 4:16-25) 인간 사회를 넘어 자연 만물에도 그 해악이 미친다. 인간의 죄성과 타락한 심성이 그가 맡아 다스리는 모든 만물 속에 드러나기 때문이다. 네덜란드의 기독 철학자 헤르만 도예베르트(Herman Dooyeweerd, 1894-1977)는 이를 타락의 "우주적 영향(cosmic effects)"이라고 불렀다. 인간 피차간의 관계가 힘들게 되었다. 노동 역시 성취의 기쁨을 상실한 고역이 되었다. 땅은 가시덤불과 엉겅퀴를 내어 힘든 삶을 더욱 고통스럽게 할 것이었다. 출산의 기쁨에 앞서 산고가 따를 것이었다. 이런 어려움은 정신적이며 문화적인 영역으로 확대되어 간다. 누군가의 말처럼 아마도 비행기가 그토록 빠르게 발전한 것은 전쟁 때문일 것이다. 세상이 탁월하다 하는 모든 것이 "허무한 데 굴복하는" 모습은 참담할 뿐이다. 코넬리우스 플란팅가(Cornelius A. Plantinga)의 말처럼, 인간이 문화를 형성하지만 동시에 문화가 인성을 형성하기에 이런 일은 더욱 심화된다.

하지만 타락은 세상을 즉각적인 심판과 종말로 몰아간 것은 아니었다. 물론 타락은 창조 계획에 매우 근본적이며 치명적인 타격을 가져왔으나, 창조를 통해 나타내신 하나님의 뜻과 비전을 무효화시키지는 못했다. 타락의 본질은 종교적이다. 형이상학적이며 존재론적이기보다는 윤리적이다. 그것은 구조적인 변질을 가져오지 않으나 선한 구조에 기생하면서 원래의 목적을 비틀고 왜곡한다. 살인자는 남을 해할 만큼 건강해서 살인을 저지를 수 있다. 죄악은 사실 선한 창조의 구조와 그 능력 때문에 가능하다. 매춘이나 동성애로 인해 성적 정체성이 바뀌는 것이 아니다. 그러나 악한 사용에도 성적 매력은 유지된다. 만약 죄가 존재론적 변화를 즉각적으로 가져왔다면 더 이상의 범죄는 가능하지 않다.

구속(Redemption)-해결책은 무엇인가?

과거 춘추 전국시대의 공자는 사회 혼란의 원인이 개인들의 무지에 있다고 생각했다. 개인의 도덕성 회복인 인(仁)을 통하여 개인들의 무지를 극복한다면 사회의 혼란 또한 막을 수 있을 것이라는 낙관론적인 교육론을 갖고 있었다.

현대 과학기술의 발달은 사람들로 하여금 기술에 대한 무한한 신뢰를 만들어 냈다. 그래서 사람들이 기술은 전능한 것이며 사회가 가지고 있는 구조적인 악이든, 인간의 본성이 가지고 있는 악이든, 악의 모든 문제를 해결할 수 있다고 생각하게 되었다. 부지중(不知中)에 기술 경외가 많은 사람들의 마음속에 스며들고 있다. 기술에 대한 지나친 신뢰는 이 시대가 당면하고 있는 가장 심각한 우상숭배 행위이다. 오래지 않아 '컴퓨터의 이름으로(In the name of computer)' 기도하는 날이 올지도 모른다.

성경은 구원에 관한 질문에 전혀 다른 답을 제시한다. 성경은 하나님께서 세상이 죄악으로 자멸하도록 그대로 버려두지 않으신다는 사실을 명확히 보여 준다. 소위 "일반 은총" 외에도 하나님은 구체적으로 죄악으로 어두워진 세상에 개입하신다. 그것도 타락 후 즉각적으로 그렇게 하셨다. 프란시스 쉐퍼의 말처럼 "거기 계시며 말씀하시는" 분이실 뿐 아니라 거기에 몸소 임하셨다.

성경은 구속의 역사관을 말한다. 성경, 창세기 3장부터 요한계시록 20장까지 구속 역사의 서술이다. 하나님은 피조물에 대한 하나님의 사랑이 얼마나 지대한지를 보여 주는 증거이다. 아담이 타락한 이후에 하나님은 이스라엘을 통한 구속 준비를 하신다.

아담에서 아브라함까지(B.C. 4000-2000, 창 3-11장): 하나님은 타락한 인간을 구속하기로 약속하시고(창 3:15), 아담과 하와가 타락한 직후부터 이미 하나님은 인간을 구속하시고자 계획하시고 그 사역을 시작하신다.

아브라함에서 모세까지(B.C. 2000-1500, 창 12-50장): 하나님은 아브람을 아브라함(열국의 아버지)이라는 이름으로 바꾸어 주시면서 약속을 주셨다. 하늘의 별처럼 많은 후손을 약속하시고, 가나안 땅을 약속하며, 아브람과 아브람의 후손과 언약을 맺어 그들을 하나님의 백성으로 삼으시고, 하나님이 그들의 왕이 되어 주실 것을 약속하셨다.

모세부터 다윗까지(B.C. 1500-1000, 출—룻): 하나님은 한 민족을 다른 민족으로 분리시켜서 메시아를 보낼 준비를 하셨다. 아브라함을 부르실 때는 세상과 분리된 한 가족을 준비하셨지만 모세를 부르실 때는 한 민족을 준비하셨고, 하나님은 국가를 양육하시고 국가에 하나님의 계시를 주셨다. 하나님 나라의 3요소인 주권, 백성, 영토 가운데서 영토를 형성하는 기간 동안에 택한 백성들의 천로역정의 삶을 모형으로 제시하셨다. 즉 애굽에서 가나안까지의 여행은 성도의 나그네 생활, 즉 교회 생활의 모형을 나타내셨다.

다윗부터 바벨론 포로까지(B.C. 1000-500, 삼상-말): 이 시기는 역사적으로 이스라엘 왕국이 존재하던 시기로 크게 세 가지고 구분할 수 있다. 통일 왕국 시대(사울[40년], 다윗[40년], 솔로몬[40년]), 분열 왕국 시대(남유다, 북이스라엘), 잔존 왕국 시대로 북이스라엘은 앗수르 제국에 망하고 난 후, 남유다만 약 150년간(잔존 왕국) 남아 있다가 바벨론 제국에 멸망당했다.

바벨론 포로에서 그리스도의 초림까지(B.C. 500-6, 스, 느, 에): 시대는 유다 왕국이 바벨론 제국에 멸망당한 후로부터 예수님이 오실 때까지 이스라엘 민족은 당시 바벨론 제국, 페르시아 제국, 그리스 제국, 로마 제국에게 차례로 정복을 당하며 약 400년의 식민지 시대를 맞이한다.

하나님은 그리스도를 통한 구속 성취(B.C. 6-A.D. 30, 마-요): 마침내 교회를 통한 구속 적용(A.D. 30-2000+α년, 행-계 20장)으로 역사를 종료하신다. 구약 시대의 오랜 기다림이 끝나고 과연 약속을 따라 예수 그리스도는 여자의 후손으로 오셨다. 세례 요한은 그리스도를 가리켜 "세상 죄를 지고 가는 하나님의 어린양(요 1:29)"이라고 했다. 성전에서 아기 예수를 맞이한 시므온과 안나를 "이스라엘의 위로를 기다리는 자(눅 2:25)"라 부른 것도 그 소망의 연장선에서 나온 표현이다. 시므온과 안나가 모든 구약 성도들을 대표하여 아기 예수를 봄으로써 그 위로의 약속이 성취되었다.

성경은 하나님의 구속을 말한다. 구속의 역사는 이 언약이 이루어지는 역사다. 이것은 인류 역사 속에서 점진적으로 실행된다. 구약성경은 점점 더 구체적으로 그 메시아의 모습을 보여 주고 있다. 그것은 구약 성도의 비전의 핵심이었다. 그들도 율법을 지켜 구원을 받은 것이 아니었다. 제사 제도는 죄 없는 희생 제물이 죄인을 대신해 죽어 죄를 사하는 것으로 예수 그리스도의 대속의 복음을 예표한다. 구약이나 신약 모두 구원은 믿음으로 말미암는다.

> **합 2:4** 보라 그의 마음은 교만하며 그 속에서 정직하지 못하나 의인은 그의 믿음으로 말미암아 살리라.

성경이 구속사인 것은 그분의 사랑이다. 이는 하나님의 사랑이 주 예수 그리스도의 역사를 통하여 은혜가 되었다. 예수님이 구속의 역사를 이루신 것은 하나님의 사랑이 구체적인 행동으로 표현된 것이다. 그러므로 요한복음 1장 17절은 "율법은 모세로 말미암아 주어진 것이요 은혜와 진리는 예수 그리스도로 말미암아 온 것이라."고 말한다.

"죄와 허물로 죽은(엡 2:1)" 우리를 영적으로 다시 살리려면 죄 문제를 해결해야 하는데, 이는 그리스도가 십자가에 죽으심으로써 이루어진 '구속'을 통해서만 가능하다. 그러므로 예수님께서 신약성경이 기록한 대로 이 세상을 살다가, 성경대로 죽으셔서, 성경대로 사흘 만에 부활하시고 승천하셨다는 사실을 역사적으로 믿는 일이 일차적으로 중요하다. 그리고 이 삶과 죽음과 부활, 승천이 결국 구속을 이루는 메시아적 사역의 중요한 부분이었다고 성경대로 믿는 것이 중요하다. 이 구속은 아담으로 인하여 깨진 언약을 회복하는 것이요, 이 타락한 세상을 하나님이 창조하신 본래의 목적대로 회복하는 것이다. 그래서 결국 우리로 하여금 '하나님 나라' 백성으로 만들어 주는 것이다.

예수 그리스도가 오심으로 원칙적으로 우리는 악의 세력이 더 이상 우리를 지배하지 못하고 새로운 생명을 얻게 되었다. 예수님께서 우리의 대제사장 되셔서 앞서서 그 세력을 쳐부수셨기 때문이다. 그래서 타락으로 인해 왜곡되었던 우리의 형상이 하나님의 은혜로 참 사람의 모습으로 회복되어진 것이다. 그러나 그 모습이 완성되어지지는 않았다. 하나님은 인간을 구원하여 세상을 구원할 상속자로 삼으시길 원하신다(롬 4:13). 이는 땅을 정복하고 만물을 다스릴 인간 주권을 회복하기 위함이다.

완성(Consummation)—역사는 어디로 가는가?

> 계 1:8 주 하나님이 이르시되 나는 알파와 오메가라 이제도 있고 전에도 있었고 장차 올 자요 전능한 자라 하시더라.

이날은 역사 완성의 날이다. 성경적 사관에 의하면 역사는 시작이 있고, 또한 종말을 향한 진보가 있다. 역사는 무의미한 사건들의 단순한 나열이 아니라 분명한 의미와 목적이 있다. 기독교적 역사관을 요약한다면 결국 역사는 타락한 인간을 구원하는 하나님의 구속사이다. 외형적으로 인간의 구속과 무관한 듯이 보이는 사건들이나 인물들조차도 하나님의 큰 구속사의 틀 속에서 직접, 혹은 간접적으로 나름대로의 몫을 감당하고 있다고 본다.

구속은 예수 그리스도로 말미암는 회복이다(고후 5:17-18). 아담이 깨뜨린 언약을 회복하는 것이다. 구속은 세상을 창조하신 본래의 목적대로 회복하는 것이다. 그래서 그것을 재창조라고 부르기도 한다. 그것은 '새 언약'에 기초한다.* 그 언약의 머리는 예수 그리스도시며, 이 일은 오직 그분만이 하실 수 있고, 이미 완성되었다. 예수 그리스도는 아담이 깨뜨린 언약을 지키셨고, 이를 통해서 하나님과의 바른 관계를 회복하셨다. 아울러 문화 명령을 바로 수행할 능력도 회복하셨다. 구속은 에덴동산으

---

* (렘 31:31-34) 여호와의 말씀이니라 보라 날이 이르리니 내가 이스라엘 집과 유다 집에 새 언약을 맺으리라 이 언약은 내가 그들의 조상들의 손을 잡고 애굽 땅에서 인도하여 내던 날에 맺은 것과 같지 아니할 것은 내가 그들의 남편이 되었어도 그들이 내 언약을 깨뜨렸음이라 여호와의 말씀이니라 그러나 그 날 후에 내가 이스라엘 집과 맺을 언약은 이러하니 곧 내가 나의 법을 그들의 속에 두며 그들의 마음에 기록하여 나는 그들의 하나님이 되고 그들은 내 백성이 될 것이라 여호와의 말씀이니라 그들이 다시는 각기 이웃과 형제를 가리켜 이르기를 너는 여호와를 알라 하지 아니하리니 이는 작은 자로부터 큰 자까지 다 나를 알기 때문이라 내가 그들의 악행을 사하고 다시는 그 죄를 기억하지 아니하리라 여호와의 말씀이니라.
(고전 11:25) 식후에 또한 그와 같이 잔을 가지시고 이르시되 이 잔은 내 피로 세운 새 언약이니 이것을 행하여 마실 때마다 나를 기념하라 하셨으니.
(히 6:13) 하나님이 아브라함에게 약속하실 때에 가리켜 맹세할 자가 자기보다 더 큰 이가 없으므로 자기를 가리켜 맹세하여.

로의 복귀나 단순한 창조의 회복이 아니다. 그것은 본래 창조의 계획대로, 하나님 나라로 향해 가는 행보를 회복하는 것이다.

하나님 나라는 '주권이 하나님께 있음'을 강조하는 표현이며, 천국은 '세상 나라와 대립하는 초월성'을 드러내는 말일 수 있다. 그러나 이러한 미묘한 어감의 차이보다 더 중요한 것은 성경이 말하는 천국은 하늘 저 너머 우주 한 모퉁이에 있는 나라가 아니라는 사실이다. 신, 구약성경 어디에서도 그런 인상은 받을 수 없다. 하나님 나라 도래란, 잃었던 세상에 대한 하나님의 주권을 회복하는 것을 말한다.

월터스는 『창조·타락·구속』에서 "구원이 창조계의 회복이라는 사실은 하나님 나라에 대해 살펴보면 더욱 구체적으로 설명된다."고 했다. 그것은 "그리스도 안에서 창조계의 회복과 하나님 나라의 도래는 동일한 일이기 때문"이다.

창조·타락·구속의 통합적 진리인 성경의 복음 진리는 단순한 개념이나 교리가 아니라 삶 속에서 능력으로 나타나는 진리다. 기독교 진리는 이성적인 면을 도외시하지는 않지만, 철학과 달리 구원에 대해 '깨달음으로 얻는다'고 말하지 않는다. 신앙은 지적인 이해나 감정적 느낌 또는 의지적 결단 이상의 것이다. 그것은 전인적인 체험이다. 몸이 변하지 않는 중생은 실체가 없는 것이다. 삶이 변화되지 않는 구원은 문제다.

예수님께서 가져오신 그 '하나님 나라'는 예수님의 재림에서야 그 나라의 완성에 이른다. 그때까지는 이 세상 안에서 '하나님 나라'가 성장해 가고 그 영향력은 온 땅에 퍼져 나간다.

마 13:31-32, 표준새번역　하늘 나라는 겨자씨와 같다. 어떤 사람이 그것을 가져다가, 자기 밭에 심었다. 겨자씨는 어떤 씨보다 더 작은 것이지만, 자라면 어떤 풀보다 더 커져서 나무가 된다. 그리하여 공중의 새들이 와서, 그 가지에 깃들인다.

궁극적으로 예수 그리스도께서 그 나라를 가져오신다. 그때에는 하나님의 백성은 더 이상 죄와 싸울 일이 없고, 순전한 사람으로 하나님을 대할 수 있게 된다. 그때에는 하나님의 통치 앞에, 그리스도의 영광 앞에 모든 만물이 무릎을 꿇게 되는 것이다. 인간의 학문과 예술과 인간의 모든 삶 가운데서 완전한 하나님 나라가 완성된다고 말할 수 있다. 그리고 그때에는 분명 슬픔이나 고통이 없을 것이다. 사자와 어린 양이 함께 누울 수 있는 샬롬의 터다. 독사 굴에 아이가 손을 넣어도 해를 당하지 않는다. 이 세상의 역사는 이 하나님 나라의 완성을 위해 진전되고 있는 것이다.

3. 지움: 도전받는 그리스도

1) 인본주의

하나님 나라를 확장하며 그의 의를 구하는 일에 있어서 무엇보다도 시급한 일은 복음에 대한 깊고 폭넓은 이해와 그리스도인의 문화적 사명에 대한 체계적 정립이다. 이 일을 위해서는 성경에 기초한 올바른 교육과 기독교적 세계관에 기초한 학문 연구가 필수적이다.

오늘날 학문 세계가 인본주의 중심으로 진행되는 것은 우려 단계를 넘어서고 있다. 무신론과 인본주의적 경향이 학문 연구의 본래적 특징인 것처럼, 간주되는 것이 일반적인 풍토가 되었다. 학문 연구의 탈 가치화(value-free)를 주장하면서 새로운 인본주의적 가치를 학문 체계에 도입하고 있다. 가령 유물주의, 행동주의, 과학주의 등, 학문의 세계에서 하나님을 제거하는 영적인 도전의 시야를 가져야 한다. 학문을 학문답게 한다는 생각에서 비롯된 의도적 반역이 오늘날 당연시 되고 있다. 학문 세계에서 예수 그리스도의 주 되심이 이처럼 위축된 이유가 무엇인가? 그것은 사탄이 "학문은 세상에 속한 것이고 우리는 신앙만 지키면 된다."는 이방 종교적 이원론을 그리스도인들의 뇌리 속에 뿌리 깊게 가라지 씨를 뿌려 놓았기 때문이다.

문제는 오늘날 기독교 신앙에 대한 세상의 도전이 구조적이라는 것이다. 정치, 사회, 경제, 문화 전반에 걸친 세상의 구조가 기독교 신앙에 구조적인 도전을 하고 있다. 한 예로 학문이라는 이름으로 무신론적 신앙이 공교육기관에서 가르쳐지고 있다. 학문적 자유라는 명분으로 고등 교육 현장에서 기독교 신앙이 쫓겨나고 있다. 현대는 과학의 시대임을 표방하면서 초자연적인 것들이 설 자리를 없애 버리거나 극히 좁은 영역 속에 가두고 있다. 게다가 과학이라는 이름으로 자연주의적 진화론과 같은 학설은 지극히 종교적인 색채를 띠고 있음에도 교과서를 통해 버젓이 학생들을 세뇌시킨다. 다른 한편으로 공교육 기관에서는 기도하는 것조차 특정 종교의식을 공교육 기관에 도입하는 것이라고 금하고 있는 실정이다.

또한 민주주의 사회에서 개인의 의견을 존중하고 다수결 원칙을 존중한다는 명분으로 성경적 규범의 보편성을 부정한다. 민주주의의 이름으로 상대주의적 윤리관이 성경의 절대적 윤리관을 배척하고 있다.

불과 몇 십 년 전까지만 해도 동성애 문제는 대중들에게 그리 직접적인 이슈가 아니었다. 하지만 이제 동성애는 어느 한 국가나 특정 지역을 벗어나 전 지구적인 이슈로 받아들여지고 있다. 무엇보다 심각한 것은 동성애가 전 세계적인 보편성으로 호응을 얻어가고 있을 뿐 아니라 다수의 대중매체와 사람들로부터 "그럴 수도 있지."라는 사회적 공감대와 더불어 이제는 법적인 안전장치까지 얻어가고 있다. 이제 그리고 향후 수년 안에 동성애에 대해서는 관습법으로나 실정법으로서 어떠한 브레이크를 걸 수 없을 만큼 동성애 문제는 가속 페달을 밟고 나가고 있는 중이다. 하나님을 공공연히 거절하는 사회 분위기에 편승해서 앞으로 그 속도는 더욱 가속될 것이다. 이들은 미래 인류의 존망에 대해 책임지지 않는다.

2) 개인주의와 도덕적 타락

그리스도에게 도전하는 또 하나의 양상은 개인주의의 확산과 도덕적 타락이다. 오늘날 신문이나 잡지는 물론 방송이나 영화 등에도 섹스와 폭력이 가득하다. 그리스도인들의 다양한 노력과 기도에도 세상의 도덕적 타락은 더욱 가속화될 것이고 대학 또한 예외는 아니어서 대학의 도덕적 위기도 가속화될 것이 분명하다. 오늘날 미국 대학에서 마약과 성적 방종은 기성 세대들이 손을 댈 수 없을 만큼 심각하며, 이것은 이미 일부 우리나라 대학에서도 나타나고 있는 현상이다.

특히 인터넷의 보급과 더불어 급속히 번져 가는 포르노 사이트들은 아직도 가치관이 채 정립되지 않은 많은 청소년들을 무차별하게 공격하고 있다. 이런 성적 타락을 부추기는 중요한 요소는 물질주의다. 돈을 벌기 위해서라면 무슨 짓이라도 할 수 있다는 잘못된 생각이 오늘날 이 사회를 태풍처럼 휩쓸고 있는 것이다.

성적 타락을 부추기는 또 다른 원인은 개인주의의 확산이다. '개인의 자유와 권익이 최대한 보호되어야 한다'는 생각은 민주주의라는 허울 아래 난공불락의 성채를 형성하면서 기독교적 가치관에 도전하고 있다. 이것은 오늘날 우리나라 대학 캠퍼스에서도 쉽게 볼 수 있는데, 두 사람만 좋다면 다른 사람들이야 뭐라고 하든지 대낮에도 얼마든지 노골적인 애정 표현을 하거나 심지어 육체적인 관계를 가질 수도 있다고 생각하는 학생들이 늘어가고 있다. 산업화의 여파로 사람들은 점점 더 개인주의화되어 가고, 윤리는 개인의 선택 사양으로 전락하고 있다. 도덕적 타락은 윤리적 기준을 상실한 채 개인주의적 확신을 가진 세대가 직면할 수밖에 없는 필연적인 결과다.

21세기는 인격을 불문하고 전문화와 상업화가 더욱더 빠른 속도로 진행될 것이다. WTO 체제 하에서는 상품뿐만 아니라 자본, 기술, 노동 등 모든 생산 요소가 쉽게 국경을 넘나들게 된다. 과거 식민지 확보가 경쟁이었을 때는 군사력이 국가경쟁력의 상징이었으나 WTO 체제 하에서는 상품은 물론 금융, 교육, 유통, 공공 서비스처럼 서비스의 질과 환경의 질이 국가 경쟁력을 결정한다. 기술과 서비스, 환경을 포함한 전문 분야에서 무한경쟁을 해야 하는 미래에는 특성화되고 전문화되지 않으면 살아남지 못한다.

이제 바야흐로 만물박사의 시대는 가고 전문가만이 권위를 갖는 시대로 돌입하고 있다. 박사(博士)의 시대는 가고 '협사(挾士)의 시대'가 도래(到來)한 것이다. 기본적인 인성 교육보다 상업적 가치가 높은 전문기술에 대한 요구가 더 커지고 있다. 전문가 시대가 드리운 그림자는 인간을 거대한 시장경제 시스템에 속한 하나의 부품으로 본다는 것이다. 대학도 이러한 요구에 부응하기 위하여 교양교육보다는 전문교육에 치중하는 쪽으로 나아가고 있다.

전문화는 필연적으로 권력의 이동을 가져오게 된다. 과거에는 성직자들과 같이 통합적 권위를 가진 자들이 존경받았으나 자본주의 사회에서는 부자가, 과학기술을 바탕으로 한 산업사회에서는 전문적 기술과 지식을 가진 전문가가 힘을 갖게 되며, 향후 정보화 사회에서는 정보 소유자와 조정자들이 큰 영향력을 갖게 될 것이다.

3) 기독 지성의 부패

미국의 저명한 복음주의 역사 신학자 마크 놀(Mark A. Noll)은 『복음주의 지성의 스캔들』에서 기독교 지성을 하나님을 찾아가는 과정으로 이해한다. 그리스도인이 삶에 대한 기독교적 관점을 추구하는 것, 즉 우리 가족과 경제, 여가 활동, 운동, 몸과 의료에 대한 태도, 소설과 회화를 감상하는 일, 교회와 특히 그리스도인으로서의 활동에 관한 기독교적 관점을 추구하는 것은 단순히 학문적인 연구를 하는 것이 아니다. 오히려 그리스도인답게 생각하려고 노력하는 것은, 자신이 창조한 세상을 다스리시는 하나님의 주권, 세상을 구속하기 위해 죽으시고 세상을 다스리시는 그리스도의 주 되심, 매 순간 세상을 지탱하시며 세상을 주관하시는 성령의 능력을 진지하게 받아들이려고 노력하는 것이다. 이런 관점에서, 진정으로 그리스도인답게 생각하는 지성을 추구하는 일은 궁극적인 의미를 갖게 된다. 기독교 지성을 추구하는 것은 결국 지성을 찾는 것이 아니라 하나님을 찾는 것이기 때문이다.

우리에게 기독교 지성이 없을 경우, 우리 앞에 아우성치는 수많은 세계관의 포로가 되든지, 아우성 너머의 기독교의 목소리를 들려주는 데 실패하든지 둘 중의 하나가 된다. 기독교 지성이란 '성경적 세계관에 비추어 우리의 지성을 계발하고, 세상을 기독교적으로 생각하는 법을 배우는 일'이다. 이로부터 우리가 몸담은 문화에 그리스도인다운 반응을 보일 수 있고, 또 그 문화가 그리스도에게 반응을 보이게 할 수 있을 것이다. 이것이야말로 사도 바울이 고린도교회에 낭랑한 목소리로 상기시킨 내용이다.

> **고후 10:3-5** 우리가 육신으로 행하나 육신에 따라 싸우지 아니
> 하노니 우리의 싸우는 무기는 육신에 속한 것이 아니요 오직 어떤
> 견고한 진도 무너뜨리는 하나님의 능력이라 모든 이론을 무너뜨리
> 며 하나님 아는 것을 대적하여 높아진 것을 다 무너뜨리고 모든 생
> 각을 사로잡아 그리스도에게 복종하게 하니.

우리가 믿는 하나님은 천지만물을 지으신 창조주시며 학문이 피조세
계에 대한 다양한 측면의 연구라고 볼 때, 기독교인들에게 학문 연구란
곧 '하나님을 알아 가는 활동이며 모든 전공 공부는 피조세계에 대한 선
한 청지기로서의 역할을 배워 가는 것'이다. 하지만 이 역할은 결코 쉬운
작업이 아니다. 수많은 적들이 보이게 보이지 않게 이 작업을 대적하기
때문이다.

존 스토트(John Stott, 1921-2011) 목사는 『복음주의가 자유주의에 답하
다』에서 기독교 지성을 늘 새로워지는 지성이라고 정의했다.

> 우리 시대의 복잡한 이슈들에 대해 기독교적인 지성을 계발하고 기
> 독교적으로 사고하는 방법을 배우려면 오로지 성경적 가르침을 총
> 체적으로 흡수해야만 비로소 가능합니다. 왜냐하면 기독교 지성은
> 늘 새로워지는 지성이기 때문입니다. 따라서 이 지성은 현대 문화의

양식에 동화되기를 거부하며, 그 대신 성경으로부터 하나님의 뜻을 분별하는 일을 성실히 추구하고, 나아가 그분의 은혜로 말미암아 그분의 뜻을 행하기 위해 열심히 노력하는 지성입니다(롬 12:2).

근대주의(modernism)

식민사관이란 무엇인가? 한마디로 조선 사람, 조선 역사, 조선 문화가 '특수하게' 못났다고 강조하는 것이다. 한반도 사람들은 능력이 없어 남의 지배를 받아야 한다고 근대 역사학의 논리로 포장해서 선전하고 각인시킨다. 이렇게 이식된 근대는 그들이 침략한 지역에서 '이전에' 이루어지고 있었던 변화를 부정하거나, 그들이 이식한 제도의 편의에 맞게 재편하게 되고 그 편의에 맞지 않는 것은 뒤떨어지는 것, 열등한 것, 따라서 없어져야 할 것이라고 반복적으로 주입되고 각인된 결과, 한국인 스스로도 그렇게 사고하는 관성이 생겨나고, 침략과 지배를 수용하는 체념의식이 확산된 것이다.

이처럼 근대주의는 침략자의 위력으로 '문명'에 대한 해석을 독점하면서 서구 근대를 기준으로 한 사물 인식을 강요했다. 중국과 인도 역시 야만 사회로 규정되었다. '늦음' 또는 '다름'을 이유로 모든 것이 부적당한 아시아는 발전의 싹도, 자율적인 변화도 불가능한 사회로 간주되었다. 서구 근대가 규정한 발전의 선후 논리는 상하 종속관계로 바뀌어 침략과 수탈, 지배와 피지배를 당연하게 받아들이도록 피식민 지역민들에게 각인되었다.

기독교 세계관 렌즈로
인문학 읽기

전통적으로 기독교적 학문에 적대적인 세력은 근대주의(Modernism)였다. 근대 이전의 사람들은 초월적 존재를 믿었다. 근대주의는 지금까지 전통주의 신학으로 인정받았던 성경의 영감과 무오류성-반해석학적(antihermeneutical) 및 경전의 절대성, 삼위일체의 교리, 그리스도의 동정녀 탄생과 신성, 그리스도의 대속적 죽음, 그리스도의 육체적 부활, 승천, 재림(파루시아)과 같은 교리를 부정한다. 이런 초월적 세계를 거부한다. 인간의 관찰과 반성만으로도 진리에 도달할 수 있다는 확신이 강해지면서 근대가 시작된 것이다.

　　근대는 이성에 대한 신뢰를 바탕으로 과학을 문화의 토대로 삼았다는 점에서 과학과 이성의 시대라고 할 수 있다. 다시 말해 근대는 인간의 자율적 사고와 행동을 믿었으며, 철학적 인식론을 통해 삶의 기초를 찾을 수 있다고 보았던 이성주의적, 토대주의 문화였다. 인간 이성을 신성시하는 근대에 기독교적 학문이라는 것이 꽃피워질 수 없는 것은 자명하였다.

　　모더니즘 이론에 지적인 근거를 제공한 이들은 찰스 다윈, 제임스 프레이저, 프리드리히 니체, 칼 마르크스, 지그문트 프로이트와 같은 이들로, 이들은 지금까지의 사회, 종교, 도덕, 인간, 자아의 개념에 지주가 되어 왔던 확실성에 의문을 제기한 인물들이다. 찰스 다윈은 진화론을 주장함으로 기독교 전통을 뒤흔들어 놓았고, 프로이트는 인간의 심성을 바라보는 새로운 관점을 제공했다. 특히 니체의 "신은 죽었다."라는 명제는 19세기의 절대적인 가치 기준을 전복시킴으로써 모더니즘의 등장에 가장 큰 단초를 제공했다.

하지만 근대의 위기는 바로 근대가 기초로 삼았던 이성으로부터 시작되었다. 아이러니컬하게도 근대는 인간이 이성을 절대적 진리의 기초로 삼으면서부터 믿음의 세계, 신비의 세계관은 무너지기 시작했다고 볼 수 있다. 전 근대인들이 받아들였던 초월적 존재, 진리의 기초로 인정했던 절대를 배척하면서부터 이미 근대인들의 정신적 공황의 씨앗은 심겨진 것이었다. 이것이 바로 포스트모더니즘(Post-modernism)의 배경이 된다.

포스트모더니즘(postmodernism)

포스트모더니즘의 기본 사상은 이 세상에는 답이 없다는 것이다. 모든 것은 상대적이기 때문이다. 이 사람, 저 사람 각자 각기 다른 모양대로 사는 것이다. 자기 본연의 색깔과 향으로 사는 것이다. 누구의 색깔과 향이 좋다고 느낄 수도 있겠지만 그렇지 않을 수도 있다. 세상엔 답이 없다. 우리들의 잣대라는 것이 무엇인가! 전통, 관습, 상식, 양심, 도덕과 윤리, 이 또한 답은 없다. 모든 것이 상대적이기 때문에 모든 규칙을 허물어뜨린다.

이성 중심의 근대주의에 대한 근본적인 회의에서 출발한 포스트모더니즘은 탈 중심적, 탈 이성적 사고를 특징으로 한다. 포스트모더니즘은 진리에 대해 상대주의적 태도를 취하기 때문에 선과 악의 기준이 모호해지지 않느냐는 비판이 제기되어 온 것이 사실이다. 포스트모더니즘은 선과 악 혹은 바름과 그름에 관해 절대적 가치가 부여된 전통들을 해체

(deconstruction)함으로써 그 상대적 가치를 재발견하려고 한다. 그리고 심지어는 그 자신이 발견한 상대적 가치조차 다시금 타인과의 토론과 만남 속에서 상대화하고, 상대방에게서 서로 배우고자 한다. 그러니까 포스트모더니즘은 "절대적인 것으로 간주되어 오던 전통적인" 신과 익이나 진리 명제의 권위를 의문시하여 '해체'시켜 버리려는 전복의 시도라고 할 수 있다.

포스트모더니즘이 기독교에 어떤 영향을 미치는지에 대해 처음에는 학자들마다 의견이 분분하였다. 하지만 시간이 지남에 따라 포스트모더니즘이 점점 적군으로의 본색을 드러내고 있다. 근대주의에 대한 반발로 시작되었기 때문에 '반근대주의(Anti-modernism)'라고 할 수 있다는 포스트모더니즘의 가장 큰 문제는 기독교의 우주적 진리성을 무시하는 것이다. 포스트모더니즘은 학문의 진정한 목적이 그리스도 안에서만 발견될 수 있다는 기독교적 학문의 전제를 애초부터 반대한다.

진리의 가장 중요한 특징은 시대와 장소, 환경을 초월하여 진리이어야 한다는 점이다. 시대에 따라, 환경에 따라 끊임없이 변하는 것은 진리로서의 자격을 상실한다. 그러나 포스트모더니즘은 만일 기독교의 진리가 그리스도인들이 모였을 때는 진리인데 불신자들이 있는 곳에서는 더 이상 진리가 아니라면 그것은 더 이상 그리스도인들에게도 진리가 될 수 없다고 생각한다. 비슷한 예로 만일 교회에서는 하나님이 천지를 창조하신 분인데 학교에 가서는 불신자들의 인정 여부와는 무관하게 더이상 창조주가 아니라고 한다면 그 하나님은 더 이상 기독교에서도 창조주가 될

수 없다는 논리다,

앎의 문제 갈등

그리스는 인간을 중심으로 한 최초의 문명 발생지이다. "인간은 만물의 척도다."라고 한 프로타고라스의 철학을 바탕으로 인간의 존엄성과 가치가 중심을 이루었다. 그리스 아테네는 헬레네인들이 주축을 이루고 개방적인 민주주의 형태로 발전되었으며, 미술, 정치, 연극, 철학, 법학, 논리학, 역사, 수학, 물리 등 다방면에서 창조력이 넘쳐났다.

"유대인은 표적을 구하고 헬라인은 지혜를 구한다(고전 1:22)."는 사도 바울의 말은 이미 그 당시에 헤브라이즘이 헬레니즘의 영향 가운데 있음을 간접적으로 나타낸다. 터툴리안(Tertullian)이 말했던 "예루살렘과 아테네가 무슨 관계가 있는가?"라는 수사적 질문도 뒤집어 놓고 보면 이 두 전통 간의 강한 상호작용을 반증한다고도 볼 수 있다. 사실 이 두 전통의 상호작용은 어제 오늘의 문제가 아니다. 거의 기독교의 사상과 비견되는 역사를 가지고 있다. 그리스 전통의 산물이라고 할 수 있는 사변적인 지식은 행함과 분리될 수 없는 기독교 신앙과 애초부터 어느 정도 갈등관계를 유지하면서 상호영향을 미쳐 왔다.

그리스적 앎의 개념은 현대의 지식관에도 그대로 전수되고 있다. 현대적 의미에서 앎이란 대상 그 자체가 아니라 그 대상을 일정한 거리에서 감각과 지각을 사용하여 관찰함으로 얻은 정보 혹은 반성을 통해 얻은 의식이라고 할 수 있다. 자연을 대상으로 하는 사실적 지식보다 철학적 형이상학적 지식은 그리스도적인 성격이 강하다. 그러나 어떤 대상에 대한 지식이라고 할지라도 지식은 순수하게 객관적으로만 포착될 수 없으며, 어느 정도 반성하는 주체의 의지적 결단을 필요로 한다. 비록 현대 학자들은 이런 지식을 도덕적, 종교적 신념이라고 부르면서 학문적 지식과 구별하지만 학문적 지식도 어느 정도의 의지적 결단이 내포되어 있음을 생각한다면 완전히 객관적인 지식이란 그리스인들의 이상일 뿐이다.

그러면 성경적 앎은 무엇인가? 이에 대한 대답을 위해서는 '히브리적 앎이란 무엇인가?'라는 질문에서부터 시작해야 한다. 히브리인들에게 하나님을 아는 지식은 그리스적으로 아는 것만을 의미하지 않았다. 이들에게 하나님을 아는 것은 단순한 사변이 아니었다. 이들은 참된 지식이란 "여호와를 경외하는 것, 또는 여호와를 아는 것"에서부터 시작한다고 믿었다(잠 1:7, 9:10).

더욱이 자신에 대한 진정한 지식도 하나님에 대한 지식에 근거하여 얻어질 수 있다고 보았다. 이러한 사상은 신약에 와서도 그대로 이어졌다. 인간은 성경의 케리그마(kerigma)다. 즉 복음의 내용을 완전히 이해할 때만이 자신에 대한 진정한 지식을 얻을 수 있었다.

히브리적 사고와 그리스적 사고의 차이는 '안다(know)'라는 동사의 의미에서 더욱 분명하게 드러난다. 우리는 오늘날 그리스적인 지식관에 익숙해져 있기 때문에 안다는 것, 즉 지식이란 차가운 이성적 추론의 결과로 얻어진 관조적인 것이나 명상적인 것으로만 생각한다. 그러나 히브리적인 지식에서는 행함과 분리된 관념적이고 사변적 지식은 지식을 아는 것이 아니라고 본다. 지식의 결과 행함이 나오는 것이 아니라, 지식 그 자체가 본질적으로 추상적인 앎과 더불어 실제적인 행함이라는 불가분의 요소로 구성되어 있다고 보는 것이다. '안다'는 의미의 히브리어 '야다(yada)'는 인식대상에 대한 객관적인 지식뿐만 아니라 대상에 대한 책임이나 대상과의 관계성까지 포함하는 말이다.

무속 신앙과 기독교

지난 반만 년 역사에서 우리나라는 무교(무속)가 5,000년, 불교가 1,000년, 유교가 500년간 주된 종교였다. 19세기 후반에는 기독교가 들어오고 오늘날의 주된 종교로 성장했다. 아마도 한국처럼 모든 종교가 들어와서 성공한 나라도 매우 드물 것이다. 불교로부터 유교, 로마 가톨릭 그리고 개신교회에 이르기까지 들어오는 모든 종교들마다 성공을 거두었다. 심지어 최근에는 이슬람교까지 점차 그 세력을 확장하고 있다는 소식을 접하면서 '이 나라는 과연 어떠한 정체성을 가지고 있기에 모든 종교가 그리도 쉽게 정착할 수 있는가?' 하는 생각이 든다. 그러나 모든 종교들이 한국에 정착하는 과정에서 숨길 수 없는 사실이 있다. 그것은 모든 종교들이 한국의 토속 종교, 즉 무속 신앙을 자연스럽게 받아들이고 있다는 증거들이다.

그것은 개신교, 즉 교회에 있어서도 예외는 아니다. 이미 대부분의 교회는 자신들도 알지 못하는 사이에 무속 신앙이 교회 안에 깊숙이 침투해 있으며, 그것들은 이미 돌이킬 수 없을 만큼 교회 안에서 뿌리를 내리고 있다. 특별히 이단의 문제를 다루면서 무속 신앙을 살펴보려는 것은 그것이 하나님 말씀으로부터 많이 벗어나고 있기 때문이고, 정상적인 그리스도인의 삶을 방해하고 있기 때문이다.

무속 신앙의 침투가 위험한 것은 종교들이 순수성을 잃고 점차 변질하도록 만들고, 결국에는 모든 종교들을 무속화 하는 데 있다. 가령 불교의 승려가 예언을 하거나 병을 고치고 신기한 기적들을 일으킨다거나, 유교에서 죽은 자들과 영매를 하는 것들은 대표적인 예라고 할 수 있다. 교회는 그것보다 더욱 심각하여 오늘날 많은 교회들이 마치 무당들을 목사로 세워 그들로부터 무언가를 들으려는 사람들로 가득 찬 것처럼 보인다.

그러면 이러한 무속 신앙의 특징은 무엇일까? 무속 신앙의 대표적인 두 가지 특징으로 기복신앙과 이원론을 들 수 있는데, 여기서는 무속 신앙의 이원론적 특징과 이에 대한 함의만을 살펴보려고 한다. 종교적인 면에서 이원론적이라는 것은 종교적인 의식의 현장이나 분위기에 있을 때는 매우 종교적인 듯한데 그 장소나 시간을 벗어나면 쉽게 다른 행태로 살아가는 것을 말한다. 이것은 한국인들의 의식 깊이 한 곳에 뿌리박혀 있어서 그리스도인들까지도 이원론적 삶에 깊이 물들어져 있다. 예를 들면 새벽기도에서 울고불고하는 것을 보면 쉽게 뒤집어질 것 같은데 교회 문을 나서기가 무섭게 언제 그랬냐는 듯이 기도와는 무관하게 살아가는 것이다. 주일에 성경책을 끼고 교회에 나올 때는 거룩한 것 같은데 주중에는 도무지 예수 믿는 것 같지 않게 사는 것도 이원론적인 모습이다. 이렇듯 종교적인 분위기와 장소를 벗어나면 전혀 다른 모습으로 살아가는 이원론은 다분히 무속적 뿌리를 갖고 있다.

이러한 이원론의 무속적 뿌리를 찾는 것은 그리 어려운 일이 아니다. 간단하게 말하면 무속 신들이 모두 국소화(局所化)되어 있고 전능하지 않기 때문이다. 즉 종교적 의식의 현장을 떠나면 무속 신은 사람들에게 아무런 영향력을 행사하지 못한다. 예를 들어 산신령은 산에만 살기 때문에 평지에 있는 사람들에게는 아무런 영향력을 발휘하지 못한다. 물귀신 역시 물을 떠난 사람들의 발목을 끌어당길 수 없다. 부엌 귀신도 부엌에서만, 통시 귀신도 재래식 화장실에서만 힘을 쓸 뿐이다.

사람들이 그곳, 그 분위기, 그 '현장'에 있을 때는 영향력을 행사할 수 있을지 몰라도 그 '현장'을 떠나면 무속 신은 아무런 영향력을 행사하지 못한다. 그러니 무속 신을 섬기는 사람들에게 종교적 의식의 현장 밖은 감찰하는 신이 없는 곳이며, 따라서 신이 없는 것처럼 살아갈 수도 있는 것이다. 일단 신의 면전을 떠나면 한 장소에 매여 있는 신은 사람들에게 아무런 제재를 가할 수 없기 때문이다.

이러한 무속 신앙이 그리스도인들에게 미친 영향을 추리하는 것은 별로 어렵지 않다. 하나님을 국소화된 다시 말해서 장소에 매여 있는 신이

기독교 세계관 렌즈로
인문학 읽기

라고 생각하면 그 장소를 떠나서는 아무 영향력을 행사할 수 없는 신이라고 생각하게 되는 것이다. 그래서 기도할 때는 "전지전능하시고 무소부재하시며 영원불변하신 하나님"이라고 고백하지만 삶의 현장에서는 '교회당 건물 안에만 계시며 사람들이 교회 바깥에서는 무엇을 하는지 도무지 모르시는 하나님'인 것처럼 살아가는 것이다.

그러므로 교회에 와서는 진실한 그리스도인인 듯한데 작업 현장이나 사회생활에서는 전혀 하나님이 없는 것처럼 살아간다. 적당하게 분위기가 잡히면 울고불고 금방이라도 성자가 될 듯한데 그 분위기를 떠나면 언제 그랬느냐는 듯 말짱한 제정신이 된다. 손을 들고 찬양하는 것이 유행이 된 요즘은 손을 들고 눈을 지그시 감은 채 복음송을 부르는 모습을 보면 천국에 있는 듯한데 그곳을 떠나면 전혀 그렇지 않은 모습을 보기도 한다.

그러면 이원론적 행습을 극복하기 위해서는 어떻게 해야 하는가? 이를 위한 가장 근원적인 방법은 성경적으로 바른 신관(Image of God)을 회복하는 것이다. 기독 지성에 근거한 믿음은, 즉 우리가 섬기는 하나님은 분위기가 잡히고 종교적 의식이 이루어지는 곳에만 계시는 국소화된 하나님이 아니라 언제, 어디나 계시는 무소부재하신 하나님, 특정한 기능만을 담당하는 유한하신 하나님이 아니라 무엇이나 행하실 수 있으며 무엇이나 알고 계시는 전지전능하신 하나님임을 믿는 것이다.

4. 따름: 하나님을 알아 가는 독서

인류 역사에서 문자와 숫자의 발명은 지식의 체계적 축적을 가능하게 하였고, 이렇게 축적된 지식을 후대에 전하고 새로운 지식을 습득하는 일은 인간 사회를 발전시켜 나가는 데 가장 중요한 과업이 되었다. 체계적 지식을 습득하는 학문 활동과 이를 후대에 전하는 교육 활동은 동서고금을 막론하고 사회의 가장 중심적인 일이 되어 왔다. 이런 학문 활동을 그리스도인들은 어떻게 보아야 할 것인가? 이것은 배움의 과정에 있는 모든 그리스도인들과 학부모, 학문 활동을 업으로 하는 그리스도인 학자들이 언젠가 한 번은 피할 수 없이 맞닥뜨리는 질문이다.

1) 학문이란 무엇인가?

한자에서 학문이란 '모르는 것을 배우고 의심스러운 것을 묻는다.'라는 뜻으로 역경(易經)의 "군자학 취지문이변지(君子學 聚之問以辨之)"라는 말에서 유래했다. 그리스인들에게 학문이란 애지(愛之) 혹은 지식 추구, 곧 철학하는 것을 의미하며 서양 단어로 철학(philosophy)이 있는데 이는 지혜를 '사랑한다'는 그리스어에서 온 것이다. 역사적으로 볼 때도 학문은 항상 직접 생산 노동에 종사하지 않는 사람, 곧 지배 계급에 의해 유지되어 왔다. 예를 들면 한국의 양반 계급, 중국의 사대부, 그리스의 자유민, 인도의 바라문 계급, 이집트나 바벨론의 승려나 귀족들에 의해 학문이 전승되어 왔다.

19세기 후반부터 20세기 후반에 이르기까지 거의 100여 년 동안 마르크스주의를 사상적, 실천적으로 가장 커다란 영향력을 발휘했던 엥겔스(Engels, Friedrich, 1820.–1895.)가 "노예제도 없는 그리스의 예술 및 과학은 없다."고 한 것은 이를 가리켜 말한 것이라 할 수 있다. 이를 요약하면 학문은 시간이 많은 사람, 노동에 종사할 필요가 없는 사람들에 의해 유지되었다. 즉 항상 직접 노동에 종사하지 않는 사람, 지배 계급에 의해 유지되어 왔다.

이와 다르게 히브리인 전통 교육이란 하나님의 율법을 자손에게 선포하고 가르쳐 그들로 하나님의 율법대로 살아가도록 하는 데 목적이 있었다. 이것을 기록한 신명기 6장 4–9절의 말씀은 '쉐마(shema)'라는 말로 요약할 수 있다. 이것은 '들어라'라는 의미의 말이지만 히브리인들의 교육을 함축적으로 나타내는 말이다. 히브리적인 교육은 자연과 주변 세계에 대한 객관적인 진술보다는 천지의 창조주 하나님을 알고 그의 계명대로 살아가도록 하는 것을 교육의 목적으로 하였다.

2) 학문하는 두 가지 전통

또한 학문하는 태도도 히브리 전통은 그리스 전통과는 다르다. 그리스 전통은 자연과 세계를 관조의 자세로 봄으로써 인간의 선입견에서 벗어나 불편부당(不偏不黨)의 객관적 진리에 도달하는 것이었다. 그래서 고대 그리스 사람들은 바른 학문을 연구하기 위해 어떻게 하면 자신의 편견에서 벗어날 수 있을 것인지에 주로 관심이 있었다. 베이컨은 자연을 정복하기 위해서 지식을 무척 강조했지만 모든 지식이 옳다고 생각한 것은 아니었다. 그는 인류가 앞으로 발전하려면 과거로부터 얻은 잘못된 지식과 편견을 몽땅 지워야 한다고 했다. 그리고 깨끗해진 생각에 다시 올바른 지식을 넣어야 한다고 했다. 왜냐하면 잘못된 지식을 없애야 올바른 지식을 쌓을 수 있을 테니까.

베이컨(Francis Bacon, 1561-1626)은 올바른 지식을 얻기 위해서 우리가 가장 먼저 할 일은 모든 선입견과 편견을 송두리째 없애는 것이라고 했다. 선입견과 편견은 우리에게 잘못된 지식을 주거나, 자연을 있는 그대로 보지 못하게 막는 장애물이기 때문이다. 그는 객관적 인식을 방해하는 네 가지 편견 혹은 우상으로서 동굴의 우상, 종족의 우상, 시장의 우상, 극장의 우상을 지적하였다.

동굴의 우상은 개인 이기주의를 뜻한다. 가령 인간들은 흔히 "꾀꼬리가 봄을 찬미하여 노래한다."거나 "도살장에 끌려가는 소가 눈물을 흘린다."는 식의 표현을 한다. 사실 꾀꼬리는 노래하는 것이 아니다. 꾀꼬리는 암놈이 수놈을 부르기 위해서, 어미가 자식을, 자식이 어미를 부르느라 그리고 친구들에게 자신이 있는 곳을 알리기 위해 소리를 내는 것이다. 세상의 모든 현상을 인간의 관점에서만 보는 것을 '종족의 우상'이라고 한다. 이것은 인간이라는 종족의 이기심과 편견을 말하는 것으로, '종족 이기주의'라고도 할 수 있다.

종족의 우상이 종족 이기주의이다. 종족의 우상이 인간이라는 종족 공통의 이기심과 편견이라면, 동굴의 우상은 인간 개개인의 성격, 버릇,

지식 수준, 생활환경 등의 처지에서 비롯된 편견을 말한다. 자신이 직접 경험한 것만이 참이라고 우기고, 다른 사람의 생각이나 객관적인 진리를 틀렸다고 부정하는 것이 '동굴의 우상'이다.

시장의 우상은 좋은 물건을 싸게 사려는 사람들과 팔려는 상인들이 모이는 시장에서는 수많은 말들이 오가면서 소문과 과장, 다툼이 끊일 날이 없다.

극장의 우상은 신문이나 텔레비전에 나오는 말들이나 말하는 사람이 누구인가에 따라서 선생님이나 박사님, 교수님이 하는 말은 믿지만 대학교나 고등학교도 안 나온 사람의 말은 잘 믿지 않는다. 어떤 사실을 판단할 때, 그것의 사실 여부가 아니라 권위로부터 판단을 한다면, 극장의 우상을 범하는 것이다.

이에 비해 히브리 전통은 앞에서 언급한 것처럼 학문 자체를 위한 학문이나 진리 자체를 위한 진리는 별로 의미가 없으며 다만 머리를 아프게 하는 것이라고 생각한다.

> **전 12:12** 내 아들아 또 이것들로부터 경계를 받으라 많은 책들을 짓는 것은 끝이 없고 많이 공부하는 것은 몸을 피곤하게 하느니라.

인생에 있어서 귀중한 것은 지혜며(시 111:10), 완전한 지혜는 여호와의 이름을 경외하는 것(미 6:9)이라고 보았다. 왜냐하면 하나님은 창조자이며 지혜의 근원이 되기 때문이다. 지혜는 정규교육뿐 아니라 사회, 자연,

가정 등, 다양한 환경과 경험을 통해 얻어지며 학문 활동이란 것도 결국 지혜를 얻기 위한 방법이라고 보았다.

3) 기독교적 학문?

학문 연구가 기독교적이 되게 하는 최종적인 기준은 무엇인가? 그것은 바로 기독교 세계관이라 할 수 있다. 학문의 전 과정, 즉 학문의 의미, 과정, 방법, 목적, 응용, 심지어 학문의 동기까지 기독교 세계관적 기초 위에서 이루어질 때 그것은 기독교적인 학문이라고 할 수 있을 것이다. 아울러 '모든 진리는 하나님의 진리'임을 염두에 두어야 한다. 진리란 그것의 본체가 하나님이시기 때문에 비그리스도인들에 의해서 발견되든 그리스도인들에 의해 발견되든, 종교적인 영역에서 발견되든 그렇지 않은 영역에서 발견되든 하나님의 것이다. 특히 학문 영역에서는 비그리스도인들도 얼마든지 진리를 발견할 수 있다. 그들도 얼마든지 노벨상을 탈 수 있고 대단한 업적을 남길 수 있다. 이는 그들이 인정하든 인정하지 않든 그들도 하나님의 형상을 따라 지음을 받았기 때문이다.

그러나 기독교 세계관의 입장에서 볼 때 어떤 분야를 연구하든지 근본에 있어서 창조 질서를 연구하지 않는 학문 연구는 존재하지 않는다. 자연과학이나 공학뿐만 아니라 논리적인 세계나 심미적인 세계를 대상으로 하는 인문과학, 인간의 심리나 사회구조를 대상으로 하는 사회과학도 하나님의 창조질서를 연구하는 분야라고 할 수 있다.

요 1:3 만물이 그로 말미암아 지은 바 되었으니 지은 것이 하나도 그가 없이는 된 것이 없느니라.

그러므로 인문과학 연구도 논리나 심미적인 분야에 대한 하나님의 창조명령을 수행하는 행위이며, 사회과학 연구도 하나님께서 창조하신 사회적 기구들에 대한 질서와 사회적 자원을 지키는 청지기가 되라는 하나님의 명령에 순복하는 것이어야 한다. 배도(背道)의 시대에 살면서도 그리고 세상의 모든 헛된 학문을 배설물과 같이 여기면서도 성경적 세계관에 입각한 바른 학문을 하기 위한 청지기적 역할을 포기해서는 안 된다.

4) 인문 독서: 창조하신 세계를 발견하는 과정

인문 독서를 하는 것은 결국 하나님께서 창조하신 세계를 연구하는 것이다. 학문을 할 수 있다는 말은 자연이나 논리 세계에 체계와 질서가 있음을 의미한다. 질서와 체계는 우연의 산물일 수 없으며, 창조주의 지혜와 설계임을 받아들여야 한다. 또한 공부할 수 있는 창조적 능력이 인간에게 새겨진 하나님 형상의 반영이라고 한다면(창 1:26-27), 공부하는 것은 하나님을 경외하는 것과 직접적인 관련이 있다. 그리고 발견한 지식과 개발된 기술을 자기만을 위해서가 아니라 이웃과 사회를 위해서 사용한다는 분명한 목표를 갖게 될 때 그 공부는 이웃 사랑과도 관련된다. 즉 공부한 내용 뿐 아니라 공부한 것 그 자체를 통하여 하나님을 영화롭게 하고 이웃을 사랑함이 드러나야 하는 것이다.

그러므로 대학에서 공부를 열심히 하는 것은 좋은 직장을 얻거나 대학원에 진학하기 위해서 하는 실용적 대가 때문은 물론이거니와 공부 그 자체가 하나님의 명령(창 1:28)과 하나님 나라와 의(마 6:33)에 관련된 본질적 행위이기 때문이다. 이렇게 본다면 기독교 세계관을 가지고 인문학 독서를 하는 것은 신앙생활의 한 모습이며 그 자체가 하나님으로부터 받은 소명의 일부라고 할 수 있다.

기독교 세계관 렌즈로
인문학 읽기

토론 과제

1. 비움: 죽느냐 사느냐

- 모르드개와 하만을 포함하여 성경에는 수많은 세계관이 등장한다. 에스더 이야기를 보면 세계관은 어떻게 형성되고 세계관의 중요성에 대해서 생각하는가?
- 우리에게 영향을 주는 영화, 텔레비전, 인터넷 속의 나타나는 주된 세계관에 대해서 말해 보자.

2. 채움: 구조와 방향

- 기독교 세계관은 구조와 방향으로 정의할 수 있다. 이때 구조와 방향이 말하는 바에 대해서 말해 보자.
- 나는 인간의 가능성을 어디까지 믿는가? 어떤 때에 나의 본성이 죄로 물들어 있다고 깨닫는가?
- 네덜란드의 신학자 스킬더(K. Schilder)는 "인간은 분명한 사명을 부여받은 사역자"라고 말한다. 땅을 '정복하고' 만물을 '다스림'은 인간의 주권적인 지위를 보여 주시고, 자연을 일구어 문화를 만드는 사명을 가진 일꾼으로, 역사는 인간에 의해 만들어지고, 하나님과 더불어 창조를 완성으로 끌고 나갈 역사의 대리인이다. 이 사명을 감당할 수 있는 방안에 대해서 논의해 보자.

3. 지움: 도전받는 그리스도

- 개인주의적 확산은 성적 타락을 부추기는 또 다른 원인을 제공할 뿐만 아니라 전문가만이 권위를 갖는 시대로 돌입하게 되는 사회의 현상에 대해서 어떻게 생각하는가?
- 미국의 저명한 복음주의 역사 신학자 마크 놀(Mark A. Noll)은 『복음주의 지성의 스캔들』에서 기독교 지성을 하나님을 찾아가는 과정으로 이해한다. 내가 생각하는 기독 지성은 무엇이고 기독 지성의 필요성에 대해서 말해 보라.

4. 따름: 하나님을 알아 가는 지식

- 기독교 세계관이 없는 기독교는 무속 신앙에 빠지기 쉽다. 한국에 들어온 모든 종교들이 한국의 토속 종교, 즉 무속 신앙을 자연스럽게 받아들이고 있다. 기독교 내에서 증거들을 찾아 말해 보자.
- 한자에서 학문이란 "모르는 것을 배우고 의심스러운 것을 묻는다."라는 뜻으로 역경(易經)의 "군자학 취지문이변지(君子學 聚之問以辨之)"라는 말에서 유래했다. 그리스 전통과 히브리 전통에서 학문의 목적은 다르다. 그리스도인들에게 학문은 어떻게 정의될 수 있는가?

5부

기독교 세계관 렌즈로 세상 새롭게 보기

1. 비움: 거듭난 자의 세계관

"제 눈에 안경"이란 말이 있다. 사람마다 사물을 바라보는 관점이 다름을 뜻한다. 똑같은 사물을 보고도 어떤 안경을 쓰고 사물을 보느냐에 따라 다르게 인식된다는 것이다. 우리는 각자의 안경을 쓰고 세상을 본다. 세상이란 말을 좀 더 구체적으로 말하면 인간, 사회, 자연으로 구분할 수 있을 것이다. 어떤 안경을 쓰고, 자신을 보고, 세상을 보고, 역사를 보느냐에 따라 가치체계와 행동이 달라진다. 우리는 이 안경을 세계관이라고 한다.

요한복음 3장에 등장하는 니고데모는 그 당시 지식인이었으나 예수님이 전하는 하나님 나라에 대해 전혀 이해하지 못했다. 예수님께서 "거듭나야 한다."는 소리를 어머니 배 속에 들어갔다 나와야 하느냐고 물어봤을 정도로 유치하다. 그에게 필요한 것은 안목을 거듭나게 하는 복음의 안경이었다. 거듭남을 육신의 관점으로 볼 수밖에 없는 니고데모는 당대의 관원이요, 서기관인요, 당대 지식인의 반열에 있기는 하지만 답답하기는 요한복음 4장에 나오는 사마리아 여인만 못하다.

기독교 세계관은 중생한 사람들의 영적인 세계관이라고 할 수 있다. 그래서 기독교 세계관은 중생하지 아니한 자들의 다양한 세계관들과 대립적이고, 반립(反立)적일 수밖에 없다. 예수님과 니고데모의 대화는 이것에 대한 가장 적합한 예라고 할 수 있다. 그래서 요한복음을 읽는 독자 입장에서는 두 사람이 나누는 대화는 답답하기 그지없다. 두 사람 간의 대화는 동문서답으로 헛돌다 끝난 것처럼 보인다. 당대의 지식인이었던 그가 하나님 나라를 볼 수 없는 것은 영적인 관점이 없었기 때문이다. 이런 면에서 기독교 세계관은 거듭난 자의 세계관인 것이다.

이러한 현상은 현실에서도 어렵지 않게 경험할 수 있다. 영적으로 거듭난 사람은 교회에 출석한지 얼마 되지 않아도 말씀이 척척 들어온다. 하지만 거듭나지 않은 성도라면 그가 비록 교회를 오래 다녔을지라도, 교회에서 중요한 직분을 가지고 있거나 성경의 지식이 아무리 많다고 해도 하나님 나라를 볼 수 있는 눈은 허락되지 않은 것이다. 영의 눈을 가진 사람만이 하나님 나라의 세계가 열려 있는 것이다.

어디로 와서 어디로 가는가의 질문은 우리의 삶에 직접적으로 영향을 미친다. 고갱의 "우리는 어디에서 와서 어디로 가는가?" 이 작품은 일상의 과정을 한 눈에 보여 준다. 오른쪽에서 왼쪽으로 이동하면서 누워 있는 아기를 통해 '과거'를 묻고, 그림 중앙에 서서 열매를 따고 있는 젊은 이를 통해 '현재'를 보게 한다. 그리고 왼쪽 아래 웅크리고 귀를 막으며 닥쳐올 고통으로 인해 괴로워하는 늙은 여인의 모습은 '미래'를 표현하고 있다. 제목 그대로 우리 인생의 전 생애에 대한 내용이며 질문인 것이다.

이처럼 인간의 존재에 대한 의문은 일반인에서부터 예술가에 이르기까지 이 땅에 살아가고 있는 모든 이들의 풀리지 않는 과제이다. 인간은 이런 근본적인 질문을 묻고 답함으로써 세상과 삶에 대한 종합적인 이해를 갖게 된다. 하지만 이에 대한 답은 이성적 사유와 과학적 연구라는 학문의 차원이 아니라 종교적 성격을 띤다. 이론적으로 누구도 이 질문에 대한 답은 얻을 수 없기 때문이다.

1) 세계관과 문화

세계관과 패러다임(paradigm)은 종종 같은 개념으로 설명한다. 우리 사회에서 자주 사용되는 말 중 "패러다임을 전환해야 한다." "21세기를 지향하는 새로운 패러다임을 갖추어야 한다."는 등 패러다임이라는 말을 많이 사용하는데 패러다임이란 말은 이미 학계뿐만 아니라 사회 전반에 걸쳐서 두루 통용되고 있는 단어가 되었다. 그러나 패러다임의 정확한 의미를 알고 그 용어를 사용하는 사람들은 많지 않은 것 같다.

패러다임이란 개념은 원래 미국의 토마스 쿤(Thomas Kuhn)이 1962년 그의 저서 『과학혁명의 구조』(The Structure of Scientific Revolution)에서 처음으로 주장한 개념이다. 쿤은 과학적 탐구를 공동체적 활동으로 파악하고 두 가지 이질적인 활동으로 구분했다. 쿤은 하나의 패러다임이 나타나면, 이 패러다임에서 나타나는 갖가지 문제점을 해결하기 위해 과학자들은 계속 연구, 탐구 활동을 하는데, 이를 정상 과학(normal science)이라고 한다. 이어 정상과학을 통해 일정한 성과가 누적되다 보면 기존의 패러다임은 차츰 부정되고, 경쟁적인 새로운 패러다임이 나타난다. 그러다 과학혁명이 일어나면서 한 시대를 지배하던 패러다임은 완전히 사라지고, 경쟁관계에 있던 패러다임이 새로운 패러다임으로 자리를 대신하게 된다. 따라서 하나의 패러다임이 영원히 지속될 수는 없고, 항상 생성-발전-쇠퇴-대체의 과정을 되풀이한다.

세계관이 '觀(관)'이라는 말로 표현되었다고 해서 '보는 것'만을 의미하지는 않는 것이다. 이것이 함축하는 것은 모든 감각을 통해 얻는 세계에 관한 전부를 이해하는 것을 말한다. 그리스 전통의 영향으로 오늘날 문화에서는 '보는 것이 믿는 것(Seeing is Believing)'이라는 생각이 두드러진다. 하지만 제대로 보기 위해서는 삶에 대한 전체적인 조망이 필요하다. 높은 곳에 올라가야 전체 그림이 머릿속에 그려지듯이 세계관도 세상과 인생에 대한 종합적 이해의 기초가 된다.

프란시스 쉐퍼(Francis A. Schaeffer, 1912년–1984년)는 우리가 인식하든 인식하지 못하든 우리는 우리의 전제(premise)에 따라 살아간다고 하였다. 이 말은 언제나 생각해도 깊은 의미를 전달하고 있다. 현대인은 자신의 주관과 뜻대로 사는 것이요 임기응변의 삶이 진정한 삶이라고 말한다. 인간의 시각은 의도적이다. 보이는 그대로 믿기도 하지만 믿는 것을 보기도 한다. 우리는 바라보는 세계를 일정한 관점에서 이해하고 그에 따라 세계를 만들어 간다.

우리는 이렇게 해서 생긴 인간적인 세계를 '문화'라고 부른다. 하나님이 만드신 '자연'이라는 세계를 바라보는 인간의 '세계관'이 있고 그 눈에 따라 다양한 해석을 통해 인간은 능동적으로 '문화'를 형성해 나가기 때문이다.

2. 채움: 세계관이 결정한다

기독교 세계관은 구속사적 세계관이라고 할 수 있다. 우리가 구속 사란 말을 할 때에는 언제나 '역사'를 전제한다. 가령 아브라함이 B.C. 2166에 출생하여 75세 되는 때(B.C. 2091)에 하란에서 부르심을 받아 100 세(B.C. 2066)에 이삭을 낳았다. 이렇게 성경의 지평 내에서 사고하기보다 는 '실제 역사'에 그 관심을 두고 그 가운데 하나님께서 인간을 구속하시 기 위해 어떠한 활동을 해 오셨는가를 밝히고, 그 의미가 무엇인가를 생 각하는 것이 바로 구속사이다.

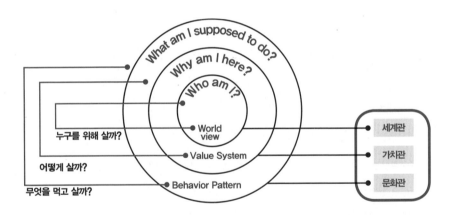

기독교 세계관은 우리가 사람이나 자연, 사회를 바라보는 눈을 고쳐 주는 치료 효과를 가지고 있다. 인도 성공회의 주교, 선교사로 활동했으 며, 세계교회협의회(WAC)를 중심으로 한 에큐메니컬 운동 활동가인 레

슬리 뉴비긴(Lesslie Newbigin)의 말처럼 성경은 우리가 그것만 바라보아야 (look at) 할 책이 아니라 그것을 통해 보아야(look through) 할 책, 즉 안경 역할을 강조한다. 성경은 가장 높은 곳에서 세계와 역사를 조망하며 성 경이 펼쳐 보여 주는 비전만이 인간 본성에 주어진 영원을 사모하는 마음을 만족시킬 수 있는 유일한 조망이다. 왜냐하면 인간의 눈은 죄로 어두워졌기 때문에 세계를 우리의 눈과 의식으로 보면 왜곡되고 제대로 볼 수 없다. 성경의 진리는 이를 치유하는 힘이 있다. 성경은 자연과 역사에 나타난 하나님의 뜻을 바로 판단하는 일에 기준이 되기 때문이다.

주의해야 할 점은 성경적 세계관 그 자체가 관심의 초점이 되어서는 안 된다. 성경의 진리에 익숙하고 그것이 몸에 익어 매사를 말씀이라는 스펙트럼을 통해 봐야 진짜 그리스도인이다. 성경을 아는 것은 꼭 필요하지만 그것만으로 충분하지 않다. 성경을 통해서 세상을 보고, 행해야 제대로 된 것이다. 성경은 행하면 진리인 줄 알게 되는 책이기도 하다.

1) 세계관은 문제를 해결하는 열쇠

세계관은 자신의 정체성을 나타낸다

'정체성(正體性)'이란 사람이 '환경이나 사정이 변해도 자기가 변하지 않는 존재인지를 깨닫는 것' 또는 '그렇게 깨달아진 변하지 않고 독립적인 자신의 존재'를 뜻한다. 우리가 흔히 쓰는 말 중에 "넌 도대체 정체(正體) 가 뭐냐?" "정체가 탄로 났다."라는 표현이 있다. 바로 그 '정체'가 무엇인지를 깨닫는 것을 '정체성'이라 하는 것이다. 즉 어떤 특정한 상황에서 카멜레온처럼 변신한 모습이 아니라 아무리 가식을 떨고 아무리 포장을 하려 해도 감출 수 없는 그 사람의 본질(본모습)이 '정체'이고, 그 깨달아진 자신의 존재가 바로 '정체성'이다.

먼저 세계관은 세상과 나 자신을 이해하는 해석적 열쇠를 제공한다

이 세상에 많은 열쇠들이 있지만 자기 집 문을 열고 들어갈 수 있는 열쇠는 단 하나 뿐이듯이 세상과 인간을 가장 올바로 이해할 수 있는 열쇠도 하나만 존재한다고 말할 수 있다. 다시 말해, 이 세상에는 다양한 세계관이 있지만 어떤 세계관이 가장 궁극적인 의미를 가지고 있으며 이 세상을 바르게 이해하고 해석할 수 있는 세계관인가 하는 문제는 매우 중요하다. 왜냐하면 진리는 하나이기 때문이다.

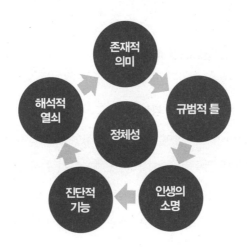

세계관은 현실의 상황과 삶의 경험 가운데서 인간 존재 의미를 부여한다

인간이란 두발로 걷고, 사고 능력을 가지고 있으며, 도구를 이용하고, 서로 모여 '사회'라는 울타리를 만들어 살고 있다. 문명을 발전시키고 있으며 정신적으로 물질적으로 다른 존재의 추종을 불허하는 지구상 만물의 영장이라 일컬어지고 있다.

하지만 이는 표면적으로 드러난 것에 대한 설명에 지나지 않는다. 진짜로 인간의 존재 의미는 무엇일까? 우리는 어디서 온 것이며, 왜 왔으며, 왜 인간으로 육화해서 태어났으며, 지금 내가 존재하는 이유는 무엇인가?

존재 의미는 세계관에 따라서 삶의 목적도 다르고 그 목적을 이루기 위해 노력하는 방법도 다양하다. 예를 들어 학생에게 무조건 공부하라고 윽박지르는 것은 별로 효과적이지 않다. 공부하는 의미가 무엇인지 알게 하는 것이 중요하다. 공부가 자신의 입신 출세를 위한 것인가? 아니면 또 다른 의미가 담겨 있는가를 알게 하는 것이 공부의 동기를 유발시킬 수 있다.

바른 세계관은 우리 삶의 규범적인 틀로, 우리 삶을 그 원칙에 의해 선택하도록 인도하며 특정한 패턴을 따라 행동하게 한다

가령 십계명의 원리를 알고 그대로 정직하게 실천하는 사람은 상황에 따라 타협하는 세계관을 가진 사람과는 분명 다른 삶의 패턴을 보여 줄 것이다. 순간적으로는 후자의 라이프 스타일이 지혜롭게 보일 수 있으나 궁극적으로는 전자가 올바른 삶이라는 것을 확신하며 살아갈 것이다.

오늘날 우리는 "현대 후기 시대(postmodern era)"라는 말을 자주 듣는다. 현대 후기 시대의 특징은 규범을 싫어하고 '자신의 느낌대로', '자기가 원하는 대로' 사는 것이다. 그래서 현대 후기 시대에 사는 사람들은 성경을 싫어하고 하나님 말씀을 우리의 신앙과 삶의 객관적 규범으로 받아들이는 것을 거부한다. "현대 후기 시대"의 특징은 종교는 물론이거니와 사회, 문화, 예술 등 우리들의 삶과 직결된 모든 분야에 침투되어 우리가 인식하지 못하는 가운데 우리 사고의 틀을 조금씩 바꾸어 가고 있다.

규범은 변하지 않을 때 규범으로서의 가치가 있다. 변화의 대상은 규범이 아니요, 우리 자신이다. 하나님 말씀은 많은 사람의 마음을 변화시키고, 그 사람은 모든 문제를 하나님 중심으로 해결하려고 노력한다. 여기에서 성경을 매일 묵상하는 것이 얼마나 중요한 일인지를 알 수 있다.

올바른 세계관은 우리의 소명을 자각하도록 일깨우며 이 세상을 보다 나은 곳으로 만들어야 할 책임을 느끼게 한다

즉 참된 세계관은 단지 세상을 이해하는 데 머물지 않는다. 이 세상을 어떻게 이해하는가에 따라 적응해야 할 대상인지 아니면 변화시켜야 할 대상인지를 결정하고 그 방향으로 나아가도록 인도한다. 우리가 인문학 독서를 할 때 이러한 세계관적 사고를 가지고 인문학을 대해야 한다. 왜냐하면 세계관은 세상의 구조를 서술적으로 분석하고 설명하며, 이 세상을 어떻게 살아야 하는가 하는 규범적인 측면을 포함하기 때문이다.

바른 세계관은 우리 자신의 정체성과 온전한 모습을 형성하는 데 매우 중요한 기능을 하며 안정감, 만족감, 내적 평안 그리고 기쁨을 제공하기도 한다

초대 교회 그리스도인들은 카타콤과 같은 극한 상황과 박해 속에서도 믿음과 평화를 잃지 않았던 이유도 여기에 있었다. 어떤 공동체는 이 세계관을 구체적인 상징물로 표현하여 그 공동체의 구성원들에게 동기를 부여하며 영감을 주고 결속시키는 데 사용하기도 한다. 가령 공산주의 세계관은 망치와 낫이 그려진 붉은 깃발이 그 상징이며 기독교 세계관은 십자가이다.

세계관은 결정적인 상황에서 아군과 적군, 올바른 세계관과 잘못된 세계관을 분별할 수 있도록 도와주는 진단적 기능을 가지고 있다

따라서 세계관에 위기가 오면 그 세계관을 가진 사람들은 존재의 근거가 위협받게 된다. 히틀러의 나치즘이 몰락할 때 그의 부하들이 함께 자결하는 모습이 대표적인 예이다.

엡 6:12 우리의 씨름은 혈과 육을 상대하는 것이 아니요 통치자들과 권세들과 이 어둠의 세상 주관자들과 하늘에 있는 악의 영들을 상대함이라.

2) 세계관은 인생의 방향을 제시한다

레프 니콜라예비치 톨스토이(Lev Nikolaevich Tolstoy, 1829~1910)는 인생의 방향에 대해서 유명한 말을 남겼다.

> 인생은 레이싱 경기가 아닙니다. 남들보다 조금 빠르다고 해서 그것이 곧 인생에서의 성공을 말하지 않습니다. 방향이 올바르지 않다면 오히려 빠른 것이 재앙이 될 수도 있습니다. 우리에게 필요한 것은 시계보다는 나침반입니다. 얼마나 빠른가 보다 얼마나 올바른 방향으로 가고 있느냐 하는 것이 더 중요합니다. 인생의 성공이란 마지막 숨을 거둘 때까지는 누구도 알 수 없는 것입니다. 남들보다 조금 느리다고 해서 조급해 할 필요는 없습니다. 차라리 조금 느린 것이 여유를 가지고 방향을 찾기에는 유리합니다. 중요한 것은 속도가 아닌 방향입니다. 길을 걸어가려면 자기가 어디로 걸어가는지 알아야 합니다.

현대 기독교인들의 믿음과 행함에 대한 이원론적인 태도는 결국 전 우주와 우리의 삶을 포괄적으로 조망해 주는 올바른 성경적 세계관의 결핍에서 나온다. 세계관이 포괄하는 내용들은 매우 복잡하기는 하지만 크게 나누어 보면 다음과 같은 네 가지로 압축할 수 있다.

① 인간관: 나는 누구인가?

② 우주관: 나는 어디에 있는가?

③ 악(惡)의 근원: 무엇이 잘못인가?

④ 대응책: 그러면 우리는 어떻게 할 것인가?

모든 인문학이 담고 있는 이러한 내용의 세계관은 사람들의 정체성(identity)과 우주관을 제공하여 문화 형성의 틀과 함께 전후 관계에서 일관성이 있는 미래에 대한 희망을 제공하고 있다. 성경적 세계관이란 하나님 계시의 중심적인 진리들을 숙고함으로써 얻어진 상기의 네 가지 질문에 대한 깊은 진리들을 체계화한 것이라고 할 수 있다.

3. 지음: 기독교 세계관 렌즈로 세상 새롭게 보기

1) 변론하자

사 1:18 오라 우리가 서로 변론하자.

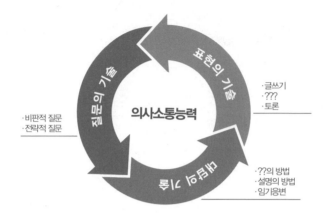

예수님은 기존 온유와 사랑의 이미지보다는 변론자의 삶을 사셨다. 실제로 예수님은 하나님 말씀에 대한 해석과 적용에 대해서는 거침이 없으셨다. 특히 율법 준수에 엄격했던 바리새인에게 거친 욕설과 비난을 퍼부으셨다. 우리가 알다시피 예수 그리스도의 변론은 진리를 위한 외침이다. 예수는 종교지도자로서 지위를 누리지만 잘못된 믿음을 가지고 있는 사두개인과 헛된 열심과 변질된 가르침으로 오만에 빠진 바리새인들과의 변론을 통해 그들의 오류를 드러나게 하여 그것을 반면교사로 삼아, 당시 청중들에게 '믿음의 본질'이 무엇인지 깨닫게 해 주셨다.

변론이라는 말은 '옳고 그름을 따져 보자'는 뜻이다. 누구와 변론하는 것은 피곤한 일이다. 주로 논쟁은 자기 옳음에서 시작하기 때문에 확실한 증거가 없으면 결론이 잘 나지 않기 때문이다. 솔로몬 재판에서 두 어미도 자기 옳음을 가지고 재판장에게 나가 서로 자기주장이 맞다고 하였다. 아이러니하게도 자기 옳음을 내려놓은 자가 승자가 되었다.

만약 오늘날의 서구 문화권에 복음을 효과적으로 전하기 원한다면 기독교 변증은 매우 가치 있고 필요한 일이다. 서구 문화는 뼛속 깊이 포스트 크리스천 시대로 나아가고 있다. 이는 17세기와 18세기 유럽으로부터 시작된 계몽사상의 영향이다. 이 계몽사상은 교회 기관과 왕정 정치 그리고 종교의 권위를 벗어나서 자유롭게 억압되지 않은 인간 본연의 진리를 추구하는 사상이다.

서구 문화권 안에서 인본적인 계몽사상은 지성 있는 사람들로 하여금 신학을 지식으로 취급하지 않도록 만드는 일에 막대한 영향을 끼쳤다.

> 신학은 진짜 지식에 대한 사료가 아니다. 그러므로 신학은 과학이 아니다. '과학(Science)'이라는 단어 자체가 지식을 뜻하는 라틴어인 Scientia에서 왔기 때문이다. 신학은 과학이 아니므로, 지식의 산물이 아니다. 그러므로 종교는 논리적이지 않다. 물리학의 지식만이 유일하게 진리를 결정한다.

이러한 확신에 찬 서구 문화권 속에서 세속주의자들의 주장이 움츠려들지 않고 최종 단계로 나아간다면, 그 주장은 완전히 자연적인 세계에 대한 결론에 도달하게 될 것이며, 곧 무신론 혹은 불가지론이 될 확률이 높다는 것은 자명한 일이다.

기독교인들은 성경적 기독교가 비논리적이고 비역사적이며 비과학적이라고 주장하는 반 기독교 세계관들의 도전들을 상대해야 한다. 모든 반 기독교 세계관들도 어느 정도의 진리는 내포하고 있다. 가령 세속적 인본주의는 물리적 우주의 존재와 그것에 관해 인식할 수 있는 우리 능력을 인정한다. 마르크스주의는 과학과 그 타당성을 받아들인다. 포스트모던주의는 문서와 단어의 중요성을 인정한다. 이슬람교는 창조된 우주를 시인한다. 뉴에이지는 실재에는 물질 이상의 무엇인가가 있다고 가르친다. 비기독교 세계관 모두 인류를 '구원하는' 것의 중요성을 어느 정도는 인정한다.

그러나 기독교로부터 반 기독교 세계관을 구분 짓는 분명한 선이 있는데 바로 각 사람이 예수 그리스도에 대해 믿는 바, 그것에 대한 생각이 다르다. 기독교는 예수 그리스도를 진리요 살아 있는 길이며(요 14:6), 실재에 대한 열쇠 그 자체라고 본다.* 초기 기독교인들은 단일한 도를 따르는 사람들이었다(행 9:2). 모든 다른 주요 세계관들은 예수 그리스도를 구세주, 하나님으로서 인정하기를 거부한다. 사실 그들 중 일부는 예수 그리스도의 존재 자체를 부인한다. 그런즉 기독교와 경쟁하는 다른 세계관들 사이에는 타협할 수 없는 분명한 차이가 있다.

---

* (골 1:16) 만물이 그에게서 창조되되 하늘과 땅에서 보이는 것들과 보이지 않는 것들과 혹은 왕권들이나 주권들이나 통치자들이나 권세들이나 만물이 다 그로 말미암고 그를 위하여 창조되었고.
   (히 1:1-3) 옛적에 선지자들을 통하여 여러 부분과 여러 모양으로 우리 조상들에게 말씀하신 하나님이 이 모든 날 마지막에는 아들을 통하여 우리에게 말씀하셨으니 이 아들을 만유의 상속자로 세우시고 또 그로 말미암아 모든 세계를 지으셨느니라 이는 하나님의 영광의 광채시요 그 본체의 형상이시라 그의 능력의 말씀으로 만물을 붙드시며 죄를 정결하게 하는 일을 하시고 높은 곳에 계신 지극히 크신 이의 우편에 앉으셨느니라.
   (요 1:1) 태초에 말씀이 계시니라 이 말씀이 하나님과 함께 계셨으니 이 말씀은 곧 하나님이시니라 그가 태초에 하나님과 함께 계셨고 만물이 그로 말미암아 지은 바 되었으니 지은 것이 하나도 그가 없이는 된 것이 없느니라.

\
기독교 세계관 렌즈로
인문학 읽기

그래서 많은 기독교인들도 인문학에 담겨 있는 다른 세계관들에 대응하거나 도전할 때 그리고 '세상적인' 정치, 경제, 생물학. 법률과 같은 분야를 거론하고자 할 때 너무 극단적이라는 느낌을 받기 쉽다. 하지만 예수 그리스도께서는 제자들에게 "너희가 세상에 속하였으면 세상이 자기의 것을 사랑할 것이나 너희는 세상에 속한 자가 아니요 도리어 내가 너희를 세상에서 택하였기 때문에 세상이 너희를 미워하느니라(요 15:19)." 라고 가르치셨다.

그러면 어떻게 삶의 모든 면을 다루는 기독교 세계관에 대해 기독교인들이 스스로의 주장을 정당화할 수 있을까? 현실적으로 교회들은 영적인 사안들에만 몰두하고 비기독교인들에게 세계를 운영하는 실용적인 사안들을 다루도록 모두 위임하여야 하는가? 어떻게 하면 세속적인 것과 거룩한 것들 사이에는 거대한 간극을 극복할 수 있는가? 디트리히 본회퍼(Dietrich Bonhoeffer)는 이를 구분하지 말아야 한다고 말한다. 실재는 두 영역이 두 개가 아니라 하나이기 때문이다.

2) 기독교 세계관과 경쟁하는 인문학적 세계관

예수 그리스도는 누구신가? 예수 그리스도는 이천 년 전 이 땅 위에 사셨는가? 육체를 입은 하나님이셨는가? 그는 우리에게 하나님의 뜻을 드러내고 죄로부터 인류를 구원하러 이 땅에 오셨는가? 이것들은 중요한 질문이다. 성경적 기독교는 그 해답에 따라 흥하거나 혹은 망한다고 말한다. 헬레니즘 문화에 익숙한 바울도 이에 대해서 많은 도전을 받은 것 같다. 그는 이에 대한 확신을 이 같이 말한다.

> (고전 15:14) 그리스도께서 만일 다시 살아나지 못하셨으면 우리가 전파하는 것도 헛것이요 또 너희 믿음도 헛것이며.

만일 메타내러티브(meta narrative)가 없는 포스트모던주의자들의 주장이 옳다면, 기독교는 파멸할 운명이다. 기독교는 모든 인간이 죄를 지었고 하나님의 영광에 미치지 못하였으며, 하나님이 온 인류를 사랑하셨고(요 3:16), 우리 죄를 위해 죽으셨다는(요일 2:2) 사실에 근거하고 있기 때문이다. 이 전 우주적 주장이 거짓이라면 기독교 또한 거짓이다. 이 문제는 기독교적이냐, 아니냐의 문제가 아니라 진리의 문제로 접근해야 한다.

성경적 기독교, 이슬람교, 세속적 인본주의, 마르크스-레닌주의, 뉴에이지 혹은 포스트모더니즘 중에 어느 것을 믿기로 선택하든 간에, 우리 그리스도인들은 다른 세계관을 가진 자들이 보기에는 대책 없이 왜곡된 한 세계관을 받아들이는 것처럼 보인다. 이러한 현상은 기독교 세계관 부재에서 온다. 여러 세계관 중에서 한 관점만이 있는 그대로의 모습으로 사물을 묘사하는 것이며, 그 외 모든 인문학적 관점은 인간 본성이나 우주와 조화를 이루지 못하는 것이 분명하다.

세속 종교 세계관 신봉자의 가정이 맞을 경우, 초자연의 존재를 허용하는 어떤 세계관이든지 위험한 것이 분명하다. 마르크스주의자들과 인본주의자들은 기독교인들이 현실과 동떨어졌다고 보기를 주저하지 않는다. 마르크스는 종교를 신봉자들을 미혹시키는 마약으로 보았다. '민중의 아편'으로 말이다.

헤겔도 『헤겔의 법철학 비판』이라는 책에서 "종교를 만드는 것은 인간이지만 인간을 만드는 것은 종교가 아니다."라고 말한다. 그에게 "종교는 사회의 상부구조에 속하면서 민중에게 위안을 주는 하나의 사회적 산물이다. 종교는 억압받는 피조물들의 탄식이고 심장 없는 세계의 열정이다. 그것은 마치 정신이 배제된 사회의 정신과 같다. 종교는 민중의 아편이다. 종교는 민중에게 현실적인 고통을 극복하기 위해 망상적 행복을 가져다주는 마약 같은 것"이라고 했다.

리처드 로티(Richard Rorty)같은 포스트모던주의자들은 기독교인들을 편협하고, 두려움을 주며, 완고하고, 동성애 혐오적이며, 광신적이고, 사악하며, 위험하다고 보았다. 어떤 인본주의자들은 심지어 기독교인들을 정신적으로 불안정하다고 말한다. 근본주의자인 제임스 D. 루스(James. D. Luce)는 "기독교 근본주의는 어쩌면 수백만의 사람들에게 심각한 정신건강의 위험을 안겨 주는 것이다."라고 독설을 퍼붓는다. 그가 속한 단체는 자신들이 '정신 질환'이라고 여기는 기독교 세계관으로부터 기독교인들을 치유하기 위해 일한다고 말한다. 하버드의 에드워드 O. 윌슨(Edward O. Wilson)은 "한 걸음 더 나가서 기독교를 '세계의 치유되기를 거부하는 악' 중 하나"로 묘사한다. 스펙트럼 반대쪽의 뉴에이지 사상가들은 성경의 인격적인 하나님을 사람들을 종교적 당파들로 나누는 위험한 진화로 여기고 거부하며, 대신 통합된 의식을 취한다.

기독교인들이 하나님을 묘사할 때에 사랑이 많으시고, 지혜로우시며, 공의로우시고, 인격적이시며, 창조적이라고 하는데, 그것은 옳든지 혹은 터무니없는 말을 하고 있던지 둘 중 하나이다. 성경의 기본적 교리와 비기독교가 말하는 인간 자체가 선하기 때문에 외부의 구세주를 필요로 하지 않는다는 주장을 혼합할 수 없는 노릇이다.

오직 한 관점, 기독교 세계관만이 하나님에 의해 창조된 우주에 대해 올바르게 표시한다. 기독교와 적대적인 세계관 사이의 차이점은 분명하며 화해란 있을 수 없음으로, 모든 사람은 진리에 도달하기 위해 증거들을 점검해야만 한다. 그래서 그리스도인들은 복음, 진리에 대해서 논쟁자가 되어야 한다.

신학, 철학, 윤리학, 생물학에 대해서 어떻게 인식하느냐에 따라 그 운명이 결정될 것이다. 우리가 여기에서 강조하는 바는 토대에 대한 것이다. 알곡을 겨로부터, 진리를 허구로부터 분리시키고 그 가치를 매기기 원한다. 이렇게 함으로써 기독교가 당당히 설 것이며 그 경쟁자들 위에 그림자를 드리울 것이라고 믿는다. 그래서 현대 그리스도인들에게 만물을 그리스도에게 복종시킬 기독 지성이 필요하다.

3) 창조적이고 구원하는 기독교 세계관

모든 비기독교 세계관들도 어느 정도의 진리는 내포하고 있다. 그러나 기독교로부터 나머지 세계관을 구분 짓는 명확한 선은 바로 각 사람이 예수 그리스도에 대해 믿는 바이다. 기독교는 우주의 존재와 그에 관련된 만물을 가장 잘 설명한다.

모든 학문 분야에서 기독교 세계관은 경쟁자들의 세계관보다 밝게 빛을 발한다. 가령 기독교적 경제학을 실천하는 것이 가장 많은 사람들의 번영으로 이어지고, 기독교 사회학은 실행에 옮기면 강력한 가족을 장려하고 널리 퍼진 마약 사용, 범죄, 실업, 질병을 예방한다. 기독교 법학은 하나님께서 부여하신 인권을 보장하며, 기독교 신학과 철학은 영의 구원(마 16:26)과 정신의 개발을 가져옴과 동시에 삶에 의미를 부여한다.

이렇듯 모든 학문 분야에서 여타 세계관들보다 기독교 세계관이 '우월'하므로, 기독교인들은 물러서지 말고 확신을 가지고 기독교 세계관으로 살아가야 한다. 현재 기독교 세계관은 삶의 거의 모든 학문 영역에서 후퇴하고 있는데, 이제 주도권을 다시 석권해야 한다는 것이다.

기독교 사상을 옹호하는 것은 도덕성의 부활을, 영적 관심의 회복을, 지적 정직함의 부활을, 용기의 회복을 말한다. 이는 가족의 지지가 필요하며, 우리 교회의 깨어남을 요구한다. 가장 중요한 것은 기독교인들이 기독교 세계관에 대한 지식을 뒷받침하며, 어린 세대들에게 이를 가르쳐야 한다는 사실이다.

데이비드 A. 노에벨(David A. Noebe)이 『충돌하는 세계관』에서 다루고 있는 10개 학문 분야는 성경적 기독교 관점에서 하나님과 그분의 창조적이고 구원하는 질서의 다양한 면모를 반영하고 있다. 하나님은 인류를 신학적, 철학적, 윤리적, 생물학적, 면모를 지닌 존재로 창조하셨다. 뿐만 아니라 아래의 도표에서 보는 바와 같이 성경과 예수 그리스도는 기독교 안에게 삶에 대한 온전한 세계관의 바탕을 제공한다.

만유의 주님을 중심으로 모든 학문은 설명될 수 있어야 한다. 실로 기독교인들은 성경을 통해서 종합적인 관점을 얻게 되고, 예수 그리스도를 통해서 학문이 통합되어야 한다. 그런 측면에서 성경을 통해서 우리들은 "모든 생각을 사로잡아 그리스도에게 복종하게 하라(고후 10:5)."는 명령을 받는다.

	영역	창세기	그리스도
1	신학	태초에 하나님이 천지를 창조하시니라(창 1:1)	그 안에는 신성의 모든 충만이 육체로 거하시고 (골 2:9)
2	철학	태초에 하나님이 천지를 창조하시니라(창 1:1)	하나님 말씀(요 1:1)
3	윤리학	선악을 알게 하는(창 2:9)	참 빛(요 1:9, 3:19-20)
4	생물학	모든 생명을 그 종류대로(창 1:21)	생명(요 1:4, 11:25; 골 1:16)
5	심리학	생령이 된지라(창 2:7)	구주(눅 1:46-47; 딛 2:13)
6	사회학	생육하고 번성하여 땅에 충만(창 1:28)	아들(눅 1:30-31; 사 9:6)
7	법학	내가 네게 …명한(창 3:11)	법의 제정자(창 49:10; 사 9:7)
8	정치학	다른 사람의 피를 흘리면(창 1:29)	만왕의 왕 또 만주의 주 (사 9:6; 눅 1:33; 딤전 6:15; 계 19:16)

| 9 | 경제학 | 너희의 먹을거리가
되리라(창 1:29) | 모든 것의 소유자
(사 24:1, 50:10–12;
고전 10:26) |
| 10 | 역사학 | 내가 너로 여자의 원수가
되게 하고(창 3:15) | 알파와 오메가(계 1:8) |

4) 거짓 학문과 대면하라

> 나는 내 자신이 전능하신 창조주의 의지에 따라 행동하고 있다고
> 믿는다. 유대인에게 맞서 자신을 지킴으로써 나는 주님의 사역을 위
> 해 싸우고 있는 것이다.*

세상 학문에는 '창조'는 없다. 반면 성경에는 '진화'가 없다. 세상 학문
에는 '부활'이 없다. 반면 성경에는 '죽음이 끝'이라는 말이 없다. 누가 속
이는 것인가? 세상 학문을 받은 사람들은 성경이 속이는 것이라고 생각
하고 성경을 받은 사람들은 세상 학문이 속이는 것이라고 생각한다. 어
느 쪽이 맞는 생각인지 이것 또한 누가 가려내겠는가?

뿐만 아니라 천하만민(天下萬民) 모두는 세상의 학문 아래 태어나는 것
이니 어느 쪽이 맞는다는 생각으로 형성되었겠는가 말이다. 그래서 비
록 성경으로 가르침을 받는 사람이라 할지라도 본래 알고 있는 것, 곧 본
성으로 아는 것으로 인하여 상당한 갈등의 소용돌이에서 벗어나지를 못

---

* 아돌프 히틀러 저, 황성모 역, 『나의 투쟁』(*Mein Kampf*), 동서문화사, 2014.

하고 있는 것이다. 입술로는 성경이고 마음으로는 학문이고 말과 혀로는 성경인데 행위로는 학문(세상 지식)을 따라 살 수밖에 없는 혼란한 가운데 있는 것이다.

성경은 말씀하기를 세상의 모든 학문은 다 초등학문이요. 육체만 생각하는 것인즉 거기에 속지 말라는 것이다.

> **고전 15:32-34** 내가 사람의 방법으로 에베소에서 맹수와 더불어 싸웠다면 내게 무슨 유익이 있으리요 죽은 자가 다시 살아나지 못한다면 내일 죽을 터이니 먹고 마시자 하리라 속지 말라 악한 동무들은 선한 행실을 더럽히나니 깨어 의를 행하고 죄를 짓지 말라 하나님을 알지 못하는 자가 있기로 내가 너희를 부끄럽게 하기 위하여 말하노라.

세상의 모든 인문학 그리고 율법 또한 사람의 육체에 관한 것이고 그것을 사람의 생명으로 알고 있기 때문에 거기에만 매달려 살면서 장래(사후)를 위한 아무런 생각도 못하게 만든다는 것이다.

> **골 2:20-23** 너희가 세상의 초등학문에서 그리스도와 함께 죽었거든 어찌하여 세상에 사는 것과 같이 규례에 순종하느냐 (곧 붙잡지도 말고 맛보지도 말고 만지지도 말라 하는 것이니 이 모든 것은 한때 쓰이고는 없어지리라) 사람의 명령과 가르침을 따르느냐 이런

것들은 자의적 숭배와 겸손과 몸을 괴롭게 하는 데는 지혜 있는 모양이나 오직 육체 따르는 것을 금하는 데는 조금도 유익이 없느니라.

하나님(성경)이 말씀하시는 바는 이러한 데도 그렇게 주입시키지도 못하고 그렇게 살지도 못하는 것이 교회이니 성경만이 참이고 세상 학문이다. 거짓이라는 증거를 어떻게 대겠는가 말이다. 세상 학문은 성경을 거스른다. 성경은 세상 학문을 거스르는 극과 극이다. 세상 학문은 세상 나라와 육신에 관한 것이고 성경은 하나님 나라와 영에 관한 것이기 때문이다. 그래서 성경적인 세계관으로 인문학이 담고 있는 세계관을 비판적으로 바라볼 수 있어야 한다.

요 6:63 이렇게 말씀하심은 친히 어떻게 하실지를 아시고 빌립을 시험하고자 하심이라.

모든 생각을 사로잡아 그리스도에게 복종케 한 뒤, 우리는 이러한 생각들을 "모든 이론(과학적 자연주의, 윤리적 상대주의, 생물학적 진화론 등)을 무너뜨리며 냉철한 기독 지성으로 하나님 아는 것을 대적하는 모든 것을" 무너뜨리기 위해 사용해야 한다(고후 10:4-5). 왜냐하면 국가와 사람들이 하나님을 망각할 때 인류가 20세기에 1, 2차 세계대전과 같은 불행이 온다는 것은 기독 지성인들은 잘 알고 있다. 하나님을 아는 지식이 모자란 두 주요 운동인 나치주의(Nazism)와 공산주의는 수천만의 생명을 앗아 갔다. 휘테커 체임버스(Whittaker Chambers)는 공산주의에 있어서 주요한 문제는 경제의 문제가 아니라 무신론의 문제라고 말한다. 비단 전쟁의 문제에만 국한되겠는가? 분배의 문제, 환경의 문제, 평등의 문제, 교육의 문제 등 문제가 있는 곳에는 무신론이 또아리를 틀고 있음을 알아야 한다.

믿음은 이 시대의 주된 문제이다.

『수용소 군도』를 발표하여 노벨문학상을 받은 알렉산더 솔제니친(Alexander Solzhenitsyn) 또한 같은 말을 한다.

인간은 하나님을 잊었다.

기독교 지성의 관점에서 볼 때, 이슬람교, 세속주의, 뉴에이지, 포스트모던과 마르크스적 인본주의는 '세상의 초등학문'의 범주에 속한다. 이들은 세상 지혜에 그 기반을 두고 있으며(고전 1:19), 예수 그리스도에 바탕을 두고 있지 않다. 또한 바울은 하나님께서 세상의 지혜를 어리석게 만드셨다고 하셨다. 어리석은 자들만이 스스로에게 '신이 없다.'고 말할 수 있다. 어리석은 자들만이 세상을 바라보며 모든 것이 우연이라고, 사고라고 주장할 수 있다. 어리석은 자들만이 인간의 육체를 점검하고도 어느 위대한 지성에 의해 설계되었음을 보지 못한다. 어리석은 자만이

기독교 세계관 렌즈로
인문학 읽기

삶의 계절들을 경험하고도 하나님의 임재를 느끼지 못한다. 어리석은 자들만이 헨델의 메시아를 듣고도 진화하고 있는 원숭이들이 만든 음악에 귀 기울이고 있다고 생각할 수가 있다.

우리는 모든 학문 영역에서 예수 그리스도에 대한 복음의 기쁜 소식을 담대하게 선언해야 한다. 하나님께서는 우주와 그 안의 모든 것을 창조하셨으며, 인류는 자신에게 부여된 하나님의 형상을 그 죄 때문에 반항적으로 산산이 부서뜨렸다. 예수 그리스도는 우리 죄를 위해 돌아가셨고 죽음에서 부활하셨으며, 영원히 살아 계신다(고전 15:1-4). 그리고 우리는 바울과 동일한 세계관 안에서 굳건히 서야 한다. 이는 창조, 부활, 심판에 대한 것이다.

5) 세속적 인본주의는 종교이다

어떤 비기독교적인 세계관들이 종교적이라는 사실을 인지하는 것은 그다지 어렵지 않다. 뉴에이지는 신을 언급하므로 어떤 종교를 섬기고 있음이 분명하다. 그러나 '종교적'이라는 이름표가 어떻게 마르크스주의자나 세속적 인본주의자 같은 무신론자들에게 적용될 수 있는가? 그리스도인이라 할지라도 이에 대해서 생각해 보지 않은 사람들도 많을 것이다. 공산주의, 세속적 인본주의는 단지 이데올로기는 될지언정 무슨 종교성까지 가졌다는 것인가? 하지만 모든 세계관은 신학을 포함하고 있음을 알아야 한다. 모든 세계관은 나름의 종교적 선언으로 시작된다. 기독교와 이슬람교는 "태초에 신이 계셨다."라고 시작하고 마르크스-레닌주의, 포스트모던주의 그리고 세속적 인본주의는 "태초에 신이 없었다."
라고 서두를 뗀다. 뉴에이지는 "모든 것이 신이다."라는 선언으로 시작
되는 것으로 보아 모든 세계관이 종교저이라는 것을 발견할 수 있다.

또한 마르크스주의도 몇 가지 요소로 인해 또한 종교적이다. 마르크
스의 변증법적 유물론 철학은 사물에게 신의 속성을 부여한다. 버트랜드
러셀(Bertrand Russel)과 같은 세속적 인본주의자들마저 마르크스주의의 종
교성을 인식한다. 우리 시대의 가장 큰 위험은 공산주의자들을 종교라
칭하는 것이 공산주의와 나치주의 옹호자에게도, 반대자에게도 불쾌한
일일지도 모르나 이들은 사실 종교의 모든 성향을 갖추고 있는 것이다.
공산주의와 나치주의는 어떠한 삶의 방식을 비논리적인 교리를 근거로
하여 옹호하며, 자신들의 신적 역사와 메시아 그리고 사제를 갖추었다.
어떤 교리를 종교로 인정하는 데 있어 이보다 더 필요한 것이 있다고 여
기지 않을 정도이다.

기독 지성인들은 전 세계의 가치관을 지배하고 있는 세속적 인본주
의는 마르크스주의보다 더 두드러지게 종교적이라는 것을 알아야 한다.
최초의 "인본주의 선언(Humanist Manifesto)"의 참가자 찰스 프란시스 포터
(Charles Francis Potter)는 1930년도에 『종교로서의 인본주의』(Humanism: A
New Religion)라는 제목의 책을 집필했고 뉴욕 최초의 인본주의 공동체라
는 종교단체를 조직했다.

최초의 "인본주의 선언(Humanist Manifesto, 1933)"은 '종교적' 인본주의자
들의 문제를 묘사한다. 폴 커츠(Paul Kurtz)에 의해 기술된 1980년 "인본주

의 선언 I-II(*Humanist Manifesto*)"의 서문에는 "인본주의는 철학적이고 종교적이며 도덕적인 관점이다."라고 표현한다. 1933년 선언의 참가자 존 듀이(John Dewey)가 쓴 『공동의 신앙』(*A Common Faith*)에 의하면 "여기에 종파 계층 종족에 있어 제약이 없는 종교적 신앙을 위한 모든 요소가 갖추어져 있다. ⋯ 그저 그것을 보다 뚜렷하고 호전적이게끔 만들어야 할 필요만 남아 있을 뿐이다."라고 그들의 정체성을 드러낸다.

비록 『인본주의 선언 II』(*Humanist Manifesto II*, 대부분 커츠에 의해 쓰였으며 1973년도에 출판되었다.)가 '종교적 인본주의'라는 표현을 생략하고 있기는 하나 종교적 암시와 심지어는 종교적 용어마저 사용하는데, 이는 "어떤 신도 우리를 구원할 수 없다. ⋯ 우리는 자신을 스스로 구원해야 한다."라는 진술에서 나타난다.

커츠가 저술한 책의 절반은 인본주의가 종교라는 사실을 부인하며, 나머지 반은 스스로가 'Eupraxophy 센터'라고 부른 인본주의 교회의 설립을 장려하고 있다. 그는 이 책을 통해 미국의 인본주의 운동의 조직들이 인본주의가 종교인가 아닌가라는 사안으로 인해 곤혹스러워 한다.

세속적 인본주의와 마르크스주의는 분명한 종교적 세계관이다. 그러므로 우리 젊은이들을 위한 정당한 교육적 시스템을 제공하기 위해 모든 세계관이 종교와 관계가 있고 공립학교 교실로부터 어떤 세계관은 차단하고 다른 세계관은 허용하는 것은 차별적이라는 사실을 인식해야 한다.

2014년 11월 미국 오리건 연방법원은 역사적 판결에서 '세속적 인본주의도 종교'이기 때문에 미국 헌법의 국교금지조항에 의거하여 자신들을 무신론자 또는 세속주의자라고 밝히는 사람들에게 평등 보호권이 허용되어야 한다고 선언했다. 오리건 주 세리단에 있는 연방교정소에서 복역한 무신론자 제이슨 홀덴(J. Holden)은 인본주의에 관한 그룹을 조직하겠다며 연방교도국을 상대로 소송을 제기했다.

연방지방법원의 수석판사 앤서 해거티는 홀덴이 인본주의 연구 그룹을 조직하겠다는 헌법적 권리를 행사할 수 있도록 홀덴의 손을 들어주었다. 그는 판결에서 미 헌법의 국교금지조항에 따라 세속적 인본주의를 종교로 인정했다. 해거티 판사의 논리는 어떤 종교도 국가 종교로서 다른 종교 위에 군림할 수 없다는 것이 헌법적 원리이기 때문에 세속적 인본주의도 다른 종교단체와 같은 자유를 누릴 수 있어야 한다는 것이다.

홀덴과 함께 소송을 제기한 미국인본주의협회는 세속적 인본주의 단체에게도 현행 연방교도소 체계에 따라 불교, 기독교, 힌두교, 유대교, 무슬림들에게 허용된 법적인 자유가 제공되어야 한다고 선언했다. 홀덴은 "우리는 단순히 다른 종교들에게 제공되는 똑같은 것을 원한다."고 업톤 라디오(Upton Radio)와의 인터뷰에서 말했다. 인본주의는 지난 몇 년 사이에 조직된 그룹으로 성장해 왔으며, 하버드대학, 아메리칸대학, 콜롬비아대학, 럿거스대학에서는 인본주의자들을 위한 교회를 만들었다.

6) 세속적인 세계관들의 특징들

물질이 정신보다 우선한다.

우리는 오늘날 물질, 즉 과학 발달은 무기 발달을 가져와 인간을 전쟁 포로로 휘몰아 넣었다고 해도 과히 틀린 말은 아닐 것이다. 다른 측면에서 농사 기계의 현대화로 농사짓기도 한결 편해진 부분도 있을 것이다. 이와 같은 물질 발달은 황금만능주의를 가져와 인간의 정신을 물질의 노예로 타락시켰다는 부분도 부인할 수 없는 일이다. 태초부터 지금까지 이 같이 물질 발달로 인한 의식주 발달은 쾌락주의와 향락주의를 불러와 결국은 윤리, 도덕을 병들게 한 측면은 부인할 수 없다.

태초에는 정신 혹은 물질 둘 중에 하나만이 존재했을 것이다. 지고한 정신이 언제나 존재했고 물질과 우주를 특정 시점에 창조했거나 혹은 영원불변한 물질이 우주를 스스로 형성했을 것이다. 즉 정신이 물질을 창조했거나 물질이 정신을 창조한 것이다. 성경은 물론 하나님께서 영원하시고 그분께서 물리적 우주와 그 안에 존재하는 것들을 창조하셨다고 선포한다(창 1장). 성경은 또한 물리적 우주는 창조가 일어나기 훨씬 전부터 하나님의 정신 내에서 생각되었던 바라고 말한다(요 1:1-3).

마르크스주의자들과 세속적 인본주의자들은 성경이 우주의 시초에 관해 정확하게 증언하는 그 자체를 부정한다. 그들은 물질이 영원하며 우연에 이끌려 혼란스런 상태에서 정리된 상태로 바뀌었다고 믿는 것이다. 즉 물질이 과거 어떤 수학적 시점에 응집되어서 엄청난 폭발로 흩어지면서 스스로 초신성, 다이아몬드, 비글, DNA, 인간의 정신과 같은 주목할 만한 존재로 정렬했다는 것을 입증하려고 한다.

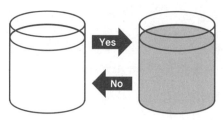

열역한 제 2법칙에 의하면 물에 떨어뜨린 세포는 파괴되어 모든 부품들이 용기 전체에 퍼지지만 어떤 방법으로도 다시 조립될 수 없다.

이 부분은 마르크스주의와 세속적 인본주의 이론의 가장 명백한 오류이다. 그것은 열역학 제2법칙에 의하여 질서에서 무질서 상태로 움직여야 하는 실재가 과거 수십억 년 동안 정확하게 반대편으로 움직였다는 것을 믿으라고 하는 반과학적이며 토마스 쿤이 말하는 정상 과학의 패러다임이며, 강요인 것이다. 당연히 마르크스주의자들과 세속적 인본주의자들은 우주의 목적론적 관점, 즉 이 우주와 자연만물이 질서를 유지하고 혼돈에 이르지 않고 있다는 사실을 통해 이것이 우연이 아니고 질서를 유지하는 절대적이며 이성적인 존재, 즉 신이 필연적으로 있어야 한다는 인간 존재의 경이로움을 무시하거나 적어도 경시하는데, 바로 이 모순을 가리기 위함이라는 것도 알아야 한다.

자연발생설

'자연발생설'이란 생명 탄생에 대한 가설 중 하나다. 생명체가 부모 없이 말 그대로 '생겨날' 수 있다는 것이 자연발생설의 핵심이다. 아리스토텔레스는 곤충이나 진드기는 이슬이나 흙탕물, 쓰레기, 땀에서 자연 발생하며 새우나 장어는 흙탕물 구덩이에서 자연 발생한다고 주장했다. 하지만 우리 모두가 알다시피 자연발생설은 근대에 들어오면서 부정되었다. 루이 파스퇴르의 『자연발생설 비판』을 통해 자연발생설을 부정했고, 이후 지연발생설은 완전히 폐기되었다.

그런데 사실 자연발생설이라는 가설은 우리의 직관과는 잘 맞지 않는 측면이 있다. 지금 입장에서 봤을 때는 "아무것도 없는 데서 갑자기 생명체가 발생한다."는 말이 이상하게 느껴질 수 있지만, 실제로 관찰을 해 봤을 때 이 결과를 부정하기란 어려운 일이다. 자연을 관찰했을 때는 정말 생명체가 '생기는' 것처럼 보일 때가 있으니까. 어쩌면 초파리가 '생긴다'거나 모기가 '생긴다'는 우리말의 흔한 표현에서도 알 수 있는 것이고, 르네상스 때까지 자연발생설이 아무런 의심 없이 받아들여졌던 것에서도 확인할 수 있는 것 같다.

인본주의자가 붙들고 있는 가장 근본적 믿음 중 하나는 어디선가, 어떻게든지, 생명이 무생물에서 발생했다는 것이다. 자연발생설 없이는, 살아 있는 무언가가 언제나 존재해 왔을 것인데, 다시 말하면 영원하신 하나님이 존재하셨으리라는 것이다. 따라서 시종일관 무신론자가 되기 위해, 세속적 인본주의자와 마르크스주의자는 무생물 물질이 스스로 생명으로 변화할 수 있는 능력을 열렬하게 믿어야 한다. 이를 위해서는 프란시스코 레디와 루이 파스퇴르에 의해 행해진 과학적 실험을 무시해야 하는데, 이들은 1,800년대 중반에 자연발생설의 그릇됨을 증명했다.

가족에 대한 공격

기독교인들은 전통적 가족에 대한 공격이 우리 사회적 악 중 다수의 토대를 형성한다고 믿는다. 사회 악에는 에이즈, 마약 남용과 범죄가 포함된다. 가족이야말로 사회를 지탱하는 접착제와 같은 것이다. 가족이 진행하는 방향으로 사회 또한 진행된다. 가족이 사회 내에서 수행하는 인과 관계 역할의 예는 모든 곳에 만연해 있다. 독신 여성에 의해 이끌려지는 가정에 빈곤이 유행병처럼 번져 있다는 것, 17-24세 사이의 젊은 남성과 여성이 아버지 없는 가정에서 자라났다면 마약을 남용하거나 범죄를 저지를 가능성이 훨씬 높다는 것, 합법화된 낙태가 사람의 삶을 너무나 값싸게 만든 나머지 안락사에 관해 다수가 더는 놀라지 않게 된 것 그리고 아동학대율이 낙태율과 관련성 있게 증가한다는 것이다. 성경적 관점에 의하면 파괴적인 경향은 아이들이 애정 어린 가정에서 양육되어야 바로잡힐 수 있다. 그러므로 기독교인들은 존중의 전통적 가족(아버지, 어머니, 자녀로 구성된)으로 회기를 부르짖는다.

마르크스주의자들이나 세속적 인본주의자들은 우리 악행에 관해 책임이 없다고 말한다. 왜냐하면 사회에 의해 강제된 자극에 반응하는 기계적인 인격에 불과하기 때문이다. 이러한 이유로 세속적 인본주의자들과 마르크스주의자들은 그들이 할 수 있는 가장 인도적인 일이 사회주의를 불러오는 것이라고 믿는다. 이 세계관 옹호자에게 있어 가장 바람직한 목표는 우리 본성이 온전히 힘을 발휘할 수 있는 유토피아적 사회의 창조이다.

\
**기독교 세계관 렌즈로
인문학 읽기**

이 목적을 달성하기 위해 그들은 전통적 가족 단위에 대한 주요한 변화를 요구한다. "공산당 선언(Communist Manifesto)"은 아버지, 어머니 그리고 자식으로 구성된 전통적 단위를 부르주아적이라고 멸시한다. 이 전제에 따라 행하면시, 러시아는 근본적 가족 단위를 파괴하기 위해 자유 연애 교제와 인가된 느슨한 이혼과 낙태법을 정립했다. 뿐만 아니라 세속적 인본주의자, 뉴에이지 신봉자들 그리고 포스트모던주의자들 또한 전통적 가족을 공격하고 실험주의를 장려하면서 같은 방향으로 움직이기를 선택한다. 이것에는 양성애, 동성 결혼, 개방 결혼, 남색, 가족계획의 수단으로서 낙태가 포함된다.

과학은 제1의 실용적인 선

현대인의 생활은 20세기 들어 눈부시게 발전한 과학의 혜택을 듬뿍 누리고 있다. 가깝게는 휴대전화, 인터넷, 이메일 등이 있는 일상생활에서, 멀게는 우주 탐사까지 과학이 미치는 범위도 넓어졌다. 그러나 한편으로는 예전에는 찾아볼 수 없었던 새로운 문제점도 생겨나고 있다. 환경오염, 핵전쟁 위협, 교통사고까지 그 위험도 천차만별이다.

이렇게 현대인의 일상에서 과학기술을 떨어뜨릴 수 없다면 과학으로 인해 편리해진 만큼 과학으로 인해 생겨난 문제점도 해결할 수 있어야 한다. 막연히 과학이 좀 더 발달하면 모든 문제가 해결될 것이라는 낭만적인 생각보다는 왜 문제가 생겼는지 곰곰이 따져 보고 그 대책을 세워야 할 것이다.

이러한 관점에서 과학의 발전으로 현대의 여러 문제들을 해결하려면 어떤 점을 고려해야 하는지 그리고 다른 관점은 없는지, 또 과학기술시대를 살아가는 일상인은 어떤 자세를 가져야 하는지 생각해 보고자 한다. 과학 발전의 방향을 돌아보고 앞으로의 방향을 선택하는 일은 반드시 필요하고 또한 민주적으로 결정되어야 한다. 과학기술 자체는 가치중립적일지 모르나 그 쓰임은 언제나 가치선택적이다. 어떤 것을 선택하여 혜택을 누리고, 위험을 감수할지에 대해 스스로 관심을 가질 문제이다.

마르크스주의와 세속적 인본주의는 정치, 경제학, 법에서 실제 세계의 법칙들을 충분히 고려하지 않는다. 두 세계관 모두 사회에 대한 국가의 지침은 과학적 수단에 놓여 있다고 주장하면서 국가통제주의의 문제점을 회피하려고 한다. 우리가 사회를 위한 적절한 방향을 분별하기 위해 과학을 사용할 수 있으며, 과학은 사람들의 변덕에 좌우되지 않는 기반을 제공한다는 것이다. 그들에게는 과학이야말로 우리를 유토피아로 인도할 세력이다. 폴 커츠(Paul Kurtz)는 직설적으로 말한다.

> 과학은 가치에 대한 앎에 있어 궁극적 근원이다. … 과학은 삶의 향상에 이바지하는 이상적 체제를 발견하고 또 창조한다. 그런즉 과학의 성장이야말로 인류가 도달할 수 있는 제 일의 실용적인 선이다.

유토피아 왕국

500년 전에 나온 토마스 모어(Thomas More, 1478-1535)의 『유토피아』는 사실 반드시 어떤 구체적인 이상향을 설계했다는 점에서 중요한 것이 아니다. 끝없이 절망하는 현실에 대한 비판임과 동시에 끝없이 추구할 수밖에 없는 이상에 대한 염원의 사례를 '유토피아'라는 이름으로 최초로 인류에게 보여 주었고, 21세기를 사는 우리에게도 모어 자신처럼 그렇게 현실을 비판하고 유토피아를 꿈꾸어 보도록 권유하기에 이미 우리에게 고전인 것이 아닐까? 마치 지난 500년 간 인류에게 그렇게 권유해 왔고, 또 많은 사람들이 그렇게 해 왔듯이 말이다. 조금이라도 이상 사회를 꿈꾸었다면 모두 유토피안이 아니겠는가? 설령 그 모두 실패했고, 우리 역시 실패한다고 해도 말이다.

세속적 인본주의자들과 마르크스주의자들은 역사와 미래에 대한 자신들의 태도를 진화가 사실이라는 신념 위에 둔다. 따라서 모든 생명체는 진전하고 있는 장엄한 행진의 일부분으로써 완벽을 향해 전진하고 있다. 마르크스주의는 가장 바람직한 사회를 향해 다양한 생산 방식을 거쳐 우리를 이동시키는 신성에 가까운, 목적론적인 변증법을 가정하며 이 전진은 명백히 일어나고 있다고 한다. 진화가 점차 삶의 완성을 보장한다는 믿음은 다윈만큼이나 오래된 것인데, 그들은 자연 도태는 각 존재의 이익에 의해 그리고 그것을 위해 일어나기 때문에 모든 육체상, 정신상의 특질들은 완성을 향해 진행하는 경향을 가질 것이라고 제안했다.

마르크스와 세속적 인본주의 세계관은 충실한 그들의 신자들에게 분명히 통치를 부여한다. 낙원을 향한 '필연적인' 상승을 약속할 뿐만 아니라 거룩하고 정의로운 하나님이라는 불편한 개념이 없는 천국 또한 약속한다. 우리는 행동에 대해 책임을 질 필요는 없으나, 낙원을 여전히 달성할 수 있다. 역사와 미래에 대한 이러한 믿음은 이토록 기반이 부실한 세계관에 남녀가 매달리도록 부추긴다.

이런 관점은 전제가 왜곡된 것이며 미래 낙원의 열쇠를 지니신 진정 유일한 역사적 인물을 무시하는 것이다. "하나님 왕국의 사랑하는 아들(골 1:13)"은 주 예수 그리스도를(행 16:31; 마 7:21; 엡 2:8-10) 또 그가 인류를 취하셨다고 말씀하시는 것을(요 3:16) 받아들이고 신뢰하고 믿는 그 누구에게나 열려 있다. 하나님에 대한 우리 행위의 책임을 묻지 않는 인간 낙원을 선택함으로써, 마르크스주의자들과 세속적 인본주의자들은 온 인류의 지식과 지혜의 근원이시며(골 2:3), 길이요 진리요 생명이신(요 14:6) 그분 예수 그리스도께 등을 돌린 것이다.

7) 학문 영역에서 기독교 세계관으로 정의하라

기독교는 우주의 존재와 그에 관련된 만물을 가장 잘 설명한다. 세계관의 열 가지 주요 구성 요소에 대한 체계적인 분석에서 기독교는 주장한다.

기독교 세계관 렌즈로
인문학 읽기

신학	인격적이고 거룩하신 하나님의 존재에 대한 증거, 계획된 우주 그리고 인간 삶을 위해 준비된 지구에 대한 관념은 무신론이나 범신론을 위한 어떤 주장보다 우월하다.
철학	정신(로고스)이 물질보다 먼저 있었다는 개념은 무신론의 물질이 정신보다 선행한다는 개념보다 우월하다.
윤리학	선과 악이 인격적이고 사랑이 많으신 하나님의 성품과 성격에 기초한 객관적이고 절대적인 기준이라는 개념은 어떤 도덕적 상대주의의 개념보다 이론적으로 또한 실용적으로 우월하다.
생물학	생명을 창조하시는 살아 계신 하나님의 개념은 자연발생설이나 대진화에 대한 어떤 함 시보다 증거에 더 잘 들어맞는다.
심리학	인간이 육과 영으로 존재하나 죄성이 있고, 불완전하며, 구세주를 필요로 한다는 이해는 인간이 죄에서 자유하며 궁극적으로 완벽을 달성할 수 있으리라 예상하는 것보다 가치가 있다.
사회학	아버지, 어머니와 자식을 포함하는 가족에 대한 성경적 정의는 시험 결혼, 개방 결혼 혹은 동성 결혼의 어떤 실험도 능가한다.
법학	하나님께서 정의가 왜곡되는 것을 증오하신다는 관념은 범죄자를 육성하고 태어나기 전의 인간을 낙태시키는 법적 이론보다 더 확고한 법에 대한 기반을 제공한다.
정치학	인권이 정부에 의해 보호되는 하나님의 선물이라는 기독교 믿음은 인권이 국가에서 기인한다고 주장하는 어떤 무신론적 이론보다 논리적으로 설득력이 있고, 도덕적으로 호소력이 있으며, 정치적으로 타당하다.
경제학	사유재산의 개념 그리고 하나님께 영광을 돌리려 자원을 책임감 있게 사용하는 행위는 개인의 책임과 노동에 대한 동기 부여를 말소하는 국가의 소유권의 개념보다 고귀하다.
역사학	예수 그리스도에 대해 나타날 미래의 왕국에 대한 성경적 약속이 죄악에 찬, 유한한 인간이 상상해 낸 어떤 유토피아적 계획보다도 더 희망적인 것이다.

기독교 세계관은 모든 분야에서 경쟁자들보다 밝게 빛을 발한다. 그 것이 우주에서 우리 위치를 더욱 잘 설명하며, 더욱 실재적이며, 더욱 과학적이고, 지적으로 납득할 수 있으며 변호할 수 있으며, 무엇보다 하늘과 땅에서 가장 큰 영향력을 가지신 한 분과 조화되고 그에게 충실하다. 그분은 바로 예수 그리스도이시다.

비기독교 세계관이 기독교적 입장을 무색케 하는 영역의 단 한 가지도 상상할 수가 없다. 기독교적 경제학을 실천에 옮기는 것은 가장 많은 수의 사람들의 번영으로 이어진다. 반면 간섭주의 복지 국가를 포함한 모든 형태의 사회주의는 다양한 수준의 빈곤을 가져온다. 기독교 사회학을 실행에 옮기는 것은 강력한 가족을 장려하고 널리 퍼진 마약 사용, 범죄, 실업, 질병을 예방한다. 반면 세속적 관점들은 가족의 붕괴와 사회의 분열에 기여하게 된다. 기독교 법을 실행에 옮기는 것은 하나님께서 부여하신 인권을 보장한다. 반면 프랑스에서 두 세기, 소비에트 연방에서 칠십 년 그리고 미국에서 지난 반세기 동안 있었던 실정법 역사는 대량 학살의 역사였다. 물론 가장 중요한 것은 기독교 신학과 철학을 실천하는 것이 영혼의 구원(마 16:26), 정신의 계몽을 가져오며 삶의 목적을 부여한다는 것이다.

8) 하나님 나라 프로젝트를 실현하라

그리스도인들은 역사적으로 자신이 사는 지역 사회와 나라에 영향을 미치는 방식으로 생각하고 행동해 왔다. 이로 인해 공교육, 노동자의 권리, 경제 발전, 언론의 자유, 희생자와 권리를 박탈당한 자들에게 지원하는 문제 등에 긍정적인 영향을 미쳤다. 그러나 요즘 들어 그리스도인들의 사회에 대한 영향력이 부족해진 상황이다.

그리스도인인 우리는 다시 태어나기만 하는 게 아니라 삶의 모든 면에서 하나님의 것을 적용할 때 성장한다. 그는 우리의 모든 생각이 위대한 하나님 나라의 진리에 사로잡혀 변화해야 한다고 강조한다. 서구 문화를 개혁하고 기독교 가치 위에 나라를 견고하게 세운 복음은 '구원 복음'이 아닌, 구원을 포함한 '천국 복음'이었다. 천국 복음은 우리가 이 땅에서 어떻게 살아야 하는지를 가르친다. 그리스도인들은 각각의 변화된 삶을 통해 가족, 이웃, 지역, 나라를 모든 사람이 살기에 더 나은 곳으로 만드는 빛과 소금의 역할을 해 나가야 하는 것이다.

모든 민족을 제자 삼으라는 말씀은 사람을 제자 삼고, 그들을 통해 지역사회와 나라를 제자 삼아야 한다는 얘기다. 그렇게 하지 않으면 우리가 창조되고 영생을 얻게 된 목적을 이루지 못하게 된다. 오늘날 교회에 있는 우리는 마치 느헤미야가 예루살렘 상황을 보고 그랬듯이 현재 상황을 보면서 한탄하고 울고 애통해야 할 지경이다(느 1:3).

란다 콥(Landa Cope)은 『하나님 나라를 제자 삼는 8가지 영역』에서 그리스도인들은 가정(가족), 교회(종교), 교육, 커뮤니케이션(전자와 문서), 예술(오락, 스포츠), 경제(상업적 활동: 연구와 개발, 생산, 판매와 서비스), 정부(모든 관련 문서) 등 8가지 영역에서 지역 사회와 나라를 제자 삼아야 할 소명을 실천해 나아가야 한다고 말한다.

정치: 정의(왕의 왕)

예수님은 하나님 아버지의 나라에 정부의 역할이 있다는 점을 설명하셨다. 그분은 구약에 의해 예시가 되셨고, 그분의 사람과 나라를 제자 삼으셨기 때문이다. 또한 예수님은 하나님이 왕이신 것과 그분의 말씀이 구원과 정치적 공의에 관한 말씀이라는 점을 강조하셨다.

신명기에 나타난 말씀으로 본 하나님의 원칙은 이렇다. 정부는 하나님이 제정하셨고, 이것은 한 나라의 필수 요소다. 정부는 사람들로부터 권위를 얻는다. 그래서 정치 지도자의 성품이 중요하며, 사람들의 선택을 통해 무게가 실린다. 정부는 모든 사람을 대표해야 한다. 정치 분야에 종사하는 그리스도인들은 그리스도의 성품을 가지고 정의를 보장하고, 모든 시민이 입법, 사법, 행정, 군사, 법 집행, 지역 봉사에서 형평성을 소유하도록 힘쓰는 한편 사회적 약자들을 보호하기 위해 노력할 것이다.

경제와 사업: 공급(공급자이신 하나님)

'하나님 vs 돈'이라는 적대적 이분법적 사고는 잘못된 것이다. 이스라엘 백성이 애굽에서 떠나올 때 하나님은 그들에게 영적인 축복뿐만 아니라 곡식, 가축, 사업을 포함한 삶의 모든 영역에서 축복하겠다고 약속하셨다. 300여 년 후 이스라엘은 광야를 헤매던 민족에서 당대 부유한 나라 중 하나가 되었다.

신명기를 통해 하나님이 제시한 경제 원칙은 ① 개인 빚에 한계를 두라, ② 가난을 없애라, ③ 나라 빚은 피하라, ④ 가난한 자들의 타당한 필요를 보라는 것이다. 하나님이 경제에서 보이시는 기본 속성은 '선하심'이다. 경제 영역에서는 여호와 이레, 우리의 공급자이신 하나님이 드러난다. 경제 영역에 종사하는 그리스도인들은 지역 사회에 필요한 물품과 편의를 제공하고, 공정한 임금을 지급하는 고용 기반을 세워야 한다. 정직한 수익, 가난한 자들의 자립, 노동력의 성실성, 자원에 대한 청지기 정신을 실천해 나가야 한다.

과학기술: 질서와 힘(창조주)

우주 탐사를 다녀온 우주인들은 창조주의 위대함에 경탄한다. 다윗과 솔로몬은 과학으로 창조주를 찬양했다. 현대 과학은 하나님의 법칙에 따라 모든 것을 창조하셨다는 성경적 관점에서 발전했다. 인간이 발견하는 법칙들은 하나님이 만들어 놓은 법칙들인 것이다.

하나님이 과학에서 보이신 기본 속성은 '질서와 능력'이다. 하나님은 자연 법칙으로 우주를 다스리신다. 우리는 더 높은 삶의 기준으로 하나님의 자원을 더 잘 다스리도록 해야 한다. 과학 영역에 있는 전문가는 하나님의 물질세계에 속한 피조물에 대한 개발자이자 청지기다. 하나님의 피조물을 통해 자신을 드러내시는 특별한 방법으로 그분을 알아 가도록 하는데 부르심을 받았다. 그분은 자연 법칙을 사용하셔서 우리를 겸손하게 만드시고 놀라운 능력과 지혜를 드러내시며, 전문가는 인류가 하나님에 대한 경외심을 가질 수 있도록 사용하신다는 점을 새겨야 한다.

교회: 자비와 거룩함(대제사장)

모든 이스라엘 백성이 유대인이었지만, 모든 유대인이 제사장인 것은 아니었다. 모든 그리스도인은 제사장이자 신자이다. 하지만 목사, 선교사, 전도자처럼 특별한 기능을 전담하는 전임 사역자들이 분명히 존재한다. 그렇다고 하나님의 일을 목사와 사역자들에게 떠넘기는 것은 잘못된 것이다. 각자 맡은 곳에서 청지기의 사명을 다하려는 자세가 필요하다.

교회 전담 사역자들의 할 일은 법조인, 사업가나 은행원들을 그들의 직업과 관련된 하나님의 가르침 안에서 인도하고 제자 삼는 일이다. 사람들을 하나님에게 인도하도록 부르심을 받은 교회와 사역자들은 모든 신자가 하나님과 그분 말씀의 특성과 성품을 일터와 믿음의 삶에 적용하도록 지원하는 사명을 안고 있는 것이다.

가정: 보살핌과 사랑(하늘 아버지)

> **신 5:16** 너는 네 하나님 여호와께서 명령한 대로 네 부모를 공경하라 그리하면 네 하나님 여호와가 네게 준 땅에서 네 생명이 길고 복을 누리리라.

가정은 신앙의 뿌리다. 하나님 나라에 속한 모든 영역에서 가정은 가장 중요한 부분이다. 가정은 모든 문화의 뿌리이며, 가치와 도덕성, 재정 공급, 정의, 사랑의 첫째 방어선이다. 가정에서 하늘 아버지가 드러난다. 하나님이 가정에서 보이신 기본 속성은 사랑과 양육이다. 하나님은 가정 안에서 우리가 더 사랑하고 그분을 닮아 가도록 우리 삶을 다루시기 원하신다. 이는 평생 지속되는 성장의 과정이다.

교육: 지식(위대한 교사)

모든 말씀은 배움과 관련이 있다. 성경은 우리를 가르치고 하나님의 방법을 깨닫게 하기 위해 성령의 감동에 따라 쓰인 책이다. 하나님은 성경 전체에서 지식은 행동에서, 믿음은 행함에서, 배움은 성장에서, 지혜는 사랑에서 드러난다고 강조하신다. 성경에서 교육 영역으로 나타나는 부분은 가르침, 배움, 기억, 마음, 생각, 양육, 지혜 등이다. 하나님이 교육에서 보이신 기본 속성은 '지혜'이다. 하나님은 교육을 인간 본성의 법칙으로 다스리신다. 하나님은 모든 아이들에게 재능을 주셨다. 우리는 그들에게 재능과 잠재력을 최대한 발휘하도록 지원해야 할 사명을 갖고 있다.

커뮤니케이션: 진리(살아 있는 말씀)

하나님은 말씀이시다. 성경은 책, 시, 편지로 구성되어 있는데, 그분이 자신을 인간들에게 전하려는 의도로 만들도록 하신 것이다. 사람은 그분의 형상으로 만들어졌다. 성령은 우리를 진리 가운데로 인도하시고, 예수님은 아버지를 드러내신다. 하나님이 하시는 일과 우리가 하는 모든 일은 곧 의사소통이라고 할 수 있다.

오늘날 매스커뮤니케이션 시대를 맞고 있는데 '악의 영향력'은 강하고 '선의 영향력'은 약하다. 만일 매체 자체에 힘이 있어서 그 힘을 행사한다면 세계 복음화는 수월하게 이룰 수 있을 것이다. 매체가 우리에게 영향을 주지만 사람들은 자신이 영향 받고 싶은 것만을 보고 듣는다. 하지만 그리스도인들은 끊임없이 미디어를 통해 하나님 나라를 확장하려는 노력을 전개해 나가야 한다.

예술과 오락: 아름다움(토기장이)

하나님이 만드신 것은 모두 아름답다. 우주에는 색, 형태, 모양이 없는 게 하나도 없다. 그는 위대한 토기장이요, 아름다움이다. 다윗은 별들이 주의 영광을 노래한다고 했고, 물리학자들은 행성이 완벽한 조화를 이루며 진동음을 발한다고 말한다.

창조주 하나님을 믿는 우리는 하나님과의 바른 관계뿐만 아니라 예술에도 가치를 두어야 한다. 그분은 아름다움의 주인이자 모든 기술의 창조자이기 때문이다. 예술가는 자신 안에 있는 재능의 주와 올바른 관계 맺기를 추구해야 한다.

4. 따름: 누구의 제자인가?

지금 세계는 20세기가 낳은 독일 출신 안티 기독교 천재들이 지배하고 있다고 해도 과언이 아니다. 막스 베버(Max Weber, 1864-1920), 칼 마르크스(Karl Marx, 1818-1893), 프리드리히 니체(Friedrich Wilhelm Nietzsche,

1844-1900)가 그들이다. 그들의 천재성이 얼마나 탁월한지 그리스도인들 조차 이 천재들의 제자가 되어 있는 경우가 허다하다. 더욱 안타까운 것은 그들의 제자가 되어 있으면서도 자신은 예수님의 제자라고 착각하고 있다는 것이다. 기독교 지성인들, 교사나 교수들이 예수님의 제자라고 자칭하면서 학교 강단에서는 이들 천재 지성인들의 가르침을 힘을 다해 설파하고 있다. 정체성 부재이다. 의외로 많은 목회자들이 교단에서 안티 기독교 천재들의 가르침을 설교하면서 예수님의 가르침을 설교한 것으로 착각하고 있다.

1) 막스 베버(Max Weber)

마르크스가 사회주의와 공산주의 이론으로 서구 사회에 큰 도전을 했다면, 막스 베버(Max Weber, 1864-1920)는 서구 자본주의 사회에 이념을 제공하는 역할을 했다. 먼저 베버의 근본 시각을 살펴보자. 베버는 일반 대중에게 잘 알려지지 않았지만 시대에 엄청나게 영향을 끼친 사람이다. 그는 자유주의 진영 사상계 대부라고 할 수 있다. 아이러니컬하게도 자유 진영에 있는 사람들은 자유 진영을 지배하는 사상과 사상가를 잘 모른다. 칼 마르크스도 천재였지만 막스 베버는 더 탁월한 천재였다. 지금 유럽과 미국 등 자유 진영의 지성인들 대부분은 막스 베버의 사상적 지배하에 있다.

막스 베버는 반기독교적 지성인이었다. 베버의 어머니는 전통적인 독실한 기독교 신자였다. 그런데 어느 날 교회 목사님이 심방을 오게 되었다. 이 소식을 들은 베버가 교회 목사와 한 지붕 아래 있을 수 없다며 집을 박차고 나갔던 일화는 유명하다. 그는 기독교를 혐오하는 인물이었다. 매우 냉철하고 차분한 성격을 가졌던 막스 베버는 유독 기독교에 대해서만은 매우 신경질적이고 반동적으로 반응했던 것이다.

악마로부터 해방

그는 가치 개념의 객관성을 인정하지 않았다. 즉 그는 객관적인 가치가 있다는 것을 인정하지 않고 상대주의 가치관을 주장하였다. 그는 세상에는 많은 신이 존재하고, 다른 가치, 다양한 세계관이 있다고 함으로 다원주의를 주장하였다. 그는 현실 세계의 모든 현상은 선험적으로 어떤 '의미'나 '가치'를 갖는 것이 아니고, 인간이 거기에 의미를 부여하면 가치가 있게 된다고 하였다. 따라서 베버에 있어서 현실은 객관화, 무의미화, 현세화되는 것이며, 악마, 즉 기독교적인 가치로부터 해방되는 것이 삶의 목표였다. 즉 그에게 있어 현실은 있는 그대로의 모습일 뿐 의미가 있는 것이 아니기 때문에 절대 가치가 없는 것이다. 따라서 절대 가치를 인정하는 기독교 신앙을 '악마'라고 하며 기독교적 가치로부터 해방되어야 한다고 주장했다.

이러한 그의 사상은 '가치 자유'와 '가치 해석'을 요청한다. '가치 자유'는 절대 가치의 지배에서 벗어나는 것이며, '가치 해석(사회철학)'은 인간 스스로가 가치를 부여하라는 것이라고 정의한다. 또한 그는 절대 가치를 인정하는 신앙과 과학을 분리해야 한다고 주장한다. 초월적 세계를 인정하는 신앙과 경험과 관찰을 중시하는 과학은 양립할 수 없는 것이므로 철저히 분리해야 하고, 절대 가치를 믿지 말고, 사회 철학이 인간을 지배해야 한다고 했다. 바로 그것이 악에서 해방되는 유일한 길이라고 그는 강조한다. 기독교적 가치, 즉 절대 가치가 전통적으로 유럽을 지배해 온 시대에 그는 가치 상대화를 주장하며, 가치를 주관화하지 말고, 단지 연구만 할 뿐 헌신하지 말도록 요구한다. 절대 가치를 연구하되 적용하거나 실천하지 못하도록 함으로 많은 지성인들이 이 사상의 영향을 받아 비판 의식은 강한데 결코 자기가 믿는 절대 가치에 목숨을 걸지 않게 되었다.

그의 영향을 받은 지성인들은 철저히 가치 자유를 추구한다. 그래서 기독교인이라고 자처하는 사람들조차 베버의 영향을 받은 지성인들은 하나님께 자신을 헌신하기를 그렇게도 힘들어 한다. 그들은 자기자신 외에는 결코 헌신하지 않는다. 헌신은 없고, 토론하고 평가하고 비평하며 비판만 한다. 그러면서도 그들은 비판의 대상에 결코 자신을 포함시키지 않는다. 그러면서도 자신을 제외한 모든 것을 대상화하여 비평하고 비판한다. 그들은 행동하는 지성을 말하지만 그것은 예외 없이 거침없이 비판하는 지성을 의미한다. 그들은 이러한 자신들의 모습을 참된 지성이라고 생각한다. 그러나 이것은 심정 없는 사악한 지성이요. 영성 없는 타락한 기독 지성이다.

기독교 전통을 가진 수많은 서방 지식인들뿐만 아니라 한국의 기독교 지식인들이 왜 교회에서는 하나님 말씀을 듣고 예배하면서 언론, 정치, 교육, 연구 등 세상 영역에 나가서는 하나님 나라의 가치를 고수하지 않고 비겁하게 가치 중립하려고 하고, 가치 자유하려고 하는지 그 이유가 여기에 있다.

그들은 주님의 말씀과 명령은 경시하고는 순종하기를 더디하면서도, 지성의 명령에는 철저하게 순종한다. 이들은 예수의 제자가 아니다. 이들은 반기독교적인 차가운 지성이요. 막스 베버의 제자들이다.

> **요 3:31-32** 위로부터 오시는 이는 만물 위에 계시고 땅에서 난 이는 땅에 속하여 땅에 속한 것을 말하느니라 하늘로부터 오시는 이는 만물 위에 계시나니 그가 친히 보고 들은 것을 증언하되 그의 증언을 받는 자가 없도다.

시스템의 지배

베버 사상의 가장 큰 문제점은 그의 사상의 기초에 자리 잡고 있는 가치상대화이다. 그는 영원한 절대 가치를 부인했기 때문에 과학화와 합리화된 가치 세계를 형성하였다. 결과적으로 베버는 절대 가치로부터 해방되고, 합리화된 세계로서의 근대 시민사회를 강조했기 때문에 그의 사상에서는 신앙과 믿음의 영역은 철저히 배제되었다. 또한 그는 합리화를 추구하는 자본주의는 결코 소멸되지 않는다고 주장함으로 서구 자본주의 사회를 철저히 옹호한 것처럼 보이지만, 인간이 영적인 존재임을 망각하고 인간을 물질의 노예, 시스템의 도구로 전락시켰던 것이다.

실제로 자본주의는 근대 시민사회를 발달시켰다. 근대 시민사회는 합리화된 사회, 전문화된 사회를 추구한다. 이러한 합리화와 전문화는 결과적으로 시스템이 지배하는 사회를 만들어 낸다. 그리고 지도자들은 어떻게 이 시스템을 효율적으로 운영할 수 있을까를 고민한다. 시스템의 효율적 운영 역시 합리적 운영이라는 틀에 갇히게 된다. 또 합리적 사고에 의존한다. 그래서 결국 합리적 사고체계와 합리성이 세계를 지배하게 된다. 세계의 전면적인 합리화이다. 시스템의 지배이다. 이것은 무엇을 의미하는가? 세계는 합리화 시스템에 갇히게 된다는 것이다. 막스 베버는 이때 모든 인간은 경제건 과학이건 "합리적인 경영" 속으로의 '개개인의 강제적 편입'이 이루어진다고 말한다.

마침내 세계 모든 영역은 차가운 시스템이 지배하게 된다. 이러한 세계에 사는 인간은 어떻게 될까? 하나님에 의해 본질적으로 지정의를 가진 영적 존재로 창조된 인간이 어떻게 이러한 시스템에 적응할 수 있을까? 막스 베버는 이때에 인간은 보편적 합리화가 초래하는 전면적인 상호의존의 체제(system), 즉 예속의 강철같이 단단한 틀 안에 갇히게 될 것이라고 예언했다.

그리고 한편으로는 인간의 끝없는 '전문화'가 요구되며, 한편으로는 그 결과로 인간의 전면적 '부속품화'가 심화된다고 했다. 모두가 전문가가 되는 것이다. 모두가 한 영역만 깊게 아는 전문가가 된다는 것은 곧 부속품으로 전락한다는 것을 의미한다. 이런 이유로 현대 사회가 발달할수록 사람들은 더욱더 무력해지고 자신의 존재는 작아지게 된다. 그 결과 사람들은 강력한 시스템의 노예 상태로 전락하게 된다. 그 누구도 그 시스템을 해체시키지는 못한다.

이러한 합리화 시스템 안에서 감성의 세계는 지극히 예외적인 것이 되며, 종교는 설 자리가 없게 된다. 이런 세상에서 성역의 존재는 불가능하며 성스러움과 거룩함의 개념도 용납되지 않게 된다. 철저한 현실세계와 과학적으로 증명 가능한 현실 개념만 존립할 뿐이다. 당연히 하나님의 계시와 성령의 역사는 허용되지 않는다. 그것은 정신 나간 병자들이나 추구하는 정신병적 현상이요 나약하고 천박한 신비주의자들에게나 나타나는 것으로 취급된다. 기독 지성인이라 자처하는 사람들이 왜 그렇게도 성령의 역사를 그렇게 집요하게 비판하며 성령의 사역을 교회에서 제거하고 퇴출시키려고 하는지 그 이유가 여기에 있다.

막스 베버가 미친 시장의 영향은 전면적이고 총체적이다. 이른바 전문가로 분류되는 지배 엘리트(ruling elite)들은 꿈과 비전보다는 자기 개인의 야망과 욕망만을 추구한다. 그들은 세상에서 출세하고 성공하는 것 이외에 관심이 없다. 그들은 전문화되고 안정화된 시스템 안에 안주하려고 한다. 그들은 합리성, 효율성, 생산성 이외에 어떤 가치도 배제한다.

고도로 합리화된 자본주의 세계는 철저하게 개인의 이익관계에 따라서 작동하기 때문에 사람들이 자신의 가족을 위해 희생하는 것조차 보기 드물게 되었다. 그렇게도 서로 사랑한다고 고백하다가도 사람들은 쉽게 배신해 버린다. 서로 이익이 되지 않으면 그렇게도 쉽게 동업을 파기해 버린다. 심지어는 가정에서 재산을 서로 차지하기 위해 자녀들이 치열하게 싸우며 법정으로 가고 거액의 보험금을 타기 위해 부모 또는 남편을 살해하기도 한다.

더 심각한 것은 빈익빈부익부 현상과 강자의 지배체제는 갈수록 심화된다. 이런 냉혹한 현실에서 사회적 약자는 더 이상 자신의 처지를 호소할 대상을 찾지 못하고 신음하고 있다. 강자가 지배하는 약육강식의 세계 질서 속에서 약소국들과 소수민족들은 더욱더 어려운 처지가 되었다. 바야흐로 세계는 무한 경쟁체제로 돌입하였고 동물계의 정글의 법칙이 지배하는 세상으로 변하고만 것이다.

베버의 대안: 소시민으로 살라

베버는 인간의 피할 수 없는 운명인 합리성의 과정에서 생겨나는 비합리성의 결과로 근대 시민사회는 두 부류의 인간으로 구성된다고 하였다.

> 심정 없는 전문인
> 정신 나간 향락인

전자는 기계화된 전문인으로 합리적 인간이며, 이 시대를 이끌어 나가는 전문가이며, 엘리트들이다. 그들은 성공하기 위해 끊임없는 합리화를 추구하는 것이다. 후자는 패배자로 불리지만 실제로는 패배자가 아니라 시스템의 희생자며, 시스템에 저항하는 자로, 시스템에서 소외된 대중들이다. 잘못은 아는데 고칠 힘이 없는 자들로서 모든 것을 체념하고 향락을 추구하며 사는 자들인 것이다.

이러한 사회 현상에 대한 대안으로 마르크스는 혁명을 주장하며 자본주의를 해체하도록 주장한 반면. 베버는 상대적인 윤리(책임윤리)를 대안으로 제시한다. '지적 성실'과 '책임윤리'를 갖춘 전문인이 되라고 강조한다. 그는 인간은 행복하지 않다는 것을 인정하지만, 해결 방법이 없다고 생각했기 때문에 성실하게 살고, 그때그때 책임감 있게 사는 것이 인간의 진정한 자유라고 했다. 합리화가 어쩔 수 없는 인간 운명이기 때문에 그 체제에 순응해서 성실하게 살고, 책임 있게 살면서 그 안에서 의미를 발견하라는 것이다.

이러한 비합리적 합리성으로 인해 인간 본래의 목적인 행복은 상실되고 수단이 목적이 되는 것이다. 인간은 행복을 위해 합리성을 추구하면 추구할수록 인간은 합리적 경영과 과학적 경영 시스템의 도구가 되어 인간성을 상실하고 철저히 시스템의 노예가 되는 것이다. 이것은 인간이 피할 수 없는 운명이기 때문에 현대인은 성실하게 주어진 책임을 다하며 시스템에 순응하는 착실한 소시민으로 살라는 것이 그의 대안이다.

그리스도인은 어떻게 살 것인가?

그리스도인들은 소시민적으로 하루하루 성실히 살아가라는 그의 생

\
기독교 세계관 렌즈로
인문학 읽기

각에 동의할 수 없다. 성실, 책임, 도덕, 합리성, 효율성 등의 명분 아래 시스템의 순응자로 살아갈 수 없다. 하나님께서 인간을 창조하실 때 그에게 분명한 목적과 사명을 주셨다.

> **창 1:26** 하나님이 이르시되 우리의 형상을 따라 우리의 모양대로 우리가 사람을 만들고 그들로 바다의 물고기와 하늘의 새와 가축과 온 땅과 땅에 기는 모든 것을 다스리게 하자 하시고.

하나님은 태초에 인간을 만물을 정복하고 다스리는 관리자로 세우셨다. 인간은 하나님 앞에서 절대 가치가 있으며 하나님의 뜻에 따라 만물을 지배하고 다스리는 것이 인간의 존재 목적이다.

문화를 변화시키는 유일한 방법은 새로운 문화를 창조하는 것이다. 문화를 변화시키기 위해서는 문화의 특성을 알아야 한다. 첫째, 문화는 매우 실제적인 것들, 즉 사람들이 세상에서 만들어 낸 물질들의 집합체이다. 둘째, 문화는 항상 충분한 상태에 있다는 이상하고도 다행스러운 특성을 지니고 있다. 그래서 문화를 변화시키려면, 새로운 것을 창조해야 한다. 그래서 문화 비난, 문화 비평, 문화 모방, 문화 소비, 창조성만이 변화를 이끌어 낼 수 있는 유일한 근원이다.

2) 칼 마르크스(Karl Marx)

칼 하인리히 마르크스(Karl Heinrich Marx)는 1818년 5월 5일에 독일 라인주 트리어(Trier)시에서 유대인 기독교 가정의 7남매 중 셋째로 태어났다. 변호사인 아버지 하인리히 마르크스는 칸트 철학의 신봉자로서 가족들에게 휴머니즘적이고 계몽주의적인 사상을 면밀히 교육하였다. 유태인에 대한 불이익을 피하고자 마르크스가 태어나기 직전에 개신교로 개종한 집안에서 마르크스는 6살이 되던 1824년에 개신교 세례를 받았다.

마르크스는 선천적으로 강하고 능동적이며 실제적인 정신의 소유자였다. 그는 불의에 대한 감각이 남달랐으며, 쉽게 상처를 받거나 감상에 빠지는 성격이 아니었다. 또한 당대의 혁명가들 중, 그는 기묘하게도 고립된 채 평생을 살았던 인물이었다. 한편 마르크스는 인간 행동을 결정하는 요소 중 경제적 요소들이 차지하는 우위를 강조했다. 또한 그는 현실적이었으며, 역사 의식을 갖고 있었다. 그는 추상적 원리는 가차 없이 공격했으며 모든 해결책은 현실 상황에서 찾아야 한다고 봤다. 이러한 현실과 역사의 분석을 통해 마르크스는 현재의 비이성적이고 혼란한 세계는 필연적으로 파멸할 것이라고 믿었다. 하지만 우리도 경험했듯이, 세계는 망하지 않았다. 세계는 그가 생각하는 대로 흘러가지는 않았다.

근대 사회를 바라보는 마르크스의 시각은 베버와 반대로 전 문화를 철저히 부정하고, 다면적 인간성의 회복에 의해 인간이 진정한 자유에 도달할 수 있다고 주장했다. 베버는 근대 사회를 합리성으로 파악했지만, 마르크스는 자기 소외로 파악했다. 그는 산업혁명 후 자본주의 발전과 함께 분업과 직업의 분화가 발달하여 인간 차별과 인간 소외가 발생했다고 본다. 즉 그는 상위개념인 인간 자체로서의 인간, 있는 그대로의 인간은 소외되고, 직업에 의해서 계급화 된 특수 규정으로써 인간이 상위 개념에 놓이게 되었다고 주장한다.

그는 질문한다. "왜 인간이 차별대우를 받아야 하는가?" 누군가 해야 할 그 일을 충실히 했는데 그 직업 때문에 차별대우 받고, 무시당하는 것은 잘못이라는 것이다. 따라서 마르크스는 '있는 그대로의 인간'이 본래의 인간이며, 부분적으로 전문화된 특수한 인간은 본래 인간이 아니라고 주장하였다. 그는 이러한 인간 소외와 인간 차별은 자본주의가 발달하면 발달할수록 더 심각해질 것이라고 예측했다. 즉 그에게 있어서 자본주의의 진보는 차별의 진보였던 것이다.

마르크스 대안: 투쟁하라

중세의 봉건체제를 무너뜨린 로크에 의해 주창된 자유, 평등의 고전적 자유주의가 19세기에 들어와 자유 방임정책의 여파로 유산자 계급의 발전과 자본에 의한 노동의 지배를 보장한 자유주의 체제가 부르주아 독재 체제로 전락하고 말았다고 마르크스는 비판한다. 노동한 생산물이 본인 것이 되는 것이 아니기 때문에 그리고 분업에 의하기 때문에 생산의 과정에서도 노동자는 소외되며 노동이 노동자 자신이 아닌 누군가 다른 사람, 즉 자본가를 위한 것이기 때문에도 노동자의 소외 현상이 일어난다는 것이다. 또한 노동의 대가로 받은 화폐가 신격화가 되고 말았다. 마르크스는 이런 원인을 사회경제적 구조의 분석에서 찾았는데 노동의 분업과 사적 소유는 개인의 이익과 공동 이익 사이에 모순을 야기하기 때문에 사회의 대부분을 차지하는 노동자는 아무 이익도 향유하지 못하고 일부 부르주아 층만을 위하게 된다는 것이고 이것은 오로지 실천적인 운동, 즉 혁명만을 통해 계급 타파가 일어나야 한다고 주장한다. 공산주의 사회는 사회가 전반적인 생산을 조절하기 때문에 각자는 그가 원하는 분야에서 스스로를 도약시킬 수 있다는 것이다.

마르크스는 자본주의가 발전하면 할수록 인간은 더욱더 소외되어 고통당하고 있다고 지적하면서 그는 인간 해방을 주장하였다. 그는 인간성 회복을 통한 자유를 자본주의 체제의 모순에 대한 대안으로 제시하며 자연인으로 돌아가라고 외쳤다. 그는 본래의 인간은 고귀하며, 전문화되고 특수화된 인간은 본래의 인간이 아니라고 했으며, 전문화되고 특수화된 인간이 있을 수 있지만, 그들이 세계를 지배하게 하지 말라고 외쳤다. 즉 사회적 위치나 직업이 인간을 차별하도록 하지 말라는 것이다. 그래서 그는 본래 인간의 그 고귀함을 회복하고 소외로부터 회복하기 위해서 자본주의를 해체해야 한다고 주장하며 혁명을 부르짖었다. 그는 베버의 책임윤리를 무책임한 심정의 윤리로 비판하였다. 즉 소시민으로서 성실하게 살아서는 세상을 변화시킬 수 없다고 보고 마르크스는 인간을 지배하고 소외시키는 세계 자본주의 지배체제를 해체시키도록 혁명을 주장하였던 것이다. 즉 투쟁하여 쟁취하라는 것이다.

그러나 현실적으로 공산주의 실험은 실패로 돌아가 공산당의 새로운 독재체제를 만들고 말았으나 베버나 호르크하이머(Horkheimer)같은 비판이론에 빠져들었던 모더니즘의 비관론에 비해 마르크스는 이론적으로 대안을 제시했다는 것에 만족해야겠다.

그리스도인은 어떻게 살 것인가?

마르크스는 근대 사회가 직면한 모든 문제의 근원을 자본주의로 보고 계급 혁명을 통해 부르주아 지배계급을 타파하고 자본주의 체제를 해체시킴으로써 도구화되고 부속품으로 전락한 인간, 물질의 노예가 되고, 소외된 인간을 해방할 수 있다고 보았다. 그는 이러한 혁명을 통한 자본주의 해체를 통해서 인간성은 회복되고 평등한 사회가 이루어질 수 있다고 본 것이다.

예수님은 가진 것과 못 가진 것으로 선악을 구분하지 않았다. 성경에서도 평등사상을 주장하고 있다. 그러나 그것은 강제적 분배가 아닌 자발적인 분배요, 그리스도 안에서 사랑으로 나누는 분배였다. 성경적 분배에 대해서 고린도후서 8장 12-15절에 이렇게 말하고 있다.

> 할 마음만 있으면 있는 대로 받으실 터이요 없는 것은 받지 아니하시리라 이는 다른 사람들은 평안하게 하고 너희는 곤고하게 하려는 것이 아니요 균등하게 하려 함이니 이제 너희의 넉넉한 것으로 그들의 부족한 것을 보충함은 후에 그들의 넉넉한 것으로 너희의 부족한 것을 보충하여 균등하게 하려 함이라 기록된 것 같이 많이 거둔 자도 남지 아니하였고 적게 거둔 자도 모자라지 아니하였느니라.

자발적 분배에 대해서 사도행전 2장 44-45절에 잘 나타나 있다.

> 믿는 사람이 다 함께 있어 모든 물건을 서로 통용하고 또 재산과 소
> 유를 팔아 각 사람의 필요를 따라 나눠 주며.

그리고 우리는 평등을 위한 폭력의 사용, 혁명에도 동의하지 않는다. 혁명은 한쪽을 살리기 위해 다른 쪽을 죽이기 때문이다. 혁명 세력들은 끊임없이 혁명의 완성을 위해 반대세력을 희생시킨다. 그러나 기독교의 개혁은 다르다. 기독교적 개혁은 양쪽을 모두 살리면서 하는 것이다. 양쪽을 전부 살리는 개혁이야말로 진정한 개혁이요, 하나님의 방법이다. 개혁은 타도가 목적이 아니라 진정한 자유와 평화를 위해서 해야 한다.

따라서 사람을 몰아내고 심판하고 처단하는 그런 개혁이 아니라 사랑과 용서, 자비와 긍휼, 하나님의 공의를 통한 개혁을 해야 한다. 진리의 말씀에 기초한 개혁이야말로 진정한 영혼을 변화시키는 개혁이 될 것이다. 세상은 목적에 집착하지만 우리는 과정의 정당성도 존중하며 개혁을 해야 한다. 이것이 세상을 변화시키는 하나님의 방법이라고 믿는다.

3) 프리드리히 니체(Friedrich Wilhelm Nietzsche, 1844-1900)

니체는 창조적인 능력은 아폴로(Apollo)적 차원과 디오니소스(Dionysos)적 차원으로 존재한다고 보았다. 그리고 이 두 차원의 상호 대립되는 힘의 끊임없는 갈등과 투쟁을 통해서 창조적 능력이 발휘된다고 했다. 아

폴로(Apollo)는 논리적이고 이성적이며 질서정연함, 즉 합리적인 것을 추구한다. 반면 디오니소스(Dionysos)는 질풍처럼 출렁이고 축제의 열광에 도취된 본능의 차원이다. 인간은 이 아폴로적 통제하는 이성(Contrallingreason: 이성적 차원)과 디오니소스적 강력한 열정(Strong passion : 감성적 차원) 두 가지 모두를 가지고 있다. 즉 인간은 이상과 감성의 서로 다른 차원의 힘에 의해서 지배받고 있다. 이것들이 서로 갈등과 투쟁하는 가운데 창조적 능력이 나오는 것이다.

여기서 니체는 근대 사회 문제의 핵심을 지적했다. 니체에 따르면 고대 그리스의 소크라테스 이후 그리고 근대 초기의 데카르트 이래로 현대 철학을 이성과 감성의 이원론적 대립으로 규정하고 이성에 특권적 지위를 부여하면서 인간 사회의 왜곡이 시작됐다는 것이다. 바로 주지주의요, 이성중상주의(logos centrism)가 문제이다. 데카르트가 말한 바 "나는 생각한다. 고로 존재한다(cogitates ergo sum)."는 바로 이런 문제를 단적으로 보여 주는 것이다. 데카르트는 '생각하기 때문에 존재한다.'고 했다. 그러면 데카르트의 입장에서 볼 때, 생각하지 않고 느끼기만 한다면 그것은 존재하는 것이 아니다. 곧 존재의 의미가 상실된다.

소크라테스에서 플라톤, 플라톤에서 데카르트 그리고 칸트에 이르는 서구 철학은 인간의 지적 기능만을 강조하는 주지주의요. 합리주의이며 이성 중심주의라 할 수 있다. 이 같은 주지주의적 혹은 이성중심적 관점이 갈수록 심화되면서 근대 사회는 창백한 인간 이론만 대량 생산하게 되었다. 바로 이것이 니체가 지적한 바 근대(modernity)의 특징이요 근대적 병리현상의 핵심인 것이다.

니체는 그의 초기 작품 『비극의 탄생』(Die Geburt der Tragodie)에서 현대의 병리 원인을 이성과 감성의 이원론적 대립으로 규정하고 전자에 특권적 지위를 부여해 온 이성 중심주의에 대해 강력히 비판했다. 데카르트 이후 이성 중심적 근대 사조는 인간의 삶을 '삶 그 자체'로 긍정하기보다는 오히려 삶을 기형화시켜 버렸다는 것이다.

따라서 이성주의자들은 합리적이고 과학적이고 논리적인 것만 받아들이고 하나님은 배제했던 것이다. 즉 니체에 의하면 생각하는 존재, 과학적 존재, 합리적인 존재인 인간이 신의 죽음을 선언한 것이다. 니체는 "기쁜 지혜"에서 한 광인을 등장시킴으로 '신의 죽음'을 선언하고 있다. 그것은 신의 죽음을 찬미하는 의미가 아니라 신의 죽음에 대한 울부짖음이었다. 그는 과학적이고 합리적인 세계에서 신을 배제한 인간은 결국 비참해질 수밖에 없다는 것을 알고 울부짖었다. 그는 신의 죽음은 근원의 부재이며 결국 허무주의로 연결된다는 것을 알고 있었던 것이다.

니체의 대안-초인(superman)이 되라

그러나 신을 상실한 니체는 쇼펜하우어처럼 염세주의에 빠지지 않았다. 키에르케고르(Kierkegaard)처럼 '죽음에 이르는 병'으로 신음하지도 않

기독교 세계관 렌즈로
인문학 읽기

았다. 참된 신으로 복귀하려고 노력하지도 않았다. 신에 대한 믿음을 상실한 근대인은 이제 인간을 능가하는 그 어떤 초월적 존재도 있을 수 없게 되었고 따라서 신에 대한 철없는 의존성에서 오히려 자유로워졌다. 그들은 자유인이 된 것이다.

니체는 신을 상실한 인간은 '너무나 인간적인' 인간이 되었다고 주장한다. 니체는 인간이 하나님을 거부하면 다시 오시지 않는다고 생각했다. 즉 하나님은 인간이 신을 거부하면 돌아올 때까지 기다리시는데, 인간은 하나님께로 돌아오지 않고 오히려 신의 죽음을 선포했다고 주장한다. 따라서 하나님은 결코 다시 오실 수 없고 이제 인간에게 남은 것은 절망 밖에 없는 것이다. 그래서 그는 신을 본받으려고 노력하지 말라고 했다. 왜냐하면 어차피 신을 떠난 인간은 소망이 없기 때문이었다. 인간은 절대로 합리성, 과학성을 포기하지 않을 것이기 때문에 신을 퇴출시킨 인간은 지극히 인간답게 살아야 한다고 니체는 대안을 제시했다.

니체에 있어서 인간적으로 살라는 말은 투쟁하며 정복하는 삶을 의미한다. 그는 인간이 투쟁적이고 정복하고 창조하는 권력 의지(will to power)를 가지고 있다고 주장했다. 예를 들어 아담과 하와는 에덴동산에서 쇼펜하우어가 주장한 삶의 의지(will to live)를 가지고 살았지만 결국 타락하여 그는 권력 의지를 추구했던 것이다.

따라서 니체는 인간은 투쟁적이며, 끊임없이 정복하고 창조하는 권력 의지를 가지고 있기 때문에 살아남기 위해서는 초인이 되어야 한다고 주장했다. 여기서 초인이 되라는 말은 신이 없는 세계는 무한 경쟁과 투쟁

및 혼돈의 세계이므로 스스로 실력을 갖춘 능력자가 되라는 의미이다. 그의 가르침에 따라 '실력을 갖추라', '능력자가 되라'는 모토가 현대인의 삶의 양식이 되었다.

그리스도인은 오직 믿음으로 산다

니체가 하나님을 떠난 인간은 소망이 없고, 인생은 만인에 대한 만인의 투쟁이기 때문에 스스로 살아남기 위해 능력자가 되어야 한다는 주장에 우리는 동의할 수 없다. 니체의 가르침에 따라 생존 경쟁에서 승리하기 위해 능력과 실력을 갖춘 초인이 되고자 투쟁하는 인간은 모두가 피해자가 되었다. 무한 경쟁에 돌입한 현대인은 동물과 같이 약육강식의 잔인한 생존논리에 의존하게 되었다. 따라서 부익부 빈익빈 현상은 갈수록 심화되고, 인간성은 말살되고, 성과주의, 업적주의가 팽배한 세상 속에서 현대인은 피곤하게 살아가고 있는 것이다. 끝없는 힘의 무한 경쟁시대에 사는 현대인들은 인간성을 상실하고, 경쟁체제의 희생이 된 것이다.

성경에 따르면 우리는 힘과 권력으로 이기는 것이 아니고, 사랑과 용서로 이긴다. 그리고 인간의 삶의 승패는 여호와께 달려 있다. 이성주의자들이 인간의 가능성을 강조하여 인간이 최고가 된 인본주의자들이 되었지만, 우리의 삶의 주인은 하나님이라는 사실을 우리는 알아야 한다. 생명의 근원이신 하나님과 분리되는 순간 인간은 죽은 존재인 것이다. 하나님을 떠난 인간의 삶은 꽃병의 꽃과 같이 유한하고 무의미한 것이다. 인간이 스스로 삶을 개척하기 위해 노력하면 할수록 인간은 생명과 안식에서 멀어지고 있는 것이다.

4) 이 시대의 싸움은 세계관의 싸움이다

바울은 골로새서를 통해 예수님이 "만유의 주"라는 점을 강조했다. 예수는 영적 세계와 물질세계의 주시며, 영원과 시간 위에 다스리신다. 만물의 주이기 때문에 모든 것은 그분으로 말미암아 창조되었고, 그분을 위하여 창조되었다.

그분은 존재하는 모든 것에 대한 정당한 상속자로, 만물이 화목한 것을 보려고 피를 흘리셨다. 우리가 빛의 나라에서 살 수 있는 유일한 방법은 주 되신 예수 그리스도 아래 모든 것을 통합하는 것이다. 이분법적 사고로 멀어진 하나님 나라의 구성 요소를 다시 결합시켜야 한다. 우리가 이 땅 위에서 그리스도의 몸이 하나님의 계획에 맞는 영향력을 다시 회복할 수 있으려면 열방을 바라보는 하나님의 관점을 먼저 가져야 한다.

뜻이 하늘에서 이루어진 것 같이 땅에서도 이루어지이다.

주님이 가르쳐 주신 기도처럼, 우리는 하나님의 뜻이 이 땅에서 이루어지도록 노력해야 하는 사명을 갖고 있다고 할 수 있다.

세계관의 구조를 아는 것은 단순한 지식 쌓기를 위한 것이 아니다. 우리가 인식해야 할 것은 이 세대의 싸움은 전제의 싸움이요, 세계관의 싸움이기 때문이다. 라브리 창시자인 프란시스 쉐퍼(Francis A. Schaeffer,

1912-1984)는 이 세대의 만남은 전제와의 만남이요 그 전제 위에서 대화가 시작된다고 하면서 그것은 곧 긴장점의 발견이라고 하였다. 그러므로 바른 전제, 즉 세계관이 없다면 언제나 혼란스럽고 무질서한 삶을 살 수밖에 없다는 것이다. 모든 진리가 하나님의 진리인 것이다. 그러나 오늘날의 신앙인의 양태는 이중 진리의 모습 속에서 살고 있는 느낌을 받고 있다. 바른 세계관이 없으면 이 시대를 바르게 분별할 수 없으며, 바른 대안을 줄 수가 없다. 특별히 상대주의 유령에 빠져 있는 현대인들에게 강력한 도전을 줄 수 있는 것은 절대적 기준을 가진 성경적 세계관의 확립이다.

일제 36년 동안의 통치에서 해방된 한국은 새로운 교육을 일으켜야 할 절박한 상황에 있을 때, 존 듀이(John Dewey)의 철학을 아무 비판 없이 그대로 받아들였다. 존 듀이는 우리나라에 가장 깊이 사상을 뿌리내리게 영향을 준 미국의 실용주의 철학자이며 교육가이다. 그는 철저한 인본주의자이다. 인본주의 사상에는 하나님이 존재하지 않는다. 그의 사상은 미국 뿐 아니라 전 세계에 가장 큰 영향을 끼쳤다. 미국이나 유럽에 유학 다녀온 교수들은 근대화라는 거창한 시대 정신이라는 미명 하에 교과서나 강의로 그 사상을 확대시켰다. 최근 60년 동안 유치원 초, 중, 고, 대학 교육정책에 이르기까지 오직 무신론적, 진화론적, 유물주의적, 세속주의적인 휴머니즘의 교육이 이 땅에 독점 교육철학으로 군림하고 있다.

바로 그런 교육 사상이 우리의 사고를 형성하고 국민의 인생관과 세계관을 결정하게 되었다. 오늘날의 모든 학교 교육은 무신론적 휴머니즘에 기초하고 있다. 가르치는 이나 배우는 이나 그 사상을 정당하게 여기고 있다. 듀이는 절대적 진리는 없다고 주장하는 상대주의자였다. 삶의 세속화는 학문의 세속화에서 비롯된다. 그리스도인들의 세속화 문제는 세속적 인본주의에 기반을 둔 공교육에 노출되어 있기 때문이다. 학문의 세계관은 기독교적 사고의 부재에서 초래되었다.

예수님을 믿기가 힘든 상황이 된 가장 근본적인 요인이 여기에 있다는 사실을 아는 사람은 별로 없다. 다음 세대들은 십여 년을 이런 교육 문화 속에서 교육받아야 한다. 그 여파로 이 땅의 젊은이들은 방향키를 잃은 배와 같이 표류하고 있으며, 사상적 혼돈으로 말미암아 교회와 사회의 모순적 이해 때문에 더 고뇌하고 괴로워하고 있는 실정이다. 원래는 신본주의였던 하나님 중심의 세상이 인본주의(휴머니즘)에 오염이 되어 허덕이고 있다.

특별히 인본주의, 실용주의, 상대주의의 사상을 무차별하게 폭격하고 있는 미디어 시대에 있어서 무엇보다도 중요한 것은 바른 분별력을 가지는 것이다. 미디어는 결코 우리의 생각과 처지를 생각하지 않는다. 미디어는 우리의 가치와 사상을 허허벌판으로 몰고 가고 그렇게 살아야 한다고 무의식의 세계로 우리를 괴롭히고 있다. 이러한 가치와 세계의 혼란 속에서 가장 중요한 것이 바로 세계관의 정립이다. 바른 세계관은 바른 삶을 창조한다. 이 시대는 보이지 않는 사상의 전쟁터이다. 바른 기준이 서 있지 않으면 순식간에 휩쓸려 간다. 휩쓸려 간 뒤에 탄식할 것인가? 아니면 준비하여 막을 것인가?

우리가 사는 시대는 분열되고, 모든 것이 해체되는 포스트모더니즘 시대이다. 상대주의가 판을 치고, 모든 가치를 해체하며, 무시하는 시대에 살고 있다. 즉 기준이 없는 시대인 것이다. 이런 시대에 있어서의 전쟁은 세계관의 충돌이다. 그 어떤 싸움보다도 처절한 싸움이 바로 세계관의 싸움이다. 그러나 분명한 사실은 올바른 세계관을 소유한 자만이 승리한다는 것이다.

그리고 이 세계관 싸움의 시작은 긴장점의 발견이다. 이 말은 적군의 표면상의 논리가 아니라 그 논리의 기반인 세계관(전제)이 무엇인가를 바로 살핌으로써 그것이 얼마나 잘못되었는가를 논리적으로 논하는 작업이다. 하나님이 없는 이들의 세계관(전제)은 매우 불안하다. 그렇기에 그들이 가지고 있는 세계관(전제)을 잘 살피는 것은 참으로 중요하다. 그러기 위해서 우리가 힘써야 될 것이 바로 우리 자신의 바른 세계관의 확립이다. 성경적 세계관의 확립만이 이 시대의 영적인 전쟁을 승리케 하며, 상실의 시대를 이끌어 가는 시대의 파수꾼이 되게 한다.

기독교 세계관 렌즈로
인문학 읽기

토론 과제

1. 비움: 거듭난 자의 세계관

■ 세계에 대한 조망하고자 하는 욕망은 인간의 본능이다. 다음 질문에 대해서 말해 보자.

Who-우리는 누구인가?

Where-우리는 어디에 있는가?

What-우리는 무엇이 잘못되었는가?

How-우리에게 해법은 무엇인가?

When-지금은 어느 때인가?

Why-우리는 왜 이렇게 되었는가?

■ 프란시스 쉐퍼(Francis A. Schaeffer, 1912~1984)는 우리가 인식하든 인식하지 못하든 우리의 전제에 따라 살아간다고 하였다. 그 전제는 내가 영향을 받은 문화라 할 수 있다. 나는 어떤 패러다임을 가지고 세상을 보고 있는가?

2. 채움: 세계관이 결정한다.

■ 레슬리 뉴비긴(Lesslie Newbigin)의 말처럼 성경은 우리가 그것만 바라보아야(look at) 할 책이 아니라 그것을 통해 보아야(look through) 할 책, 즉 안경이다. 성경이란 책을 통해서 내가 보아야 할 것들은 무엇인가?

3. 지움: 기독교 세계관으로 세상 바라보기

■ 학문을 기독교 세계관으로 바라본 관점과 지금까지 자신이 가지고 있던 관점으로 바라본 관점의 차이점은 무엇인가?

■ 현대의 지성이라 할 수 있는 베버, 마르크스, 니체의 인간 이해와 현 시대에 미친 영향에 대해서 말해 보라. 그리고 그들이 제시하는 인간 미래에 대해서 어떤 태도를 취하고 있는가? 그리고 이들 사상의 결과는 인류에게 어떤 영향을 미쳤는가?

4. 따름: 누구의 제자인가?

■ 세계관의 구조를 아는 것은 단순한 지식 쌓기를 위한 것이 아니다. 우리가 인식해야 할 것은 이 세대의 싸움이다. 이것은 전제의 싸움이요, 세계관의 싸움이라는 생각에 대해서 어떻게 생각하는가?

■ 라브리 창시자인 프란시스 쉐퍼는 이 세대의 만남은 전제와의 만남이요, 그 전제 위에서 대화가 시작된다고 하면서 그것은 곧 긴장점의 발견이라고 하였다. 하만과 에스더처럼 우리의 싸움은 전제와의 싸움, 세계관의 싸움이다. 우리가 가지고 있는 전제와 세계관은 어떤 것이 있는가?

기독교 세계관 렌즈로
인문학 읽기

부록

독서 교육 지도 간증과 사례

함석헌, 프랭클린 그리고 이만열은 나의 스승

이○○(서울대 3년)

중학교 2학년 때부터 고등학교 올라가기 전까지 목민교회 이상욱 목사님께 약 2년간 양육을 받고 자란 청년입니다. 현재 군복무를 막 마치고 3학년 1학기에 복학하여 서울대학교 국사학과에 재학 중이며 종교학과를 복수전공할 예정입니다. 목사님께 양육을 받은지 어느 새 8년이나 지났지만, 제 삶의 중요한 순간마다 늘 목사님과 함께했던 날들이 생각났고 지금도 그렇습니다. 그만큼 목사님과의 시간은 제 인생에서 그 무엇보다 정말 소중하고, 빼놓을 수 없는 추억입니다. 목사님과의 첫 만남은 중학교 체육선생님의 권유로 이루어졌습니다. 선생님이 목사님께서 사명으로 하시는 귀한 프로그램이 있다는 것을 아시고, 중학교에서 자신의 제자 중 몇몇 학생들을 뽑아 목사님을 소개해 주셨습니다. 이렇게 해서 저는 '리더 스쿨'에서 목사님과의 훈련을 시작하였습니다.

솔직히 처음하게 되었을 때, 강력한 동기는 없었습니다. 어떠한 목적

부록 독서 교육 지도 간증과 사례

의식을 갖고 시작한 것이 아니었고, 그저 독서훈련을 하는가 보다 생각했고 또 선생님이 소개해 주셔서 친구들과 함께 훈련을 받았던 것뿐이었습니다. 이렇게 동기가 없다보니 훈련을 위한 독서를 하는 것보다 상대적으로 학교 공부, 과외 공부가 우선이었고, 심지어 노는 것이 우선일 때가 많았습니다. 지금 생각하면 목사님께서 경제적인 목적 없이 사명이라 생각하시는 일로 우리를 위해 시간과 열정을 쏟으신 것이었는데, 그 기대에 부흥하지 못해 정말 죄송할 따름입니다.

처음에 열심히 하지 못했더라도 목사님과 함께 책을 한 권, 한 권 읽어 가니 자연스레 비전을 그려 나가며 훈련에 최선을 다했습니다. 목사님께서는 제가 평소에 관심이 있었던 분야를 물어보시고, 관련된 좋은 책을 추천해 주셨습니다. 저는 사학자의 꿈을 키우고 있었기에 목사님께서는 신앙을 바탕으로 사학자의 길을 걸어간 두 분을 소개해 주셨습니다. 한 분은 일제강점기에 삶의 반을 보내고, 민족의 비극과 현대사의 아픔을 살아간 인물로서 우리 고난의 역사에서 신앙으로 뜻을 찾고자 했던 함석헌 선생님과 한국근현대사와 한국기독교사에 관심을 갖고 연구하신 이만열 교수님이었습니다. 독서를 통해 두 분들의 생각과 삶의 모습들을 보면서 그리스도인으로서 어떤 삶의 자세를 갖고 살아가야 하는지 고민했고, 앞으로 제가 하고자 하는 일이 신앙과 어떻게 연관되어야 하는지를 알았습니다.

함석헌 선생님의 역사관은 단순히 일제의 핍박에 맞서서 '역사를 봐라! 우리 민족이 최고다!'라는 민족주의 사관이 아니었습니다. 침략, 침

기독교 세계관 렌즈로
인문학 읽기

탈이 많았던 우리 고난의 역사를 인정하고 더 나아가 '왜 고난이 있을까?'라는 질문을 던지며, 섭리, 뜻을 고민했습니다. 믿음으로 세상을 보는 그리스도인으로서, 역사를 믿음으로 볼 수 있다는 게 너무나 놀라웠습니다. 신앙의 관점이 역사 해석에도 유효하다는 것을 『뜻으로 본 한국 역사』라는 책을 읽으면서 느꼈습니다.

이만열 교수님의 삶은 사학자의 길을 생각하는 저에게 삶의 롤 모델이 되었습니다. 사학과 신학이 충돌이 일어나지 않고 하나의 큰 시너지로, 한국기독교사 연구에 기여하신 그 삶에 감명받았습니다. 제가 국사학과에서 공부하면서 지금 종교학과 복수 전공을 생각하게 된 이유이기도 합니다. 신학과는 학문 전제가 다르기는 하지만, 저에게도 종교학과 공부가 하나의 큰 시너지로 종교사나 옛 시대의 종교의 영향에 대한 연구에 도움이 되리라 생각하고 공부하고 있습니다.

목사님께서는 단순히 독서를 통해 구체적인 비전만을 품길 원하시지 않았습니다. 그리스도인으로서 그 가치를 드러내는 리더가 되길 원하셨습니다. 가장 인상 깊었던 책 중 하나는 벤자민 프랭클린의 『덕의 기술』이라는 책이었습니다. 물론 그는 이신론자지만 신앙을 긍정하는 그의 태도와 그가 말한 삶의 원칙들은 악이 가득한 이 세상 속에서 어떤 자세로 살아가는 것이 올바른 것인지 알려 주었습니다. 저는 덕 없이 이루는 모든 성공은 헛되다는 것을 깨달았고, 그의 주장이 기독교적 가치와도 맞아 떨어져 이것이 제 삶의 선택에 있어서 하나의 큰 기준이 되었습니다.

목사님께서 잘 지도해 주셔서 2년 동안 훈련한 것을 바탕으로 훈련 마지막에 100쪽이 넘는 자서전도 써 보았습니다. 아쉽게도 아직 글 쓰는 훈련이 부족해 구체적인 미래라기보다 소설처럼 쓴 부분이 없잖아 있었지만, 제 인생을 중학교 시절 때부터 설계해 봤다는 것이 참 뜻 깊었습니다.

목사님과 함께한 2년은 단순히 세상적으로 성공하는 리더의 길을 깨달은 것이 아니라 그리스도인으로서 바르게 사는 것이 가장 중요한 일이라는 것을 제 마음에 깊이 새기는 나날들이었습니다. 목사님과의 시간이 없었다면, 아직도 미래에 대한 불안감에 떨고 있었을 것입니다. 물론 지금의 삶 가운데서도 세상적인 근심과 걱정이 늘 몰려오지만, 그리스도인으로서 하루하루 자신감 있게 살아갈 수 있는 것은 하나님의 주권과 통치는 영원하다는 믿음을 붙들고 살기 때문입니다. 제 삶을 통해 주님께서 이루실 일들이 기대됩니다. 주님과 동행하는 매일의 삶을 살아가는 것이 제 바람이며 소원입니다.

기독교 세계관 렌즈로
인문학 읽기

평화의 도구로 써 주소서

김OOO(초등학교 교사)

이상욱 목사님과 인연을 맺은 지 어느덧 근 10년을 향해 가고 있다. 중학교 2학년 때 겉만 화려한 직업을 꿈과 성공으로 여기며 공부했던 나에게 이상욱 목사님과의 인연은 어찌 보면 하나님께서 이어 주신 필연이라고 생각된다. 당시 윤OO 선생님의 소개로 목민리더 스쿨을 통해 이상욱 목사님을 처음 만나 뵈었고, 그 순간부터 생각은 조금씩 변화되어 지금의 내가 있게 되었다.

총이나 탱크 등 전쟁에서 쓰이는 무기를 개발하는 과학자가 되고 싶었다고 자랑스럽게 얘기했던 나에게 목사님은 다양한 책을 소개해 주시고 함께 읽고 토론하는 시간을 가지면서 내 생각을 스스로 바꿀 수 있도록 노력하셨다. 인류에게 도움이 되고 예수님의 사랑을 실천할 수 있는 인물이 될 수 있도록 다양한 인물들의 자서전을 읽으며 많은 생각을 할 수 있는 기회를 가졌다. 시간이 흘러 차츰 생각은 바뀌어 갔고, 제 꿈이 인류의 해악을 끼치는 꿈이라는 것을 깨닫고 꿈을 바꾸게 되었다.

목사님과의 만남을 통해서 다양한 책을 접할 수 있었지만 지금까지 가장 영향을 미치고 있는 책을 꼽는다면 『백악관을 기도실로 만든 대통령 링컨』이다. 어렸을 때 링컨은 미국의 훌륭하고 유명한 대통령이라고만 알고 있었지만 이 책을 통해 링컨이 얼마나 많은 어려움을 겪고 리더가 될 수 있었는지에 대해 제대로 알 수 있었다. 숱한 고난을 겪었지만 무너지지 않고 미국의 최고 대통령 자리에 오르게 된 이유를 깨닫게 해 주었다. 그것은 바로 고난 속에서 하나님을 섬기고 예수님의 사랑을 실천했기 때문이었을 것이다. 항상 자신의 행동을 기도를 통해 돌이켜보고 반성하며 예수님의 사랑을 실천하고자 노력한 그 꿋꿋함이 하나님이 그를 최고의 리더로 만든 것이 아닐까 생각한다.

링컨의 삶처럼 겉만 화려한 인물이 아닌 모든 인류에게 사랑을 베풀고 지혜를 깨우쳐 줄 수 있는 평화의 도구, 기독교 세계관을 가진 따뜻하면서도 냉철한 리더가 되고 싶었다. 이러한 생각이 지금 제가 이 자리까지 오게 된 계기가 되었다고 항상 생각한다. 하나님께서 이어 주신 목사님과의 귀한 인연 속에서 나는 어린 양과 같은 아이들의 그 순수함을 오래도록 간직하도록 도우며 사랑을 베푸는 교실 속 리더가 될 수 있었다.

교사는 힘이 있다고 생각한다. 교사 한 명당 수많은 아이들이 거쳐 가기 때문이다. 학생들은 어떤 교사를 만나느냐에 따라서 향후 수많은 학생들은 인성과 가치관과 사회적 위치가 달라진다. 이러한 막중한 책임감 속에서 학급이라는 큰 배를 이끌고 가는 리더로서 학생들의 바른 길을 안내해 주는 교사가 목사님께서 또 하나님께서 바라신 진정한 꿈이 아닐까 생각된다.

얼마 전 목사님과의 통화에서 뇌리에 스친 말이 있었다. 단순히 학생들을 가르치는 것을 빌미로 교사를 직업인으로서 생각하지 말라는 말씀이었다. 예수님의 사랑을 몸소 실천하며, 그러한 사랑을 학생들이 받고 사회인으로 자라 그 사랑을 곳곳에서 실천할 수 있도록 기여하는 진짜배기 교사가 되어야겠다고 다시 한 번 다짐할 수 있었다. 직업인으로서의 교사가 아닌 사랑과 은혜를 베풀고 지혜를 얻도록 돕는 리더로서의 교사가 되기를 오늘도 다짐하며, 우리 대한민국을 넘어서 전 세계 인류가 예수님의 사랑을 이해하고 실천할 수 있는 그런 날이 오도록 노력할 것이다. 다시 한 번 목사님 그리고 이러한 인연을 맺어 주신 윤OO 집사님 또 하나님, 예수님께 감사드리며 이 글을 마친다.

나는 어떻게 PD가 되었나?

조OO(SBS PD)

어린 시절에는 막연한 직업을 꿈으로 삼을 때가 많다. 멋있고, 돈을 많이 버는 등의 이유로 말이다. 그러다 보니 학창시절에 꿈에 대해 준비하는 과정이 매우 중요하다. 좋은 책과 좋은 선생님, 좋은 교육과정이 올바른 해답일 것이다.

나는 15년 전 중학교 2학년 때에 목민교회를 다니면서 이상욱 목사님과 친구들 5명이 매주 책을 읽으면서 북한에 대해 관심이 많아졌다. 일주일에 한 권씩 그리고 매주 목사님의 설교를 요약하는 가운데서 읽는 훈련과 쓰는 훈련이 지속되었다. 목민교회의 독서는 기독교 세계관에 입각하여 자신의 꿈을 찾아 주고, 예수님의 성품을 닮아 가는 생활학습 그리고 독서를 통해서 학습능력을 키워 가는 전인적인 프로그램이 없었다면 아마 나는 예수님도 만났을 수도 없었을 뿐만 아니라 지금 내가 가지고 있는 북한 선교의 거룩한 비전은 생각하지도 못했을 것이다.

목사님이 선정해 주신 책을 다양하게 읽어 가는 과정에서 단순히 남북한 통일에 기여를 하고 싶은 어린 마음이 꿈과 비전을 가지게 된 것이다. 그것은 내가 선택한 것이 아니고 하나님께서 내게 주신 것이라 확신한다. 또한 인물, 역사, 사회학 등의 관련된 책을 읽으면서 북한 선교를 위해서 무엇을 준비해야 하고, 어떻게 준비해야 하는 과정에 대해 깊게 고민하면서 준비할 수 있었다.

내가 읽은 책 중에서 특히 나에게 영향을 주었던 책은 역사책이었다.

\
기독교 세계관 렌즈로
인문학 읽기

유홍준 교수의 『나의 문화유산답사기』와 시오노 나나미의 『로마인 이야기』가 나의 진로에 큰 영향을 미친 책이다. 이런 역사책이 기억에 남는 이유는 "역사를 잃은 민족에게는 미래가 없다."라는 글귀 때문이다. 책만 읽었다면 지금의 비전을 꿈꾸지 못했을 것이다. 책을 읽고 목사님과 함께 나누는 시간은 역사 의식을 가지는 데 큰 도움이 되었다. 동족인 북한을 어떻게 '이해'하고 '인정'해야 하는지 책을 통해서 나의 근본적인 질문은 나름 해답을 찾아가고 있었다.

또한 통일을 위해서는 한국과 북한의 문화를 종합하고 서로 알아 가는 과정이 필요하다고 생각이 되었다. 60년 이상의 문화 단절은 같은 언어를 사용해도 서로 소통이 되지 않는 결과만 있을 뿐이었다. 그리고 현재의 한국 문화는 세속적이고 자본주의적이다 보니 자극적인 경우가 많다. 이런 문화 차이는 독일의 통일 과정에서만 보아도 그 문제를 알 수 있다. 그렇기 때문에 지속적인 문화 교류와 유행에 민감하지 않는 기독 문화가 앞장서야 한다는 생각을 하나님께서 주셨다. 이념과 물리적인 장벽과 철벽을 넘어서는 복음만이 유일한 방안이라는 생각이 들었다. 그래서 물리적인 장벽을 넘나드는 방송 미디어를 통한 문화 교류는 말로 형용할 수 없을 정도로 영향력이 크다고 볼 수 있다.

호서대학교 기독교학과와 가천대학교 멀티미디어학과를 졸업하면서 기독 문화에 대해 배워 나갔으며, 현재는 CTS 기독교방송국에서 일하면서 오랜 시간 준비한 꿈을 다시금 꿈꾸고 있다. 목사님의 독서 지도를 받은 결과 지금까지 일관된 방향으로 비전, 북한 통일에 대한 나의 꿈을 향해서 나갈 수 있었다. 목사님과의 만남은 하나님의 계획과 섭리 가운데 있었고 15년이 지난 지금도 북한에 대한 비전에 큰 초석이 되었다.

어린 친구들을 만나 보면 꿈과 비전을 잃어버리고 학창시절을 보내고 있다. 학교 점수에 맞추어서 자신의 삶을 결정하는 것을 보면 안타까운 생각이 든다. 자신의 성품, 자신의 재능, 기여하고 싶은 분야, 더 나가서 하나님의 비전과 같은 요소들을 모두 포기하고 점수와 상황에 맞게 인생을 재단하는 현실을 부정하고 싶다. 꿈과 비전은 누군가 재단해 주는 것이 아니다. 내가 보고 읽는 대로, 보고 느낀 대로, 하나님이 주신 대로 만들고 다듬고 꿈꾸는 것이다. 어려서부터 책을 읽는다는 것은 비전을 찾아 줄 뿐만 아니라 성경적인 세계관을 확립해 주고, 더 나가서 꿈을 이룰 수 있는 방안까지 해결 받을 수 있는 유일한 길이라 생각된다.

기독교 세계관 렌즈로
인문학 읽기

『목적이 이끄는 삶』(릭 워렌 저) 요약 감상문

박O(고 2)

먼저 나는 이 책을 읽도록 소개해 주신 목사님께 감사드린다. 목사님이 아니었다면 내 삶의 목적을 나중에야 찾을 수 있었을 것이다. 나는 내가 왜 이 세상에 존재하는지 조차 깊게 고민해 본 적이 없었다. 가끔 기분이 묘해지면서 우주와 이 세상에 대한 모순과 막연함이 이상하기는 했지만 그냥 넘기곤 했다. 하지만 이 책을 읽음으로써 나는 내 삶의 목적을 알게 되었다.

나는 하나님을 위해서 존재한다. 나의 재능과 약점 또한 그분의 목적을 위해 계획되었다. 이러한 사실을 안 것은 내가 하나님을 초점에 두고 살아갈 수 있는 계기가 되었다. 하나님을 초점에 두고 살면 이 땅에서 살아갈 이유를 알기에 더욱 열심히 살아갈 수 있을 것 같다.

사실 나는 이 세상에 마음을 많이 두는 편이었다. 하지만 지금 이 세상은 잠시 빌린 것이며, 천국으로 가기 위해 준비 운동을 하는 곳이란 것을 안 후에야 나는 이 세상에 대한 집착을 버릴 수 있었다. 이제 나는 세상 모든 것의 존재 이유를 알았고, 무엇을 위해 살아가야 하는지 알았다. 하나님께 영광을 돌리는 것이다.

나는 하나님의 감정을 생각해 본 적이 없었다. 그저 나의 감정을 그에게 전달하려고만 했다. 하나님께 기쁨을 드리기 위해 찬송을 한다는 것조차도 몰랐다. 하지만 이젠 우리의 삶 자체가 그분께 기쁨을 드리기 위한 것이고 하나님께서도 우리와 가까워지고 싶어 하신다는 것을 알고 어떻게 행동해야 할지 깨달았다. 나는 하나님과 최대한 가까워지려고 노력할 것이다.

처음에는 예수님과 닮아야 한다는 말을 납득할 수 없었다. 하지만 이젠 그 의미를 알았고 예수님과 닮으려고 노력하려 한다. 먼저 그와 같은 인격을 개발하기 위해 끝없이 나를 개발할 것이다. 능동적으로 행동하며 습관을 고치고 사고방식을 바꾸려고 노력할 것이다. 그러기 위해서는 성경말씀을 더 자세히 읽어야 할 필요가 있는 것 같다.

나는 요즘에 어려움에 빠질 때면 하나님께서 나에게 무엇을 가르쳐 주시기 위해 이런 시련을 주셨을까 하고 생각한다. 하나님께 초점을 맞추고 문제를 해결할 수 있음을 또 깨달았다.

내 모습을 받아들이는 것은 자존감 회복에도 아주 좋은 방법인데, 왜 그것이 나를 안정되게 하고 행복하게 하는지 이제 알 것 같다. 하나님이 만드신 나는, 가치 있기 때문이다. 심지어 나의 약점까지도 참으로 감사하다. 약점을 공유하면서 상처를 치유할 수 있는 기회를 주기 때문이다. 또 나는 종이라는 단어를 굉장히 싫어했는데, 이 책을 읽으면서 생각이 바뀌었다. 종은 노예가 아닌 그를 섬기는 자로서 임무를 기쁘게 수행하기 때문에 둘은 큰 차이가 있었다. 그렇기에 나는 기쁨으로 하나님의 종이 될 수 있을 것 같다. 나는 하나님을 믿는 사람으로서 가장 고민했던 부분이 바로 사역이다. 하나님을 어떻게 알려야 할지 몰랐다. 또 그것을 의무로 생각했었다. 하지만 사역은 목적이자 기쁨이었다. 나는 그것을 알고 용기를 가질 수 있었다.

기독교 세계관 렌즈로
인문학 읽기

『그리스도인으로 공부를 한다는 것은』(양승훈 저) 요약 감상문

김○○(고 1)

하나님과 예수 그리고 그리스도인에 대해 깊게 생각했던 적이 없었던 나는 기독교에 대해 잘 알지 못했다. 이 책에서는 현재 사회의 모습 그리고 앞으로의 방향에 대해 설명해 주며 그리스도인으로 어떻게 해야 할지에 대한 해답을 제시하고 있다. 기독교적인 관점에서 지금 사회 문제를 바라본 적은 없었지만 지금의 사회의 모습과 그 속의 문제들과 앞으로 바뀔 모습에 대해서는 얼추 알고 있었다.

인성 교육과 같은 교육보다는 기술적 가치가 높은 학문에 대한 요구가 더 커져 가고 있다. 이런 과정 속에서 '핵'의 개발도 이루어지며 기존과는 비교가 되지 않을 정도의 효력을 가진 기술이 등장하게 된다. 누구나 돈만 있다면 원하는 곳으로 떠날 수 있다. 당시에는 서로 존재조차 몰랐던 동양과 서양은 하루도 채 걸리지 않는 시간으로 왕래할 수 있게 되었다. 원자력의 개발로 전기에 대한 걱정은 사라지고 싼 값에 전기를 사용하고 있다. 인터넷의 발달로 얼굴을 보지 않아도 서로 대화하고 만날 수 있게 되었다. 이런 혁신적인 기술개발로 이루어진 사회는 '과학 시대'라고 불러도 무방할 만큼 많은 발전이 있었다.

그러나 인성과 윤리에 대한 관심도는 떨어지고 오로지 혁신적인 기술에만 관심을 두고 있던 사회는 이 이면에 대해 생각하지 못했다. 총과 칼로 싸우던 전쟁터에는 음속 제트기들이 날아다니고 수만 명을 죽일 수 있는 위력을 가진 폭탄들이 개발되었다. 후쿠시마 원자력 발전소 사건을 통해 방사능의 위험성에 대해서는 누구나 잘 알고 있을 것이다. 눈부셔 보였던 과학기술의 발전 뒤에는 인간의 욕심에서 비롯된 그림자들이 숨어 있었다.

그러나 이런 문제점을 보완한 또 다른 혁신적인 기술이 제시되면서 다시 안심하기 시작했다. 그러나 모든 것을 해결해 줄 것만 같았던 과학기술에 의문점이 든 것이다. 기아 문제를 해결해 줄 것만 같았던 GMO 식품은 환경과 건강 문제만을 일으키고 기아 문제 해결에는 전혀 도움을 주지 못했다. 기아 문제의 이면에는 부족한 곡식의 양이 아니라 이득을 위해 남는 곡식을 버리고 있는 기업가들이 있었다. 과도한 농약을 사용하고, 유전자를 조작하여 잘 자라는 곡식들을 재배하기 전에도 식량은 남았었다. 모든 문제의 해결이 과학기술의 발전만으로 이루어지지는 않고 있는 것 같다.

지금 우리가 직면한 환경 문제들, 기아와 전쟁과 같은 문제들이 과학기술의 미약함 때문일까? 기독교를 국교로 하고 있는 미국을 비롯하여 수많은 기독교 신자들이 세상을 움직이는 데 기여하고 있다. 그럼에도 점점 사회가 척박해지는 이유는 무엇일까? 예수를 믿는다는 것은 무엇을 의미하는 걸까?

지금까지 비약적인 과학 발전을 이루고 또 이루어 가고 있으면서도 해결되지 않는 문제들은 근본적으로 어떤 문제가 있을까? 진리에 대한 '앎'이 목적이었던 그리스인들과 다르게 근대 이후 사람들은 학문을 이용하기 시작했다. 자신의 욕심과 탐욕을 위해 학문을 사용했다. 지식을 가진 사람들은 지식이 없는 사람들을 지배하기 시작했고 학문은 돈, 명예, 권력을 얻기 위한 수단으로 전락했다.

기독교 신자의 숫자는 기하급수적으로 늘어났지만 부정과 부패는 더욱 심해지고 퇴폐풍조가 기승을 부리고 있다. 예수를 믿는다고는 하지만 그 행동은 다른 사람들과 다름이 전혀 없다. 그리스어로 '알다'는 지식으로서의 앎만을 의미한다. 그러나 히브리어로 '알다'는 지식뿐만 아니라 행동까지 동반한 앎을 의미한다. 행동까지 이어지지 않는 앎은 성경에서 말하는 '안다'의 의미에 부합하지 못한다. 하나님을 믿는다는 것은 사랑과 섬김의 행위 속에서 지식과 지혜를 찾는 사람을 말한다.

내가 생각했던 그리스도인의 의미는 다른 이론들이나 사상을 받아들이는 것과 비슷하다고 생각했다. 그저 다른 생각을 가졌을 뿐이라고 느꼈다. 그리스도인들이라고 딱히 다른 사람들과 다르다는 느낌을 가져 본적이 없었다. 기독교를 믿는다며 자신의 종교적 신념을 존중해 달라며 주장하는 절실한 기독교 신자처럼 보이는 사람도 무신론자들과 다르다고 생각이 든 적은 별로 없었다. 진정한 그리스도인은 얼마나 있는 것일까? 진정한 그리스도인은 무엇이 다른 것일까? 단순히 다른 이론과 원리를 믿는 것과는 다르다. 그리스도인이 된다는 것은 내 삶의 전체에 걸친 변화를 의미했다. 내가 생각했던 것과 그리스도인이 된다는 말의 무게감은 전혀 달랐다.

『명작독서 명품인생』(이상욱 저) 요약 감상문

박OO(중 2)

『명작 독서 명품 인생』은 '책을 왜 읽어야 하는가?'라는 질문으로 시작한다. 책을 읽어야 하는 이유와 명작 읽기와 내면화하는 방법을 세상의 위대했던 사람들을 예시로 들어 다루었다. 이 책의 구성은 모두 SQ3R 독서법을 6부로 소개하고 있다. 각 부마다 간략하게 요약하자면, 1부는 가장 긴 부분으로, 내용은 우리가 책을 읽어야 하는 이유와 지금 이 시대의 직면한 문제를 위한 독서 그리고 그것을 해결할 인재상과 책 읽기의 목표, 전략, 전술에 대해 자세히 나와 있다. 2부에서는 책 읽기의 가장 먼저 해야 하는 개관하기 단계이다. 이 단계로 제목, 목차, 서론, 결론, 책에 관한 기타 정보를 보면서 책 읽기의 뼈대를 파악하는 단계로 절반의 책 읽기라고 할 수 있다.

2부에서 이 단계를 통해 책에 대한 기본적인 정보를 얻었다면, 이제 3부는 질문하기 단계로 소제목을 의문문으로 변화시켜 저자의 의도를 찾아내는 단계이다. 질문 단계는 독자가 저자에게 말을 거는 단계로 질문을 통해서 정확한 이해를 돕고, 나에게 생각을 불러일으킬 수 있다. 4부는 읽기 단계로 3부에서 질문한 것에 대한 해답을 효과적으로 얻기 위한 단계이다. 읽기 단계에서는 해답을 정확하고, 효과적으로 찾을 수 있는 여러 가지 방법을 제시하고 있다.

5부는 내면화하기 단계로 4부에서 내가 얻은 지식과 정보들을 구체적인 개념으로 바꾸고, 조직화해서 효율을 높이며, 기독교 세계관으로 의

식화해서 경험을 할 때 영향을 주게 하는 등 깨달음을 얻을 수 있는 방법에 관한 내용이다. 마지막으로 6부는 표현하기 단계로 나의 생각을 글과 말로 표현하는 법을 제시했다. 이 단계에서 책이나 신문, 사설 등의 글을 잘 요약하고, 평가하는 방법과 책을 통해 이 세상에 다양한 방식으로 표현을 한 사람들의 이야기로 글을 마무리하였다.

이 책을 처음부터 끝까지 읽고 요약을 했다. 아직 나에게는 조금 어려운 부분도 있었으나, 이전에 책을 통해 세상을 위대하게 만든 사람들의 이야기를 보며, 자신감이 생겼다. 먼저 『명작독서 명품인생』을 읽고 나의 독서방법에 많은 변화가 생겼다.

첫째로 나는 책을 읽는 것에 대해서 두려움이 사라졌다. 이누카이 미치코의 『성서이야기』 5권, E. H. 카의 『역사란 무엇인가』, 켄 윌버가 지은 과학도서 500페이지가 넘는 『모든 것의 역사』와 리링의 『논어, 세 번 찢다』와 같은 두껍고 읽기 부담스러운 책도 읽을 수 있는 힘이 생겼다.

두 번째로 목사님과 공부하면서 읽는 책마다 기독교 세계관으로 해석하는 안목이 생겼다. 유경상 선생님이 쓰신 『크리스천 씽킹』과 같은 기독교 세계관에 대한 책을 읽으면서 성경적인 관점에서 인물이나 사건, 책의 내용을 바라볼 수 있게 되었다. 그래서 읽은 책이 말하려는 것을 성경적인 관점과 비교해서 내 입장을 정리할 수 있었다.

세 번째로 『명작독서 명품인생』의 SQ3R 독서법을 적용하여 책을 읽다 보니, 저자의 의도, 책을 쓰게 된 배경, 저자의 의도를 찾아내기 위해서 소제목을 의문문으로 바꾸어서 읽기, 사선 치면서 읽음으로 중심내용을 잃지 않게 되는 것, 기독교 세계관으로 내면화하기, 문학이나 역사, 과학도서에 따라서 요약하는 기술을 달리하는 것들, 책을 읽고 나서 나의 생활이나 인생에 어떻게 적용할 것인가? 등등, 체계적인 독서를 하게 된 것이다. 이러한 훈련이 거듭될수록 독서법은 더 익숙해지는 것을 느낄 수 있었다.

목사님은 내게 문학, 역사, 철학, 과학, 미래학 등으로 분류해서 계획적으로 훈련시키신다. 그것보다도 더 중요한 것은 어떤 분야든지, 어떤 훌륭한 사람의 책이라 할지라도 성경적인 관점에 책이나 인물을 바라볼 수 있도록 훈련시키신다. 그것이 내게 매우 유익하다는 것을 느낀다.

나는 중학교 2학년에 불과하지만 내가 읽고 있는 책은 매우 수준이 높다. 부모님이나 학교 선생님들도 나를 칭찬하신다. 인문학에 관한 책을 1주에 평균 150페이지 정도를 읽고 정리한다. 처음에는 학교 공부하느라 부담도 되었지만 지금은 그렇게 부담스럽지 않다. 목사님과 읽는 책에 비하면 학교에서 공부하는 책은 상식적인 내용에 불과하다는 것을 새삼스럽게 느낀다. 학교에서는 1년에 10권 남짓한 교과서를 가지고 공부하지만 목사님과 공부하시는 시간은 일주일에 1시간 남짓함에도 고전을 20-30권 정도는 읽는 것 같다. 이제는 목사님에게 지도를 받으면서 꿈도 새로워졌다. 원래 내 꿈은 비행기 조종사였는데 목사님은 나보고 저널리스트나 외교관과 같이 다른 사람들에게 많은 영향력을 미칠 수 있는 사람이 되라고 말씀하신다.

이 책을 읽고 나서 많은 변화가 나에게 있었지만 가장 기억에 남았던

기독교 세계관 렌즈로
인문학 읽기

부분은 1부에서 정약용을 예시로 들어 미래의 인재상에 관한 이야기가 가장 기억에 남았다. 이 책은 명작인생을 살기를 원하는 사람에게 세상을 구할 비전을 심어 주고 있다.

『프로테스탄트와 자본주의 정신』(막스 베버 저) 요약 감상문

박OO(중 2)

이 책의 제목을 처음 보았을 때, 제목이 길고 말이 어려워 보여 내가 이 책을 이해할 수 있을까?라는 의문이 들었다. 아니면 혹시 기독교 신학에 대한 아주 깊은 내용이 아닐까?라는 추측도 해 보았다. 그런데 이 책을 읽기 시작하면서, 오히려 재미있다는 생각을 하게 되었다.

이 책은 먼저 2부로 되어 있고, 프로테스탄트 윤리가 자본주의를 발전시킨 원동력임을 증명하는 것이 중심 내용이었다. 1부에서는 문제제기로서, 가톨릭과 프로테스탄트를 여러 면에서 비교했고, 자본주의 정신이 무엇이며, 루터의 직업 개념은 어떠했는지 등의 내용이 있었다. 그리고 2부에서는 먼저 현세적 금욕주의의 종교적 토대가 되는 프로테스탄트 분파인 칼뱅주의, 경건주의, 감리교, 침례교의 특징에 대해서 세부적으로 설명하고 있었다. 그리고 문제제기에 대한 답변이라고 할 수 있는 프로테스탄트 금욕주의가 자본주의 정신에 미친 영향에 대해 설명하고 있었다.

먼저 프로테스탄트 신자들은 그 당시 가톨릭보다 경제적으로 부유했다. 그렇지만 그들은 소비를 최대한 하지 않았다고 한다. 프로테스탄트가 부유할 수 있었던 이유는, 그들이 칼뱅의 금욕주의의 영향을 받았기 때문이다. 칼뱅은 직업을 단순히 중세 신학자들처럼 사회 유지를 위한 우연적인 일이 아니라 신이 내린 소명이라고 생각했다. 그래서 프로테스탄트 신자들은 직업 의무라고 하여 자신의 직업에 집중하여 근면하게 일을 하고자 했다. 그리고 하나님의 영광과 복지 증진과 같은 선한 목적을 위해서는 영리 추구도 정당화되었다. 또한 이들은 철저히 향락적 소비를 반대하였으므로, 많은 부를 축적해 더 많은 돈을 투자하고, 더 많은 이익을 얻을 수 있었다. 저자 막스 베버는 이러한 이유 등으로 프로테스탄트 윤리는 17세기 근대 자본주의 경제 질서의 발달과 자본주의 정신에 커다란 영향을 주었다고 말하고 있다.

나는 이 당시의 프로테스탄트 자본가들의 정신이 상당히 의미가 있다고 느꼈다. 오늘날에는 이 책의 배경인 17세기보다 훨씬 자본주의가 발달하고, 자본주의란 것이 지배적 개념이 되었지만, 정작 많은 사람들의 영리 추구는 세속적인 열정과 함께하고 있다. 그러니까 오늘날에는 근대 프로테스탄트의 금욕주의 정신은 우리에게서 떠나간 것이다. 아무리 돈을 많이 벌고, 많은 재화를 축적한다 할지라도, 그것은 순전히 목적으로서 추구되는 부(富)일 뿐이다. 또 프로테스탄트의 직업 의무라는 개념 또한 사라지면서 노동자들의 성실성이나 열정도 감소하였다.

그 결과 오늘날 기업은 지나치게 영리만을 추구하고, 노동자들은 이러한 기업들과 갈등하고 있다. 또한 사회에서 투기와 탈세, 소수 부유층의 과소비 등의 형태들도 벌어지고 있다. 그러나 근대의 자본주의는 이상적이었다. 기업가들은 직업윤리를 가지고 정당하게 축적한 부를 노동자들과 사회의 복지 증진을 위해 사용하고, 적극적 태도와 의욕을 가진 노동자들은 노동의 효율성을 높인다. 즉 이 합리적 자본주의 정신은 공리주의적 성격을 띠고 있는 것이다. 이런 의미에서 볼 때, 이 책을 통해 오늘날 우리 시대의 돈과 직업에 대한 사람들의 의식과 태도 그리고 진정한 의미의 자본주의 정신이 무엇인가에 대해서 진지하게 고민해 볼 기회가 되었던 것 같다.

참고문헌

1부 기독 지식을 건축하라

김명섭, 『대서양문명사』, 한길사, 2001.

리처드 미들론 외, 『그리스도인의 비전』, 황영철, IVP, 2012.

마크 A. 놀, 『그리스도와 지성』, 박규태, IVP, 2015.

브라이언 왈쉬, 『세상을 뒤집는 기독교』, 강봉재, 새물결플러스, 2010.

알리스터 맥그래스, 『복음주의와 기독교적 지성』, 김선일, IVP, 2001.

알베르토 망구엘, 『독서의 역사』, 정명진, 세종서적, 2016.

양승훈, 『그리스도인으로 공부를 한다는 것은』, CUP, 2009.

제임스 사이어, 『어떻게 천천히 읽을 것인가』, 이나경, 이레서원, 2004.

제임스 사이어, 『지식건축법』, 윤종석, IVP, 2013.

존 스토트, 『논쟁자 그리스도』, 홍병룡, 성서유니온선교회, 2014.

찰스 M. 쉘돈, 『예수님이라면 어떻게 하실까』, 김창대, 2012.

프란시스 쉐퍼, 『그러면 우리는 어떻게 살 것인가?』, 생명의말씀사, 2002.

헤리 블레마이어, 『그리스도인은 어떻게 사고해야 하는가』, 황영철, 두란노, 1986.

2부 배움과 영성을 추구하는 독서 교육

C. P. 스노우, 『두 문화』, 오영환, 사이언스북스, 2001.

브루스 로젠스타인, 『피터 드러커를 공부하는 사람들을 위하여』, 디자인하우스, 2013.

빅터 솔로몬, 『옷을 팔아 책을 사라』, 현용수, 쉐마, 2005.

스테펜 J. 니콜라스, 『조나단 에드워즈의 생애와 사상』, 채천석, P&R, 2012.

알버트 E. 그린, 『기독교 세계관으로 가르치기』, 현은자, 정희영, 황보영란, CUP, 2009.

얼 쇼리스, 『인문학은 자유다』, 박우정, 현암사, 2014.

얼 쇼리스, 『희망의 인문학』, 고병헌, 이병곤, 임정아, 이매진, 2006.

칼 비테, 『칼 비테의 공부의 즐거움』, 남은숙, 베이직북스, 2008.

칼 비테, 『칼 비테의 자녀 교육법』, 유정란, 미루북컴퍼니, 2015.

토마스 H. 그룹, 『자녀에게 신앙을 선물하세요』, 조영관, 가톨릭대학교출판부, 2015.

파커 J. 파머, 『가르침과 배움의 영성』, 이종태, IVP, 2014.

홍익희, 『유대인 창의성의 비밀』, 행성B잎새, 2013.

3부 훌륭한 사람을 PLANTING 하라

나다니엘 호손, 『큰 바위 얼굴』, 이종인, 가지않은길, 2013.

벤자민 프랭클린, 『덕의 기술』, 정혜정, 21세기북스, 2004.

벤자민 프랭클린, 『프랭클린 자서전』, 김경진, 인터미디어, 2010.

샘 스톰즈, 『우리 세대를 위한 조나단 에드워드 신앙감정론』, 장호준, 복있는사람, 2011.

에버레트 라이머, 『학교는 죽었다』, 김석원, 한마당, 2016.

위트니스 리, 『하나님의 경륜』, 한국복음서원, 2004.

이반 일리히, 『병원이 병을 만든다』, 박규홍, 형성사, 1987.

플라톤, 『국가 정체』, 박종현, 서광사, 2005.

4부 기독교 세계관 렌즈로 인문학 읽기

데이빗 A. 노에벨, 『충돌하는 세계관』, 류현진, 류현모, 꿈을이루는사
람들, 2013.

래리 버켓, 『부유한 자녀로 양육하라』, 손상희 외, CUP, 2001.

레스터 E. 쇼월터, 『기독교세계관으로 본 과학』, 장택수, 꿈을이루는사
람들, 2007.

마이클 호튼, 『개혁주의 기독교 세계관』, 윤석인, 부흥과개혁사, 2010.

마크 A. 놀, 『복음주의 지성의 스캔들』, 박세혁, IVP, 2010.

박진경, 『하나님 우리 아이 어떻게 키울까요?』, CUP, 1996.

새뮤얼 헌팅턴, 『문명의 충돌』, 이희재, 김영사, 2016.

알버트 E. 그린, 『기독교 세계관으로 살아가기』, 안경상, CUP, 2001.

알버트 월터스, 마이클 고힌, 『창조 타락 구속』, 양성만, IVP, 2007.

양승훈, 『그리스도인으로 공부를 한다는 것은』, CUP, 2009.

양승훈, 『기독교 세계관 렌즈로 세상 읽기』, 바울, 2003.

이상원, 『프란시스 쉐퍼의 기독교 세계관과 윤리』, 살림, 2003.

제임스 사이어, 『기독교 세계관과 현대사상』, 김헌수, IVP, 2007.

루이 파스퇴르, 『자연발생설 비판』, 김학현, 서해문집, 1998.

마틴 드워킨, 『존 듀이 교육론』, 황정숙, CIR, 2013.

막스 베버, 최장집, 『막스 베버 소명으로서의 정치』, 박상훈, 후마니타스, 2013.

막스 베버, 『프로테스탄티즘의 윤리와 자본주의 정신』, 박성수, 문예출판사, 2010.

송도선, 『존 듀이의 경험교육론』, 문음사, 2009.

쇠렌 키에르케고르, 『죽음에 이르는 병』, 임규정, 한길사, 2007.

신국원, 『니고데모의 안경』, IVP, 2015.

토마스 S. 쿤, 『과학혁명의 구조』, 김명자, 홍성욱, 까치, 2013.

폴 커츠, 『세속적 휴머니즘이란 무엇인가』, 이지열, 미지북스, 2012.

프리드리히 니체, 『니체, 평준화 교육에 반대하다』, 정명진, 부글북스, 2016.